Prüfungstraining

Industrielle Geschäftsprozesse

unter besonderer Berücksichtigung des AKA-Stoffkatalogs

Herausgeber:
Roland Budde
Peter Engelhardt

Autoren:
Hans-Peter von den Bergen
Roland Budde
Peter Engelhardt
Marita Herrmann

unter Mitarbeit der Verlagsredaktion

Cornelsen

AKTUALITÄTENDIENST WIRTSCHAFT

Sie finden unseren Aktualitätendienst im Internet unter
http://www.cornelsen-teachweb.de
Wählen Sie den Weg
→ Berufliche Bildung → Wirtschaft

Redaktion: Martin Glania, Dorothe Redeker
Entwicklung des Modellunternehmens: Alfons Steffes-lai, Hans-Peter von den Bergen
Mit freundlicher Unterstützung der Derby Cycle Werke GmbH, Cloppenburg
Umschlaggestaltung: Katrin Nehm
Titel (Bildquelle): Mauritius, Berlin (Fabrikhalle, Foto: Rosenfeld);
Derby Cycle Werke GmbH, Cloppenburg (Fahrrad)
Layoutkonzept: Petra Jentschke
Technische Umsetzung: sign, Berlin
Bilder: Derby Cycle Werke GmbH, Cloppenburg: S. 11; Cornelsen Verlagsarchiv: S. 12

Wir weisen darauf hin, dass die im Lehrwerk genannten Firmen und Geschäftsvorgänge frei erfunden sind. Ähnlichkeiten mit real existierenden Firmen lassen keine Rückschlüsse auf diese zu. Dies gilt auch für die im Lehrwerk genannten Kreditinstitute, Bankleitzahlen und Buchungsvorgänge. Ausschließlich zum Zwecke der Authentizität wurden insoweit existierende Kreditinstitute und Bankleitzahlen verwendet.

Cornelsen online   http://www.cornelsen.de

1. Auflage   Druck 4 3 2 1   Jahr 07 06 05 04

Alle Drucke dieser Auflage können im Unterricht nebeneinander verwendet werden.

© 2004 Cornelsen Verlag, Berlin

Das Werk und seine Teile sind urheberrechtlich geschützt.
Jede Nutzung in anderen als den gesetzlich zugelassenen Fällen
bedarf der vorherigen schriftlichen Einwilligung des Verlages.
Hinweis zu § 52a UrhG: Weder das Werk noch seine Teile dürfen ohne eine
solche Einwilligung eingescannt und in ein Netzwerk eingestellt werden.
Dies gilt auch für Intranets von Schulen und sonstigen Bildungseinrichtungen.

Druck: Saladruck, Berlin

ISBN 3-464-46013-4

Bestellnummer 460134

Gedruckt auf Recyclingpapier, hergestellt aus 100 % Altpapier.

Vorwort

Die Neuordnung des Ausbildungsberufes Industriekaufmann/-kauffrau vom 1. August 2002 fordert im Rahmen der „gedehnten" Abschlussprüfung von zukünftigen Industriekaufleuten geschäftsprozessorientiertes Denken und Handeln. Der AKA-Stoffkatalog bildet mit den formulierten Prüfungsbereichen, Prüfungsgebieten, Fragenkomplexen, Themenbereichen und Beispielen für betriebliche Handlungen die Grundlage für die Formulierung von Prüfungsaufgaben.

Das Prüfungstraining orientiert sich deshalb mit seinen Aufgabenbeispielen und Lösungsmustern eng am AKA-Stoffkatalog, damit die Auszubildenden sich zielgerecht auf die Abschlussprüfung vorbereiten können. Jeder Aufgabenkomplex beginnt mit einem Hinweis auf die betroffenen Fragenkomplexe und betrieblichen Handlungen. Die Struktur der Aufgabenbeispiele ist geprägt durch die im Stoffkatalog formulierten Kriterien:

- Situationsvorgabe
- Praxisorientierung
- Adressatenorientierung
- Aktivitätsorientierung
- Prozessorientierung

Ausgehend von dem vorgegebenen Datenkranz eines Modellunternehmens werden unterschiedliche Handlungssituationen auf der Ebene kaufmännischer Sachbearbeitung aufgegriffen. Mit der einführenden Fallsituation werden praxisnahe Handlungs- und Entscheidungssituationen geschildert, denen jeweils einzelne Teilaufgaben zugeordnet werden. Eine Aufgabe, die jeweils mit einer Situationsbeschreibung beginnt, kann mehrere (Teil-) Aufgaben - zwischen vier und zehn – enthalten. Um den Prozessbezug zwischen den einzelnen Abteilungen des Unternehmens und zwischen dem Unternehmen und seinen Marktpartnern (Lieferern, Kunden, Banken usw.) herzustellen, werden Belege eingesetzt, die z. B. den Datenkranz vorgeben, auf den sich die zu lösenden Aufgaben beziehen.
Die Prüfungsaufgaben sind im Schwierigkeitsgrad adressatengerecht formuliert und fordern die Auszubildenden durch die Verwendung handlungsorientierter Verben dazu auf, aktiv bei der Lösung praxisnaher Handlungs- und Entscheidungssituationen tätig zu werden.
Um die Methodenkompetenz zu schulen, umfassen die Aufgaben mehrere Handlungselemente, wie z. B.

- Planung (P)
- Durchführung (D)
- Kontrolle (K)

Materialien zur Vorbereitung auf die Prüfung ergänzen mit einer Formelsammlung und Übersichten zur Vermittlung von Orientierungswissen das Prüfunfstraining.

Inhaltsverzeichnis

I Aufbau der schriftlichen und mündlichen Abschlussprüfung im Ausbildungsberuf Industriekaufmann/-kauffrau 5
1. Warum ist der Ausbildungsberuf Industriekaufmann/-kauffrau neu geordnet worden? 5
2. Was sind die Schwerpunkte Ihrer betrieblichen und schulischen Ausbildung? 5
3. Welche Prüfungsgebiete umfasst die Abschlussprüfung? 6

II Struktur handlungsorientierter Aufgaben im Prüfungsgebiet „Geschäftsprozesse" 7
1. Durch welche charakteristischen Merkmale sind die Aufgaben in der schriftlichen Abschlussprüfung geprägt? 7
2. Welche Aufgabentypen können in der schriftlichen Abschlussprüfung formuliert sein? 8

III Prüfungsvorbereitung 9
1. Allgemein 9
2. Inhaltlich 9

IV Ausgewählte Aufgaben zum Prüfungsbereich „Geschäftsprozesse" 11
1. Funktions- und unternehmensübergreifende Aufgaben 18
   Situation 1 18
   Situation 2 22
   Situation 3 23
   Situation 4 25
   Situation 5 27
   Situation 6 28
   Situation 7 29
   Situation 8 29
   Lösungen zu den funktions- und unternehmensübergreifenden Aufgaben 30
2. Prüfungsgebiet „Marketing und Absatz" 44
   Situation 9 44
   Situation 10 45
   Situation 11 47
   Situation 12 55
   Situation 13 56
   Situation 14 58

Lösungen zum Prüfungsgebiet: „Marketing und Absatz" 60
3. Prüfungsgebiet „Beschaffung und Bevorratung" .. 76
   Situation 15 76
   Situation 16 78
   Situation 17 81
   Situation 18 82
   Situation 19 84
   Situation 20 86
   Lösungen zum Prüfungsgebiet „Beschaffung und Bevorratung" 87
4. Prüfungsgebiet „Leistungserstellung" 98
   Situation 21 98
   Situation 22 100
   Lösungen zum Prüfungsgebiet „Leistungserstellung" 104
5. Prüfungsgebiet „Personal" 109
   Situation 23 109
   Situation 24 109
   Situation 25 111
   Situation 26 113
   Situation 27 113
   Situation 28 115
   Situation 29 115
   Lösungen zum Prüfungsgebiet „Personal" 116

V Das „Einsatzgebiet" in der mündlichen Abschlussprüfung (die „Präsentation" und das „Fachgespräch") .. 121
1. Fachaufgabe und Einsatzgebiete 121
2. Report 121
3. Präsentation 122
4. Fachgespräch 122
5. Bestehen der Prüfung 122

VI Materialien zur Vorbereitung auf die Prüfung .. 124
1. Formelsammlung 124
2. Orientierungswissen zu Kern- und Supportprozessen 126
2.1 Marketing und Absatz 127
2.2 Beschaffung und Bevorratung 136
2.3 Leistungserstellung 145
2.4 Personal 157

I Aufbau der schriftlichen und mündlichen Abschlussprüfung im Ausbildungsberuf Industriekaufmann/-kauffrau*

1. Warum ist der Ausbildungsberuf Industriekaufmann/-kauffrau neu geordnet worden?

In der deutschen Wirtschaft hat sich ein tiefgreifender Strukturwandel vollzogen: von der Industriegesellschaft zur Wissens- und Dienstleistungsgesellschaft. Dieser Strukturwandel fordert von den Mitarbeitern eines produzierenden Unternehmens am Standort Deutschland ein Kreativitätspotenzial, das Leistungsverbesserungen und Innovationen ermöglicht, damit die Kosten und die Durchlaufzeiten der zu erstellenden Produkte und Dienstleistungen gesenkt und die Qualität erhöht werden können. Nur unter diesen Voraussetzungen wird es möglich sein, den Anforderungen eines globalen Kundenmarktes zu genügen.

Von Ihnen, als zukünftigen Industriekaufleuten, wird zunehmend ein geschäftsprozessorientiertes Handeln gefordert, d. h. Sie unterstützen sämtliche Unternehmensprozesse von der Auftragsanbahnung bis zum Kundenservice nach der Auftragsrealisierung. Nicht mehr der Auftragsabwickler in den klassischen Funktionsbereichen eines Unternehmens (z. B. Beschaffung, Produktion, Absatz, Personal und Rechnungswesen) ist Leitbild der Berufsausbildung, sondern der kundenorientierte Sachbearbeiter, der team-, prozess- und projektorientiert unter Verwendung aktueller Informations-, Kommunikations- und Medientechniken (z. B. Einsatz von ERP-Systemen; ERP = Enterprise Resource Planning) an der Erstellung kundengerechter Problemlösungen arbeitet.

Die ganze Breite des betrieblichen Einsatzgebietes für Industriekaufleute wird am besten mit dem nachstehenden Schaubild zum Ausdruck gebracht, das die Teilprozesse einer EDV-gesteuerten Auftragsabwicklung darstellt:

Prozessorientierte ERP-Qualifikation

Geschäftsprozess Kundenauftrag: vom Kunden ... zum Kunden

- Zahlungseingang
- Rechnungsausgang
- Auslieferung
- Kommissionierung
- Nachkalkulation
- Rückmeldungen
- Produktion
- Materialentnahme
- Produktionsfreigabe
- Auftragserfassung
- Materialdisposition
- Produktionsplanung
- Terminierung
- Vorkalkulation
- Beschaffung Material
- Anlieferung Material
- Eingangsrechnung
- Zahlungsausgang

* Auszüge aus den Ordnungsmitteln AO, ARLP, RLP und dem AKA-Stoffkatalog

Der sich in vielen Ausbildungsbetrieben vollziehende Wandel vom funktionsorientierten zum geschäftsprozessorientierten Denken ist u. a. der Grund dafür, dass die Verordnung über die Berufsausbildung zum Industriekaufmann/zur Industriekauffrau vom 24. Januar 1978 überarbeitet und neu geordnet wurde. Die Neuordnung ist am 1. August 2002 in Kraft getreten. Für die Umsetzung der neuen Ausbildungsstruktur wurde das Modell der „gedehnten" Abschlussprüfung entwickelt.

2. Was sind die Schwerpunkte Ihrer betrieblichen und schulischen Ausbildung?

Als Industriekaufmann/-kauffrau sind Sie in Unternehmen unterschiedlicher Größen und Branchen tätig. Ihr kaufmännisch-betriebswirtschaftliches Aufgabenfeld erstreckt sich über alle Funktionen des Unternehmens. Sie unterstützen sämtliche Unternehmensprozesse aus betriebswirtschaftlicher Sicht von der Auftragsanbahnung bis zum Kundenservice nach der Auftragsrealisierung.

Wenn von Industriekaufleuten verstärkt ein geschäftsprozessorientiertes Handeln gefordert wird, so bedeutet dies, dass nicht die Abwicklung eines eingegrenzten Aufgabenbereichs, sondern vielmehr die Entwicklung einer kundengerechten Problemlösung im Vordergrund der betrieblichen Tätigkeit steht. Als Auszubildende sollen Sie lernen, Teilprozesse selbstständig zu verknüpfen und somit zu einem geschäftsprozessorientierten Handeln zu gelangen.

Bisher wurden Industriekaufleute vorwiegend in produzierenden Unternehmen ausgebildet. Der Begriff der Leistungserstellung soll in Zukunft erweitert werden und sich auch auf industrienahe Dienstleistungen erstrecken, z. B. auf ausgegliederte Betriebsgesellschaften (Vertriebsgesellschaften, Verwaltungsgesellschaften etc.), welche für das Industrieunternehmen tätig sind. Damit soll der zunehmenden Vernetzung von Industrie und Dienstleistung Rechnung getragen werden (z. B. Serviceleistungen nach Verkauf des Produkts u. Ä.).

In Ihrem letzten Ausbildungsjahr werden Sie in einem bestimmten Fachgebiet des Unternehmens eingesetzt. Sie sollen hier bereits Fachaufgaben übernehmen und dabei die bisher erworbenen Qualifikationen durch die selbstständige Verknüpfung von Teilprozessen vertiefen und erweitern. Das **Einsatzgebiet** wird vom ausbildenden Unternehmen festgelegt und ist Bestandteil der praktischen Abschlussprüfung. Da Sie im letzten Ausbildungsjahr überwiegend im Einsatzgebiet ausgebildet werden, wird der schriftliche Teil der Abschlussprüfung, welcher die bereits abgeleisteten Teile der Ausbildung zum Gegenstand hat, um gut zwei Monate vorgezogen. Somit findet dieser Teil der Abschlussprüfung bereits zu Beginn des letzten Ausbildungshalbjahres statt (z. B. März, bei dreijähriger Ausbildung) und entzerrt damit den Prüfungszeitraum. Die zeitliche Dehnung erlaubt Ihnen eine Konzentration auf das Einsatzgebiet, welches (ausschließlicher) Gegenstand des praktischen Teils der Abschlussprüfung am Ende der Ausbildung ist.

Der praktische Prüfungsteil umfasst eine **Präsentation** und ein **Fachgespräch** über eine Fachaufgabe, die Sie in dem schwerpunktbildenden Einsatzgebiet selbstständig durchgeführt haben. Als Basis für die Präsentation und das Fachgespräch erstellen Sie einen Report, der jedoch nicht bewertet wird.

3. Welche Prüfungsgebiete umfasst die Abschlussprüfung?

Den schriftlichen Teil der Abschlussprüfung legen Sie (bei einem dreijährigen Berufsausbildungsvertrag) am Beginn des dritten Ausbildungshalbjahres in folgenden Prüfungsbereichen ab:

Im **Prüfungsbereich Geschäftsprozesse** sollen Sie als Prüfling auf Prozesse und komplexe Sachverhalte gerichtete Situationsaufgaben oder Fallbeispiele bearbeiten und dabei zeigen, dass Sie Geschäftsprozesse analysieren sowie Problemlösungen ergebnis- und kundenorientiert entwickeln können. Dafür kommen insbesondere folgende Gebiete in Betracht: Marketing und Absatz, Beschaffung und Bevorratung, Personal sowie Leistungserstellung.

Im **Prüfungsbereich Kaufmännische Steuerung und Kontrolle** sollen Sie bis zu vier praxisbezogene Aufgaben aus dem Bereich Leistungsabrechnung unter Berücksichtigung des Controlling bearbeiten und dabei zeigen, dass Sie Kosten erfassen, die betrieblichen Geld- und Wertströme analysieren sowie betriebswirtschaftliche Schlussfolgerungen daraus ableiten können.

Im **Prüfungsbereich Wirtschafts- und Sozialkunde** sollen Sie praxisbezogene Aufgaben bearbeiten und dabei zeigen, dass Sie allgemeine wirtschaftliche und gesellschaftliche Zusammenhänge der Berufs- und Arbeitswelt darstellen und beurteilen können.

Der **praktische Prüfungsteil** wird am Ende der Ausbildung durchgeführt. Er umfasst den vierten **Prüfungsbereich Einsatzgebiet**. Hier sollen Sie in einer Präsentation und einem Fachgespräch die Beherrschung komplexer Aufgaben und ganzheitlicher Geschäftsprozesse nachweisen. Gegenstand der Präsentation und des Gesprächs ist eine Fachaufgabe, die Sie in dem Einsatzgebiet, in dem Sie in den letzten Monaten Ihrer Ausbildung eingesetzt wurden, selbstständig durchgeführt haben. Die Fachaufgabe im Einsatzgebiet ist vor der Durchführung dem Prüfungsausschuss zur Genehmigung vorzulegen, d.h. der Prüfungsausschuss entscheidet, ob die beantragte Fachaufgabe für die Prüfung geeignet ist. Erst nach der Genehmigung dürfen Sie mit der Durchführung dieser prüfungsrelevanten Fachaufgabe beginnen.

Sie erstellen hierüber einen höchstens fünfseitigen **Report** (zzgl. Anlagen über betriebsübliche Unterlagen) als Basis für die Präsentation und das Fachgespräch, welcher jedoch nicht bewertet wird. Er dient lediglich zur Information des Prüfungsausschusses und wird diesem vor der Durchführung der praktischen Prüfung zur Verfügung gestellt. In der Präsentation sollen Sie zeigen, dass Sie Sachverhalte, Abläufe und Ergebnisse der bearbeiteten Fachaufgabe erläutern und mit praxisüblichen Mitteln darstellen können.

In dem **Fachgespräch** sollen Sie zeigen, dass Sie die dargestellte Fachaufgabe in Gesamtzusammenhänge einordnen, Hintergründe erläutern und Ergebnisse bewerten können. Dabei sollen Sie insbesondere verdeutlichen, dass Sie Sachbearbeitungsaufgaben in speziellen Geschäftsfeldern beherrschen. Der Prüfungsausschuss bereitet sich im Vorfeld anhand des eingereichten Reports auf die Präsentation und das Fachgespräch vor. Im Anschluss an die Prüfung bewertet er die gezeigten Leistungen (z. B. mittels eines Bewertungsbogens).

Der schriftliche Teil der Abschlussprüfung geht mit 70 % und der praktische Teil mit 30 % in das Gesamtergebnis ein. Dabei haben die einzelnen Prüfungsbereiche folgendes Gewicht:

Geschäftsprozesse	40 %	Schriftlicher Teil 70 %
Kaufmännische Steuerung und Kontrolle	20 %	
Wirtschafts- und Sozialkunde	10 %	
Einsatzgebiet	30 %	Praktischer Teil 30 %

Die Abschlussprüfung ist bestanden, wenn
- im Prüfungsbereich Geschäftsprozesse,
- in mindestens einem der beiden Prüfungsbereiche Kaufmännische Steuerung und Kontrolle und Wirtschafts- und Sozialkunde,
- im Prüfungsbereich Einsatzgebiet und
- im Gesamtergebnis der Abschlussprüfung mindestens ausreichende Leistungen erbracht sind.

Wird ein Prüfungsbereich mit „ungenügend" bewertet, so ist die Prüfung nicht bestanden.

Die aktuellen Termine für die bundeseinheitliche Prüfung können aus dem Internet unter der folgenden Adresse abgerufen werden: http://www.aka-nuernberg.de/.

II Struktur handlungsorientierter Aufgaben im Prüfungsgebiet „Geschäftsprozesse"

1. Durch welche charakteristischen Merkmale sind die Aufgaben in der schriftlichen Abschlussprüfung geprägt?

Charakteristische Merkmale der von Ihnen in der schriftlichen Prüfung zu lösenden Aufgaben sind:
1. Situationsvorgabe
2. Praxisorientierung
3. Adressatenorientierung
4. Aktivitätsorientierung
5. Prozessorientierung

Um bei der Aufgabenstellung eine stärkere Praxisorientierung zu erreichen, wird für den Einstieg in verschiedene Handlungssituationen ein Modellunternehmen verwendet.

Ausgehend von dem vorgegebenen Datenkranz dieses Unternehmens werden unterschiedliche Handlungssituationen auf der Ebene kaufmännischer Sachbearbeitung aufgegriffen. Mit der einführenden Fallsituation werden praxisnahe Handlungs- und Entscheidungssituationen geschildert, denen jeweils einzelne Teilaufgaben zugeordnet werden. Eine Aufgabe, die jeweils mit einer Situationsbeschreibung beginnt, kann mehrere (Teil-) Aufgaben, zwischen vier und zehn, enthalten.

Um den Prozessbezug zwischen den einzelnen Abteilungen des Unternehmens und zwischen dem Unternehmen und seinen Marktpartnern (Lieferern, Kunden, Banken usw.) herzustellen, werden Belege eingesetzt, die z. B. den Datenkranz vorgeben, auf den sich die in der Prüfung zu lösenden Aufgaben beziehen. Es ist aber auch möglich, dass fehlende Belegdaten ergänzt oder falsche Daten korrigiert werden müssen. Konkrete mögliche Belege ergeben sich aus dem nachstehenden Schaubild:

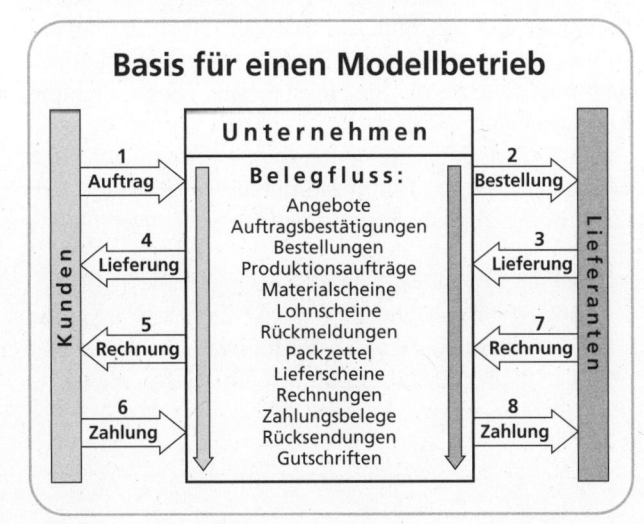

Basis für einen Modellbetrieb

```
         Kunden                Unternehmen              Lieferanten
           1                   Belegfluss:                  2
        Auftrag                  Angebote               Bestellung
                           Auftragsbestätigungen
           4                    Bestellungen                3
       Lieferung              Produktionsaufträge      Lieferung
                               Materialscheine
                                Lohnscheine
           5                   Rückmeldungen                7
       Rechnung                  Packzettel            Rechnung
                                Lieferscheine
                                 Rechnungen
           6                   Zahlungsbelege               8
        Zahlung                Rücksendungen           Zahlung
                                Gutschriften
```

Die Prüfungsaufgaben sollten im Schwierigkeitsgrad adressatengerecht formuliert sein und Sie durch die Verwendung handlungsorientierter Verben dazu auffordern, aktiv bei der Lösung praxisnaher Handlungs- und Entscheidungssituationen tätig zu werden.

Beispiele für derartige Handlungssituationen können dem AKA-Stoffkatalog entnommen werden.

Beispiel 1:

---

01 Der Ausbildungsbetrieb

Fragenkomplex 01
Aufbau- und Ablauforganisation sowie Zuständigkeiten im Ausbildungsbetrieb erläutern

Handlungssituationen:
– Schnittstellen in der betrieblichen Organisation analysieren (K)
– Zuständigkeit der jeweiligen Stelle prüfen (K)

---

02 Geschäftsprozesse und Märkte
0202 Geschäftsprozesse und organisatorische Strukturen

Fragenkomplex 01
Betriebliche Organisationsformen und Entscheidungswege erläutern

Fragenkomplex 02
Den Zusammenhang von Geschäftsprozessen und Organisation beschreiben

Handlungssituationen:
– Arbeitsabläufe darstellen (D)
– Weisungssysteme erläutern (D)

Fragenkomplex 03
Systematik von Prozessabläufen und Zusammenhänge von Teilprozessen beachten

Handlungssituationen:
– Ablaufdiagramm erstellen (D)
– Kernprozesse und prozessunterstützende Abläufe unterscheiden

Fragenkomplex 04
Erfordernisse von ganzheitlichen Geschäftsprozessen beachten

Handlungssituationen:
– Ablaufdiagramm erstellen
– Kernprozesse und prozessunterstützende Abläufe unterscheiden

Eine Aufgabenstellung zu diesen Handlungssituationen kann z. B. an der Aufbau- und Ablauforganisation eines Modellbetriebes anknüpfen und Sie als Prüfling dazu auffordern, die Schnittstellen aufzuzeigen (zu analysieren), die bei der Abwicklung einer typischen Prozesskette (z. B. Auftrags- oder auch Bestellabwicklung) auftreten. Sie können eventuell dazu aufgefordert werden, eine Schwachstellenanalyse durchzuführen und Vorschläge zur Verbesserung der Prozessabläufe zu machen, um Durchlaufzeiten zu reduzieren und Kosten zu senken.

Beispiel 2:

> **02 Geschäftsprozesse und Märkte**
> 0201 Märkte, Kunden, Produkte und Dienstleistungen
>
> Fragenkomplex 01
> Bedeutung der Märkte der Wettbewerber, des Standortes und des eigenen Leistungsangebotes für den eigenen Ausbildungsbetrieb aufzeigen
>
> **Handlungssituationen**:
> – Statistiken erstellen (D)
> – Standortfaktoren analysieren (K)

Die Aufgabenstellung zu dieser Handlungssituation könnte z. B. an Daten, die im Rahmen der Marktforschung gewonnen wurden, über Absatzmengen, Umsätze und Preise von Wettbewerbern anknüpfen und von Ihnen eine statistische Aufbereitung, z. B. unter Einsatz eines Tabellenkalkulationsprogramms, verlangen.

Die vorgestellten Handlungssituationen machen deutlich, dass es zur Lösung möglicher Prüfungsaufgaben nicht ausreicht, wenn Sie sich die erforderlichen Fachbegriffe aneignen (z. B. Organigramm, Schnittstellen, Marktforschung usw.), sondern darüber hinaus werden Sie aufgefordert, Ihr Wissen auf betriebliche Handlungssituationen anzuwenden. Die Anwendungsmöglichkeiten können dabei sehr unterschiedlich sein und u. a. davon abhängen, welche Belege/Unterlagen Ihnen zur Bearbeitung der Aufgabenstellung zur Verfügung gestellt werden bzw. welche Handlungssituation von Ihnen gefordert wird (Planung, Durchführung, Kontrolle bzw. sonstige Handlungselemente). Die Vollkostenrechnung eines Unternehmens könnte in dieser Handlungssituation durch eine Logistik-Kostenrechnung ergänzt werden. Die Unterschiede zwischen beiden Kostenrechnungsarten sind zu analysieren und dabei entsprechende Kennziffern zu berechnen.

Prozessorientierung bedeutet, dass sich die Aufgaben in ihrem sachlogischen Ablauf an den Strukturen betrieblicher Kern- und Supportprozesse orientieren. Im Hinblick auf die zu überprüfenden Kompetenzen, die Sie während Ihrer Ausbildung erworben haben, wird zwischen Fachkompetenz und Methodenkompetenz unterschieden. Alle Aufgaben, die die Lernzielstufe Wissen ansprechen und nicht handlungsorientiert sind, werden als reine Fachkompetenz (RF) eingestuft.

Die Methodenkompetenz umfasst die eigentliche Handlungskompetenz und enthält mehrere Handlungselemente; sie wird weiter untergliedert in

1. Planung (P)
2. Durchführung (D)
3. Kontrolle (K)
4. Sonstige Handlungselemente (SH)

Unter sonstigen Handlungselementen können die folgenden Schritte eines Problemlöse-/Entscheidungsprozesses verstanden werden:

1. Problemdefinition
2. Zielformulierung
3. Analyse
4. Suche nach Lösungsalternativen
5. Bewertung von Lösungsalternativen
6. Entscheidung für eine Alternative

2. Welche Aufgabentypen können in der schriftlichen Abschlussprüfung formuliert sein?

Im Hinblick auf die Form der Aufgabenstellung werden folgende Aufgabentypen unterschieden:

1. gebundene (auch programmierte) Aufgaben
   a) Mehrfachwahlaufgabe (Multiple Choice)
   b) Zuordnungsaufgabe
   c) Reihenfolgeaufgabe
   d) Offene-Antwort-Aufgabe

2. ungebundene (auch: konventionelle) Aufgaben
   a) Erläuterungsaufgaben (Aufgaben, die eine längere Erläuterung erforderlich machen)
   b) Kurzantwortaufgaben
   c) Rechenaufgaben
   d) Grafische Darstellungen
   e) Entwurf eines Briefes nach DIN 5008
   f) Ergänzungsaufgaben

Der Prüfungsbereich „Geschäftsprozesse" ist bisher (Stand: Abschlussprüfung 02./03. März 2004) ausschließlich mit Hilfe von ungebundenen Aufgabenstellungen überprüft worden, die Prüfungsbereiche „Steuerung und Kontrolle" und „Wirtschafts- und Sozialkunde" dagegen ausschließlich mit gebundenen Aufgabenstellungen. Gegenstand dieses Prüfungstrainings ist ausschließlich der Prüfungsbereich „Geschäftsprozesse" (ungebundene Aufgaben).

Ziel des „Prüfungstrainings" ist es, eine möglichst große Zahl derartiger Aufgaben zu formulieren, damit Sie sich optimal auf die Abschlussprüfung vorbereiten können.

III Prüfungsvorbereitung

1. Allgemein

Bevor Sie mit dem „Prüfungstraining" beginnen, sollten Sie sich zur zielgenauen Prüfungsvorbereitung alle offiziellen Papiere beschaffen, die zur Prüfung existieren:
- Ausbildungsordnung und Ausbildungsrahmenplan
- Rahmenlehrplan
- AKA-Stoffkatalog

Diese Unterlagen können über die bereits angegebene Internet-Adresse (http://www.u-form.de/cgi-local/shop.pl) kostenpflichtig beschafft werden.

Darüber hinaus ist es sinnvoll, sich mit den Aufgaben zu beschäftigen, die bereits Gegenstand vergangener Abschlussprüfungen waren, damit Sie sich an die Form der Aufgabenstellung gewöhnen können. Diese Aufgaben sind auch (kostenpflichtig) unter der oben angegebenen Adresse beschaffbar.

Eine weitere Möglichkeit der Informationsbeschaffung bietet sich durch die Befragung von ehemaligen Auszubildenden, die die Prüfung bereits absolviert haben. Mit diesen Informationen sollte man jedoch vorsichtig umgehen. Es besteht generell die Tendenz, die Prüfung gegenüber einem zukünftigen Kandidaten als schwieriger einzustufen, als sie in Wirklichkeit ist. Hat der Informant die Prüfung bestanden, dann wertet er sich und seine Leistung auf, wenn er die Prüfung als besonders schwierig darstellt. Hat er die Prüfung dagegen nicht bestanden, so muss er sie als schwierig bezeichnen, um sein eigenes Versagen damit zu entschuldigen.

Die Zeit der Prüfungsvorbereitung ist schon allein deshalb nicht die angenehmste im Leben, weil sie, wenn sie ernst genommen wird, mit vielen Einschränkungen verbunden ist. Häufig wird man von den engsten Familienmitgliedern oder Freunden und Bekannten davon abgehalten, sich auf das Lernen zu konzentrieren. Da müssen unbedingt bestimmte Arbeitsaufträge, wie z. B. das Entleeren des Mülleimers oder das Besorgen bestimmter Dinge des täglichen Lebens, ausgeführt werden. Oder gute Freunde und Bekannte fordern Sie zu einem Kino- bzw. Kneipenbesuch auf. Machen Sie Ihren Eltern, Geschwistern, Freunden oder Bekannten klar, dass Sie sich in einer wichtigen Phase Ihrer beruflichen Entwicklung befinden, in der Rücksicht auf Sie genommen werden muss. Bitten Sie um Unterstützung bei Ihrer Prüfungsvorbereitung. Überspannen Sie jedoch den Bogen nicht und entschuldigen Sie nicht alles mit Ihrer Prüfung.

2. Inhaltlich

Die inhaltliche Prüfungsvorbereitung hat bereits damit begonnen, dass Sie sich alle prüfungsrelevanten Unterlagen wie die Ausbildungsordnung und den Ausbildungsrahmenplan den Rahmenlehrplan, den AKA-Stoffkatalog und die Aufgaben vergangener Abschlussprüfungen beschafft haben.

Anhand dieser Unterlagen können Sie nicht nur herausfinden, welcher Prüfungsstoff von Bedeutung ist, sondern auch, wie detailliert Ihr Wissen sein muss und in welcher Form die Fragestellung erfolgt.

Es ist bereits darauf hingewiesen worden, dass im Prüfungsgebiet „Geschäftsprozesse" bisher ausschließlich ungebundene Aufgaben gestellt wurden. Die Art der ungebundenen Aufgaben ist bereits kurz vorgestellt worden. An dieser Stelle soll für jede Art ein Beispiel gegeben werden:

a) **Erläuterungsaufgaben** (Aufgaben, die eine längere Erläuterung notwendig machen)

Die Aufgaben zum Prüfungsgebiet „Geschäftsprozesse" beziehen sich auf den Offenbacher Möbelhersteller *Völker GmbH*, der sich auf Polstermöbel spezialisiert hat.

Als Angestellte/r des Möbelherstellers *Völker GmbH* bearbeiten Sie die Beschwerde eines wichtigen Kunden. Die von Ihrem Unternehmen gelieferte Ware wird reklamiert, da sich an einigen Stoffen innerhalb kürzester Zeit Risse gebildet haben. Die Geschäftsleitung des Unternehmens möchte schon seit langem ein System zum Beschwerdemanagement aufbauen. Die vom Prüfling zu bearbeitende Aufgabe lautet:

Nennen Sie vier Ziele, die mithilfe eines Beschwerdemanagements besser erreicht werden können, und erläutern Sie diese.

Die richtige Antwort, für die es die volle Punktzahl (6) gibt, erfordert die Erläuterung (in vollständigen Sätzen) von drei Unternehmenszielen: z. B.
- Kundenbindung/Kundenzufriedenheit
- Produktverbesserung
- Prozessverbesserung
- Imageverbesserung
- Realisierung von Wettbewerbsvorteilen

Die Ziele müssen nicht nur genannt, sondern auch verständlich erläutert werden.

b) Kurzantwortaufgaben

Im Rahmen eines Telefonats sollen Sie mit dem Mitarbeiter, der die Beschwerde an Sie herangetragen hat, ein Gespräch führen. In diesem sind zum Einen die Interessen Ihres Unternehmens zu vertreten; andererseits ist es wichtig, dass der Kunde anschließend zufrieden ist und dem Unternehmen erhalten bleibt. Sie bereiten sich auf das Gespräch vor:

Fixieren Sie schriftlich drei Argumente, auf die Sie im Gespräch mit dem Kunden zurückgreifen können.

Bei dieser Antwort wird keine Erläuterung erwartet, sondern es sind lediglich drei Sachargumente zu nennen:
- Interesse an guter Zusammenarbeit zur Verbesserung der Produktion bekunden
- Begehung vor Ort durch Mitarbeiter der *Völker GmbH* anbieten
- Nachbesserung vor Ort durch Mitarbeiter der *Völker GmbH* anbieten
- Preisnachlass anbieten
- Gutschrift beim nächsten Auftrag anbieten

c) Rechenaufgaben

Sie sind Mitarbeiter im Einkauf der *Völker GmbH* und stellen fest: In der letzten Zeit hat sich häufig der ärgerliche Umstand ergeben, dass bestimmte bestellte Ware (von verschiedenen Lieferern) nicht pünktlich geliefert wurden, so dass sich eine Produktionsverzögerung ergab. Die Geschäftsleitung lässt jetzt prüfen, ob sich eine Eigenfertigung dieser speziellen Teile grundsätzlich lohnt? (Angegeben sind bei dieser Aufgabe alle relevanten Kosten und Preise.)

Welche Verbrauchsmenge wäre nötig, damit sich eine Eigenfertigung rechnet?

Die Aufgabe stellt mit der erwarteten Antwort nur auf Kostengründe ab.
Die richtige Antwort ergibt sich, wenn man mit der Gleichsetzungsmethode arbeitet und beide Gleichungen nach x auflöst.

d) Grafische Darstellung

Die rechnerische Ermittlung der kritischen Menge (Aufgabe c) kann auch grafisch dargestellt werden, was Bestandteil der folgenden Aufgabe ist:

Ermitteln Sie grafisch die kritische Menge, indem Sie Ihre mathematischen Ergebnisse zu den Gesamtkosten der Eigenfertigung und der Fremdfertigung in das Koordinatensystem eintragen.

Die kritische Menge ergibt sich im Schnittpunkt der Gesamtkosten bei Eigenfertigung und der Gesamtkosten bei Fremdfertigung.

e) Entwurf eines Briefes nach DIN 5008

Als Personalsachbearbeiter der *Völker GmbH* sind Sie aufgefordert, eine Absage an einen Bewerber zu schreiben (Es steht Ihnen dabei ein Briefvordruck zur Verfügung).

Nach Abschluss eines Bewerbungsverfahrens für eine Stelle als Lohnbuchhalter müssen Sie dem aus dem engeren Verfahren ausgeschiedenen Bewerber eine Absage schreiben. Formulieren Sie diese kurz, knapp und höflich und beachten Sie die DIN 5008 in ihrer aktuellen Fassung. Unterschreiben Sie den Brief und geben Sie keine konkreten Gründe für die Absage an.

Die Formulierung des Briefes erfolgt auf einem Vordruck, auf dem Sie die Anschrift formal korrekt eintragen müssen, die Bezugszeichenzeile auszufüllen haben, den Betreff und die Anrede ebenso formulieren müssen wie eine höfliche Absage ohne Angabe von Gründen.

f) Ergänzungsaufgaben

Als Mitarbeiterin in der Personalabteilung der *Völker GmbH* stellen Sie fest, dass die Abläufe bei Bewerbungsverfahren nicht optimiert sind. Bewerber beschweren sich immer wieder über langwierige Entscheidungsverfahren. Sie haben daher den Auftrag, die Prozesskette für die Einstellung eines neuen Mitarbeiters abzubilden und ihrem Vorgesetzten vorzulegen. (Eine nicht vollständig ausgefüllte Prozesskette und eine Kurzbeschreibung der unterschiedlichen Tätigkeiten sind Bestandteil der Aufgabe.)

Ergänzen Sie die Prozesskette, indem Sie die mit den Buchstaben bezeichneten Texte in die neben stehende Darstellung einfügen. Tragen Sie nur die entsprechenden Buchstaben ein.

Die richtige Zuordnung bzw. Ergänzung der unvollständigen Prozesskette wird erleichtert, wenn man mit der Darstellung „Ereignisgesteuerter Prozessketten" und deren Symbole vertraut ist.

IV Ausgewählte Aufgaben zum Prüfungsbereich „Geschäftsprozesse"

Vorbemerkung

Der AKA-Stoffkatalog ist nach Prüfungsbereichen aufgebaut:
- Geschäftsprozesse
- Kaufmännische Steuerung und Kontrolle
- Wirtschafts- und Sozialkunde

Innerhalb der Prüfungsbereiche erfolgt eine Gliederung nach Gebieten, Funktionen, Fragenkomplexen, Themenkreisen und Beispielen für betriebliche Handlungen. Die Gebiete des Prüfungsbereichs Geschäftsprozesse sind:
- Marketing und Absatz
- Beschaffung und Bevorratung
- Leistungserstellung
- Personal

Darüber hinaus sind einige Gebiete „vor die Klammer gezogen", denn sie betreffen z. B. alle Gebiete des Prüfungsbereichs „Geschäftsprozesse":
- Der Ausbildungsbetrieb (Stellung, Rechtsform und Struktur, Sicherheit und Gesundheitsschutz bei der Arbeit, Umweltschutz)
- Geschäftsprozesse und Märkte (Märkte, Kunden, Produkte und Dienstleistungen, Geschäftsprozesse und organisatorische Strukturen)
- Integrative Unternehmensprozesse (Logistik, Qualität und Innovation)

Diese Gebiete werden mit funktions- und unternehmensübergreifenden Aufgaben abgedeckt. Im Anschluss daran werden funktionsbezogene Aufgaben formuliert, die sich auf die Gebiete des Prüfungsbereichs Geschäftsprozesse beziehen.

Sowohl die funktions- und unternehmensübergreifenden Aufgaben als auch die funktionsbezogenen Aufgaben beziehen sich auf das Modellunternehmen der *Fly Bike Werke GmbH*. Die wichtigsten Modelldaten sind dem Lehrbuch „Industrielle Geschäftsprozesse", Bestellnummer: 460126 entnommen und werden an dieser Stelle noch einmal abgedruckt:

Die Fly Bike Werke GmbH

Firmengeschichte

Jan Ullmann und Björn Ries, die Gesellschafter der *Fly Bike Werke GmbH*, sind seit frühester Jugend befreundet und hatten immer ein gemeinsames Hobby, das Radrennfahren. Die Väter der beiden Amateur-Rennfahrer waren schon frühzeitig im Fahrradmarkt ambitioniert. Dirk Ries, Vater von Björn Ries, betrieb in Oldenburg einen Fahrradeinzelhandel, wobei Rennräder für den Amateurbereich einen Schwerpunkt in seinem Sortiment darstellten. Klaus Ullmann, Vater von Jan Ullmann, produzierte in Oldenburg Standardfahrradrahmen aus Stahl für die Fahrradindustrie. 1967 übernahm Jan Ullmann von seinem Vater das Unternehmen Fahrrad Ullmann, wobei die Fertigung von Rahmen für die Fahrradindustrie zunächst Schwerpunkt seiner Geschäftstätigkeit blieb. Gegen Ende der 70er-Jahre begann er erste Rennräder zu entwickeln und auch zu produzieren. Dies geschah zunächst für den Eigenbedarf, später auch für Freunde und Sportkollegen, in „Maßanfertigung", ausgestattet mit hochwertigen Komponenten, wie Schaltungen und Tretlagern. 1982 gründete Jan Ullmann die *Fly Bike Werke GmbH* (als so genannte Ein-Mann-GmbH). Die Aufgaben eines Geschäftsführers übertrug er an den ebenfalls radsportbegeisterten Hans Peters.

Zuerst wurde der Bereich Rennradbau für den Amateur- und später auch für den Profi-Bereich vorangetrieben. Starke Absatzschwankungen beim Rahmenabsatz, dem bis Mitte der 80er-Jahre noch wichtigsten Umsatzbereich, zwangen Jan Ullmann und Hans Peters zu einer damals sehr risikoreichen Entscheidung: Aufgabe der Zuliefererfunktion für die Fahrradindustrie und dafür stärkere Konzentration auf die Eigenproduktion von Fahrrädern bei gleichzeitiger Ausweitung der Produktpalette um Handelswaren und Dienstleistungen. Mit der erweiterten Modellpolitik gelang es ihnen, neue Absatzmärkte zu erschließen und das positive Image des Unternehmens bei den Verbrauchern auf das gesamte Absatzprogramm zu übertragen. Es zeigte sich schnell, dass diese Entscheidung richtig war. Nach anfänglichen Absatzproblemen haben sich die *Fly Bike Werke* auf dem Fahrradmarkt etabliert. Hochwertige Fahrräder mit hochwertigen Ausstattungskomponenten sind nicht nur auf dem deutschen Markt gefragt. Die Verbraucher sind nach negativen Erfahrungen mit Billigrädern bereit, für Qualität auch bei Fahrrädern tiefer in die Tasche zu greifen. Erfolge im Radrennsport auf Rädern der *Fly Bike Werke* haben die Marke bekannt gemacht und für ein positives Image des gesamten Fahrradprogramms gesorgt.

Der Zwang zu modernen Fertigungsmethoden und die damit verbundenen Investitionen erhöhten den Kapitalbedarf zum Ende des ausgehenden Jahrhunderts erheblich. Da traf es sich gut, dass Jan Ullmann seinen alten Freund Björn Ries bei einem Radrennen traf und von seinen Sorgen erzählte. Der auf Grund eines erfolgreichen Berufslebens vermögende Ries war spontan bereit, sich an der *Fly Bike Werke GmbH* zu beteiligen, und trat Anfang 2001 als weiterer Gesellschafter in die GmbH ein. Basis für die Geschäftstätigkeit der *Fly Bike Werke GmbH* ist der nachfolgende Gesellschaftsvertrag auf den Seiten 76–77. Auch der Standort Oldenburg hat sich von Anfang an positiv auf die Unternehmensentwicklung ausgewirkt. Die Nähe der Häfen von Bremen und Wilhelmshaven, die Anbindung an die Autobahnen A 28 und A 29 sowie der eigene Gleisanschluss auf dem Werksgelände bieten den *Fly Bike Werken* eine optimale Infrastruktur. Die Stadt selbst mit über 150 000 Einwohnern ist auch für neue Mitarbeiter stets überaus attraktiv.

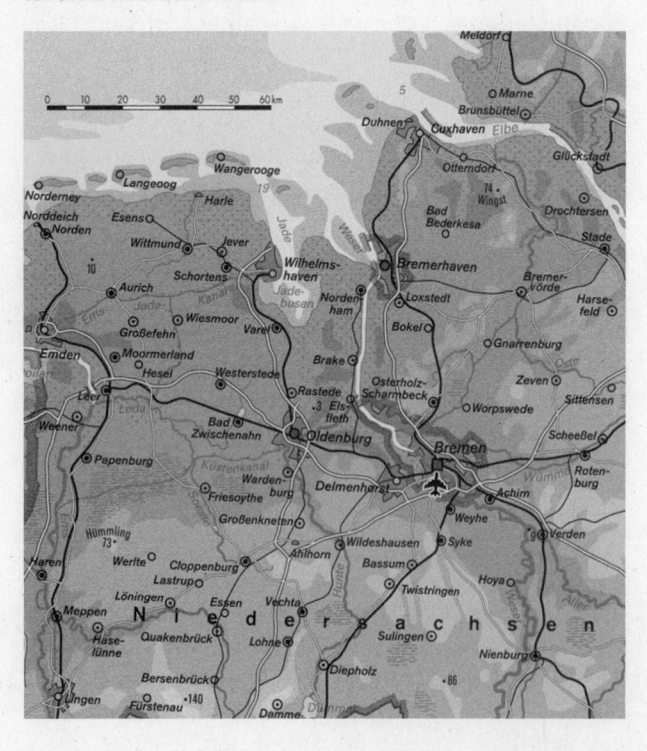

Personal

Die *Fly Bike Werke GmbH* beschäftigt insgesamt 40 Mitarbeiter, darunter einen technischen Auszubildenden zum Zweiradmechaniker und eine kaufmännische Auszubildende zur Industriekauffrau. Die Gesellschafter und der Geschäftsführer der *Fly Bike Werke GmbH* sind stolz darauf, dass die Mitarbeiterfluktuation überaus gering ist und der Personalbestand stetig erweitert werden konnte. Die erfolgreiche Unternehmensentwicklung und die damit verbundenen sicheren Arbeitsplätze mit Aufstiegschancen, ein kooperatives Führungssystem, eine vertrauensvolle Zusammenarbeit von Unternehmensleitung und Betriebsrat, die Förderung des innerbetrieblichen Vorschlagssystems und eine leistungsgerechte Entlohnung bilden dafür die Grundlage.

Absatzprogramm und Kunden

Das Produktionsprogramm der *Fly Bike Werke* umfasst zurzeit zwölf verschiedene Fahrradmodelle, die an vier verschiedene Kundengruppen verkauft werden.

Produktionsprogramm			
Modell	Artikel-Nr.	Modell-Name	unverbindl. Preis
City-Räder	101	City Glide	245,00 €
	102	City Surf	274,40 €
Trekkingräder	201	Trekking Light	299,25 €
	202	Trekking Free	350,00 €
	203	Trekking Nature	437,50 €
Mountainbikes	301	Mountain Dispo	393,75 €
	302	Mountain Constitution	598,50 €
	303	Mountain Unlimited	997,50 €
Rennräder	401	Renn Fast	1 260,00 €
	402	Renn Superfast	2 205,00 €
Kinderräder	501	Kinder Twist	196,88 €
	502	Kinder Cool	262,50 €

– Gesellschaftsvertrag –

§ 1 Firma und Sitz der Gesellschaft
(1) Die Firma der Gesellschaft lautet:
Fly Bike Werke Gesellschaft mit beschränkter Haftung
(2) Sitz der Gesellschaft ist Oldenburg.

§ 2 Gegenstand des Unternehmens
Gegenstand des Unternehmens ist die Herstellung und der Handel mit Fahrrädern, Fahrradteilen, Fahrradzubehör und Dienstleistungen im Fahrradmarkt. Die Gesellschaft darf andere Unternehmen gleicher oder ähnlicher Art übernehmen, vertreten und sich an solchen beteiligen; sie darf auch Zweigniederlassungen errichten.

§ 3 Stammkapital und Stammeinlage
(1) Das Stammkapital der Gesellschaft beträgt 350 000,00 DM (in Worten: dreihundertfünfzigtausend Deutsche Mark).
(2) Der alleinige Gesellschafter, Herr Jan Ullmann, Oldenburg, leistet seine Einlage, indem er alle Vermögenswerte der Einzelunternehmung Fahrrad Ullmann in die Gesellschaft einbringt.

§ 4 Dauer der Gesellschaft, Geschäftsjahr
(1) Die Gesellschaft wird auf unbestimmte Zeit errichtet.
(2) Geschäftsjahr ist das Kalenderjahr.

§ 5 Geschäftsführung und Vertretung
(1) Die Gesellschaft hat einen oder mehrere Geschäftsführer. Sind mehrere Geschäftsführer bestellt, so wird die Gesellschaft durch je zwei Geschäftsführer gemeinschaftlich vertreten.
(2) Zum Geschäftsführer wird bestellt: Herr Hans Peters. Er ist von den Beschränkungen des § 181 BGB befreit.

§ 6 Jahresabschluss
Innerhalb der ersten drei Monate nach Abschluss eines Geschäftsjahres hat die Geschäftsführung den Jahresabschluss und den Lagebericht aufzustellen und zusammen mit einem Vorschlag zur Ergebnisverwendung dem Gesellschafter vorzulegen. Der Jahresabschluss ist nach den gesetzlichen Vorschriften zu erstellen.

§ 7 Bekanntmachungen
Bekanntmachungen der Gesellschaft werden im Bundesanzeiger veröffentlicht.
Oldenburg, 15. Februar 1982
Jan Ullmann

Änderungen des Gesellschaftsvertrages § 3 (1) durch Gesellschafterbeschluss am 20.05.2000
Das Stammkapital der Gesellschaft wird auf 200 000,00 € (in Worten zweihunderttausend Euro) erhöht. Die ausstehende Einlage ist zum offiziellen Umrechnungskurs von 1,95583 DM je Euro bis zum 31.12.2000 auf das Konto der Gesellschaft durch den Gesellschafter Jan Ullmann, Oldenburg, einzuzahlen.
Oldenburg, 20. Mai 2000

Jan Ullmann

Änderungen des Gesellschaftsvertrages § 3 (1) durch Gesellschafterbeschluss am 15.12.2000:
(1) Zu Beginn des Geschäftsjahres 2001 tritt Herr Björn Ries in die GmbH ein. Der Gesellschafter Ries leistet eine Einlage von 100 000,00 € (in Worten einhunderttausend Euro). Das gezeichnete Kapital erhöht sich auf 300 000,00 € (in Worten dreihunderttausend Euro). Davon übernehmen:
a) Herr Jan Ullmann, Oldenburg, 200 000,00 €.
b) Herr Björn Ries, Oldenburg, 100 000,00 €.
c) Herr Björn Ries leistet eine Kapitalrücklage in Höhe von 100 000,00 € für die erbrachten Vorleistungen von Herrn Jan Ullmann (Know-how, Firmenimage).

Ergänzung des Gesellschaftsvertrages um § 3 (3) durch Gesellschafterbeschluss am 15.12.2000:
(3) Der Gesellschafter Björn Ries, Oldenburg, leistet seine Einlage in Geld. Seine Stammeinlage und die vereinbarte Kapitalrücklage sind zu Beginn des Geschäftsjahres 2001 zur freien Verfügung der Gesellschaft auf das Konto der Gesellschaft einzuzahlen.

Ergänzung des Gesellschaftsvertrages um § 4 (3) durch Gesellschafterbeschluss am 15.12.2000:
(3) Jedem Gesellschafter steht ein Kündigungsrecht mit einjähriger Frist zum Jahresende zu.

Änderung des Gesellschaftsvertrages § 6 Jahresabschluss durch Gesellschafterbeschluss am 15.12.2000:
Innerhalb der ersten drei Monate nach Abschluss eines Geschäftsjahres hat die Geschäftsführung den Jahresabschluss und den Lagebericht aufzustellen und zusammen mit einem Vorschlag zur Ergebnisverwendung der Gesellschafterversammlung vorzulegen. Der Jahresabschluss ist nach den gesetzlichen Vorschriften zu erstellen.

Ergänzung des Gesellschaftsvertrages um § 8 durch Gesellschafterbeschluss am 15.12.2000:
§ 8 Gesellschafterversammlung, Stimmrecht und Erfolgsbeteiligung
(1) Alljährlich findet innerhalb von 6 Monaten nach Schluss des vorangegangenen Rechnungsjahres eine ordentliche Gesellschafterversammlung statt. Diese beschließt über die
– Feststellung des Jahresabschlusses für das vorangegangene Geschäftsjahr,
– Verwendung der Ergebnisse der Unternehmung,
– Entlastung des/der Geschäftsführer/s,
– Wahl eines eventuell zu bestellenden Abschlussprüfers.
(2) Je 500,00 € eines Geschäftsanteils gewähren eine Stimme.
(3) 10 % eines Jahresüberschusses fließen ab 2001 in die Gewinnrücklage. Die Gewinnverteilung erfolgt im Verhältnis des gezeichneten Kapitals.
Oldenburg, 15. Dezember 2000

Jan Ullmann   Björn Ries

Modellunternehmen Fly Bike Werke GmbH (Stand: 31.12.2001)

Rechtsform und Unternehmensgröße, Handelsregistereintrag	Gesellschaft mit beschränkter Haftung (GmbH) Kleine Kapitalgesellschaft gem. § 267 HGB Oldenburg HR 2134	
Gesellschafter und Geschäftsanteile	Herr Jan Ullmann 200 000,00 €	Herr Björn Ries 100 000,00 €
Geschäftsführer	Herr Hans Peters	
Geschäftsjahr	Kalenderjahr (01.01. bis 31.12.)	
Umsatz Geschäftsjahr 2001	Ca. 6,9 Mio. €	

Bankverbindungen	– Deutsche Bank 24 AG Oldenburg,
	  BLZ 280 700 57,
	  Konto-Nr. 2 114 253 666
	– Landessparkasse Oldenburg,
	  BLZ 280 501 00,
	  Konto-Nr. 112 326 444	

Kontakt	Post- und Lieferadresse: Rostocker Str. 334, 26121 Oldenburg Telefon 0441 885-0 Telefax 0441 885-9211 Internet: www.flybike.de E-Mail: mail@flybike.de	
Absatzprogramm	Produktionsprogramm	Fahrräder: City-Räder, Mountainbikes, Rennräder, Jugendräder, Trekkingräder
	Handelswaren	Fahrradbekleidung, Fahrradzubehör, Fahrradanhänger
	Dienstleistungen	Vermittlung von Fahrradreisen
Stoffe, Vorprodukte, Fremdbauteile (Beispiele)	Rohstoffe	Rohre und Bleche aus Stahl und Aluminium
	Hilfsstoffe	Farben und Grundierungen, Schrauben und Kleinteile
	Betriebsstoffe	Strom, Gas, Wasser, Heizöl, Schmierstoffe
	Vorprodukte, Fremdbauteile	Räder, Beleuchtung, Sättel, Spezialrahmen, Federgabeln
Fertigungstypen und Fertigungsarten	Fließ- bzw. Gruppenfertigung, Werkstattfertigung (Rennräder-Profi), Serienfertigung, Einzelfertigung (Rennräder-Profi)	
Technische Anlagen und Maschinen (Beispiele)	Universalroboter, Rohrschneideanlage, Rahmenrichtmaschine, Schleifmaschine, Schweißmaschine, Montagebänder, Verpackungsanlage, Lackierautomaten	
Mitarbeiter	12 Arbeiter, 26 Angestellte, 2 Auszubildende	
Kunden	Großhändler, Filialisten, *Cash and Carry*-Märkte im Inland, Großhändler im Ausland	
Lieferer	Industriebetriebe und Spezialgroßhändler im In- und Ausland	
Verbände	Oldenburgische Industrie- und Handelskammer, Oldenburg (Pflichtmitgliedschaft); Nord-West-Metall, Verband der Metall industriellen des nordwestlichen Niedersachsens e. V., Verbandsgruppe Oldenburg (Arbeitgeberverband)	
Betriebsnummer für die Sozialversicherung	26 550 966	
eingesetzte ERP-Software	Microsoft Navision	

Das Produktionsprogramm wird durch nachfolgende **Handelswaren** und **Dienstleistungen** zum Absatzprogramm der *Fly Bike Werke* erweitert:

Handelswaren und Dienstleistungsangebote der Fly Bike Werke		
Handelswaren	Textilien aus Gore Tex (x = Größen S, M, L, XL, XXL)	– 701 x Shirts *STEFF superfast* – 702 x Shorts *STEFF superfast* – 703 x Jacketts *STEFF superfast*
	Fahrradanhänger	– 601 Modell *Kelly* – 602 Modell *Mini* – 603 Modell *Max* – 604 Modell *Kids* – 605 Modell *Sven*
Dienstleistungen	Vermittlung von Radtouren/Reisen (Veranstalter: UIT und Rebbel)	– 901 Brandenburg und Mecklenburg-Vorpommern (Alleestraßen) – 902 Rheinland-Pfalz (Mosel/Saar) – 903 Niedersachsen (Nordsee) – 904 Südtirol (Pässetour, Teilnahme an Dolomiti Open) – 905 Toskana (Kultur, Tour und Mee(h)r) – 906 Schweiz (Pässetour)

Kunden der *Fly Bike Werke* sind:
- umsatzstarke **Fachhandelsunternehmen** mit eigenen Filialen und abgegrenzten Vertriebsgebieten in Deutschland
- **Fahrradgroßhandelsunternehmen**, die den Fahrradeinzelhandel in Deutschland beliefern
- Großhändler: je ein Großhändler in Belgien, in den Niederlanden, in Österreich und der Schweiz, die dort landesweit den Fahrradeinzelhandel beliefern
- **Private-Label-Kunden**: Eine Kaufhauskette und ein „*Cash-and-Carry*"-Konzern, die Fahrräder unter eigenem Markennamen (*Private Label*) vertreiben

Die *City*-Räder *Glide* und *Surf* sowie das Mountainbike *Dispo* werden ausschließlich an Private-Label-Kunden verkauft. Diese Modelle, die wie alle Räder in verschiedenen Rahmengrößen produziert werden, sind in ihrer Ausstattung speziell auf die Wünsche dieser Großkunden abgestimmt worden.

Die Preise der Fahrräder werden von den *Fly Bike Werken* immer als unverbindliche Preisempfehlungen inklusive Umsatzsteuer für den Endverbraucher angegeben. Auf diese Preise erhalten die Wiederverkäufer einen Preisnachlass gemäß u. a. Rabattstaffel.

Rabattstaffel	
Stückzahl	Handelsspanne
1–10	27,5 %
11–50	29,0 %
51–100	30,0 %
101–250	31,0 %
251–500	32,0 %
>500	33,0 %

Weitere Preisnachlässe werden für den Rechnungsausgleich unter Abzug von **Skonto** und durch einen **Jahresbonus** in Abhängigkeit von der gekauften Fahrradmenge (Stückzahl) gewährt.

- Jahresbonus bei Abnahme von mindestens 1 000 Fahrrädern: 1 %
- Jahresbonus bei Abnahme von mindestens 5 000 Fahrrädern: 2 %

Der Bonus wird jeweils vom Zielverkaufspreis der Gesamtmenge ermittelt.

Produktion

Eigenfertigung

Die *Fly Bike Werke* produzieren die meisten Fahrradrahmen und Fahrradgabeln selbst.

Der voll gefederte Y-Rahmen des Modells *Unlimited* wird zurzeit fremdbezogen. Dies gilt auch für die Federgabeln der Modelle *Constitution* und *Unlimited*, die von einem amerikanischen Lieferer bezogen werden.

Fremdbezug

Außer dem Rahmen und der Gabel werden alle anderen Teile fremdbezogen. Mit den Lieferern sind hinsichtlich der technischen Spezifikationen der Bauteile und Baugruppen feste Vereinbarungen (Bauart, Material, Maße, Farbe usw.) getroffen worden. Ein Hersteller oder Importeur liefert immer eine komplette Baugruppe (Komponentengruppe), der eine von den *Fly Bike Werken* vergebene Set-Nr. (Komponentennummer) zugeordnet wird.

Beschaffung

Ein Fahrrad besteht bei Vollausstattung aus bis zu über 1 000 Einzelteilen. Den *Fly Bike Werken* ist es in Zusammenarbeit mit ihren Zulieferern gelungen, die notwendigen Teile in Baugruppen so zusammenzufassen, dass die Baugruppe (Komponente) komplett von einem Lieferer zur Verfügung gestellt werden kann. Der Weltmarktführer für Fahrradteile, Tamino Inc., liefert z. B. für das Modell *Dispo* alle Teile für die Komponenten „Räder und Schaltung", „Antrieb" und „Bremsen".

Dieselben Komponenten können dabei auch in anderen Fahrradmodellen zum Einsatz kommen. Durch die Verminderung der Anzahl unterschiedlicher Baugruppen und eine Konzentration auf wenige Lieferer haben die *Fly Bike Werke* erhebliche Kosteneinsparungen erzielen können. Dabei ist es eine Besonderheit im Fahrradmarkt, dass das positive Image bestimmter Teilehersteller bei den Endverbrauchern auf das Fertigprodukt „Fahrrad" übertragen wird. Zu diesen Teileherstellern zählen z. B.

- Tamino Inc., Japan: (Ketten-)Schaltungen, Antriebe, Bremsen
- Dax AG, Deutschland: (Naben-)Schaltungen, Antriebe, Bremsen
- Sella SA, Italien: Sättel
- Shokk Ltd., USA: Federgabeln

Hochwertige Fahrräder können dann nur mit Teilen dieser Hersteller zu den geplanten Verkaufspreisen auf den Fahrradmärkten abgesetzt werden. Diese Teile werden in den technischen Spezifikationen entsprechend herausgestellt. Bei anderen Teilen besteht bei den Endverbrauchern in dieser Fahrradpreisklasse meist keine Erwartungshaltung hinsichtlich bestimmter Komponentenhersteller, sodass z. B. bei der Bereifung, der Lenkung, der Beleuchtung und bei der Ausstattung (Metall, Kunststoff) mehrere Lieferer in Frage kommen. Manche Komponenten kommen deshalb auch als anonyme Weltmarktproduktion (Importe) in die Produktion, wobei der Qualitätsstandard der Teile dem Qualitätsniveau des Endproduktes entsprechen muss.

Komponentenliste für Mountainbike Dispo
Erzeugnis 301

Technische Spezifikationen gemäß Vereinbarungen mit den Lieferern und den Fly Bike Werken

Set-Nr. Fly Bike	Komponentengruppen	Damen Trek TR	Teile	Anbieter	Einstandspreis geplant in €
1050	Rahmen	CrMo B	Eigenfertigung	Fly Bike Werke	13,52
1550	Gabel	CrMo B	Eigenfertigung	Fly Bike Werke	2,85
2050	Räder und Schaltung	MTB ST Räder MTB ST-Schaltung	VR „26" mit ST-Nabe/Achse HR „26" mit ST-Nabe/Achse ST/SRT-97 21 Speed Zahnkranz, Schaltwerk, Umwerfer, Kette, Schaltgriffe und Bowdenzüge	Tamino	51,95
2250	Antrieb	MTB ST-Antrieb	ST-Tretlager, ST-Innenlager, ST-Kurbelgarnitur, ST-Pedalen 2 St.	Tamino	15,30
2550	Bremsen	MTB ST-Bremsen	Tamino ST-Cantilever mit Bremsgriffen und Bowdenzügen	Tamino	11,45
3050	Bereifung	MTB ST-Bereifung	Felgenband, blau, 2 St. Reifen, MTB 2 St., Schlauch mit Ventil 2 St.	Schwalle	10,99
	Beleuchtung	keine			
5020	Lenkung	MTB ST-Lenkung	Lenker MTB ST, Stahl mit Alu Bar-Ends, Vorbau aus Stahl, Steuersatz ST	Ruhrwerke Frikawerke	12,95
6050	Ausstattung 1 (Metall)	MTB ST-Ausstattung	Trinkflaschenhalter	Cycle-Tools	0,60
	Ausstattung 2	keine			
7050	Sattel	MTB ST-Sattelset	MTB „Chafed point" mit Sattelstütze und Klemme	Sella	7,60
8050	Kleinteileset	MTB ST-Kleinteile	Muttern, Schrauben, Unterlegscheiben	Köller	2,60
8550	Abzüge	MTB ST-Abzüge	Abzügeset „Fly Bike" und „Dispo"	W. Krause	2,08
9020	Verpackung 1	MTB	Stülpkarton	apv	1,00
9520	Verpackung 2	Verpackung	Klarsichthüllen, Polybeutel	Kunststoffwerke	0,14
			Summe Materialeinzelkosten		133,78

Rechnungswesen

Im Rechnungswesen der *Fly Bike Werke* werden alle Kosten und Erlöse für jeden Monat (Abrechnungszeitraum) geplant. Dabei muss jedes Produkt auf Dauer einen positiven Deckungsbeitrag erzielen und damit seinen produktbezogenen Beitrag zur Deckung aller fixen Kosten des Unternehmens leisten. Statistische Auswertungen und eine genaue Analyse von Abweichungen (geplante Soll-Werte im Vergleich mit den realisierten Ist-Werten) durch das Controlling sind für zukunftsorientierte unternehmerische Entscheidungen absolut unerlässlich. Dies gilt sowohl für die Kosten (z. B. unwirtschaftlicher Materialverbrauch, Preiserhöhungen bei den Komponenten, erhöhte Fertigungszeiten) als auch für die Erlöse (z. B. veränderte Absatzmengen, Preisänderungen bei den Produkten).

Der Unternehmenserfolg zeigt sich an der Gewinn- und Verlustrechnung und an der Bilanz der letzten beiden Geschäftsjahre.

Aktiva			Bilanz zum 31.12.2002 und zum 31.12.2003 der *Fly Bike Werke GmbH*		Passiva
	2000 in €	2001 in €		2000 in €	2001 in €
A. Anlagevermögen			A. Eigenkapital		
I. Immaterielle Vermögensgegenstände		54.000	I. Gezeichnetes Kapital	200.000	300.000
II. Sachanlagen	842.225	876.790	II. Kapitalrücklage		100.000
III. Finanzanlagen		91.560	III. Gewinnrücklagen	4.000	30.000
B. Umlaufvermögen			IV. Gewinnvortrag/Verlustvortrag		
I. Vorräte	480.000	252.000	V. Jahresüberschuss/-fehlbetrag	300.000	200.000
II. Forderungen und sonstige Vermögensgegenstände	720.000	957.600	B. Rückstellungen	48.000	126.000
			– davon mit einer Restlaufzeit bis zu einem Jahr	24.000	25.200
III. Liquide Mittel	360.000	252.000	C. Verbindlichkeiten	1.850.225	1.778.350
			– davon mit einer Restlaufzeit bis zu einem Jahr	1.178.225	1.249.150
C. Rechnungsabgrenzungsposten		50.400	D. Rechnungsabgrenzungsposten		
	2.402.225	2.534.350		2.402.225	2.534.350

Gewinn- und Verlustrechnung		
Gesamtkostenverfahren, Beträge in €	31.12.2002	31.12.2003
1. Umsatzerlöse	6 000 000,00	6 943 555,85
2. Erhöhung oder Verminderung an Erzeugnissen	18 000,00	–116 400,00
3. aktivierte Eigenleistungen	3 000,00	3 600,00
4. sonstige betriebliche Erträge	–	6 000,00
5. Materialaufwand und Wareneinsatz	3 471 300,00	4 306 488,30
Rohergebnis	**2 549 700,00**	**2 530 267,55**
6. Personalaufwand	1 466 700,00	1 644 500,00
7. Abschreibungen	149 943,75	162 250,00
8. sonstige betriebliche Aufwendungen	401 050,00	345 901,60
Betriebsergebnis	**532 006,25**	**377 615,95**
9. Erträge aus Beteiligungen	–	–
10. Erträge aus anderen WP/Finanzanlagen	–	–
11. sonstige Zinsen	–	–
12. Abschreibungen auf WP des UV/Finanzanlagen	–	–
13. Zinsaufwendungen	60 480,00	47 628,00
9. bis 13. Finanzergebnis	–60 480,00	–47 628,00
14. Ergebnis der gewöhnlichen Geschäftstätigkeit	471 526,25	329 987,95
15. Außerordentliche Erträge	–	–
16. Außerordentliche Aufwendungen	–	2 000,00
17. Außerordentliches Ergebnis	–	–2 000,00
Ergebnis vor Steuern	**471 526,25**	**327 987,95**
18. Steuern vom Einkommen und vom Ertrag	168 526,25	124 487,95
19. Sonstige Steuern	3 000,00	3 500,00
20. Jahresüberschuss/-fehlbetrag	**300 000,00**	**200 000,00**

WP = Wertpapiere
UV = Umlaufvermögen

1 Funktions- und unternehmensübergreifende Aufgaben

Situation 1

Die folgenden Aufgaben betreffen die Fragenkomplexe:
- Geschäftsprozesse und organisatorische Strukturen
- Systematik von Prozessabläufen und Zusammenhänge von Teilprozessen beachten
- Aufbau und Ablauf sowie Zuständigkeiten im Ausbildungsbetrieb erläutern

Beispiele für betriebliche Handlungen*
- D Arbeitsabläufe darstellen
- D Weisungssysteme erläutern
- D Ablaufdiagramm erstellen
- K Kernprozesse und prozessunterstützende Abläufe unterscheiden
- K Schnittstellen in der betrieblichen Organisation analysieren
- K Zuständigkeit der jeweiligen Stelle prüfen

*Handlungsarten: P = Planen, D = Durchführen, K = Kontrollieren

Herr Peters ist Geschäftsführer der *Fly Bike Werke GmbH*. Er will die wichtigsten Geschäftsprozesse des Unternehmens reorganisieren. Deshalb sind diese Geschäftsprozesse in der Vergangenheit durch eine Unternehmensberatung analysiert und neu strukturiert worden. Bei dieser Reorganisation orientierte man sich an dem nachstehend abgebildeten Organigramm der *Fly Bike Werke GmbH*.

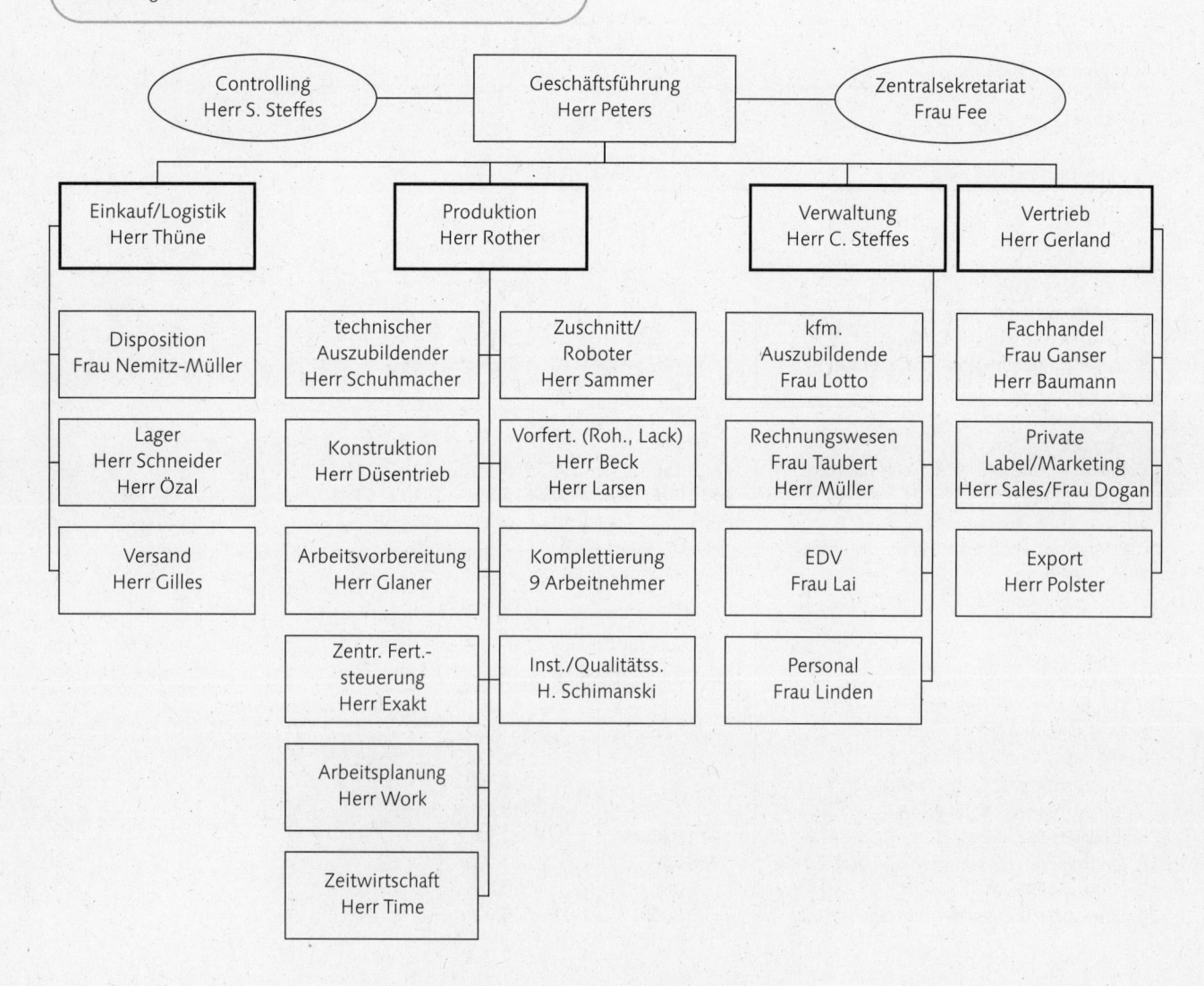

Organigramm:

- Geschäftsführung: Herr Peters
  - Controlling: Herr S. Steffes
  - Zentralsekretariat: Frau Fee

- **Einkauf/Logistik** — Herr Thüne
  - Disposition — Frau Nemitz-Müller
  - Lager — Herr Schneider, Herr Özal
  - Versand — Herr Gilles

- **Produktion** — Herr Rother
  - technischer Auszubildender — Herr Schuhmacher
  - Konstruktion — Herr Düsentrieb
  - Arbeitsvorbereitung — Herr Glaner
  - Zentr. Fert.-steuerung — Herr Exakt
  - Arbeitsplanung — Herr Work
  - Zeitwirtschaft — Herr Time
  - Zuschnitt/Roboter — Herr Sammer
  - Vorfert. (Roh., Lack) — Herr Beck, Herr Larsen
  - Komplettierung — 9 Arbeitnehmer
  - Inst./Qualitätss. — H. Schimanski

- **Verwaltung** — Herr C. Steffes
  - kfm. Auszubildende — Frau Lotto
  - Rechnungswesen — Frau Taubert, Herr Müller
  - EDV — Frau Lai
  - Personal — Frau Linden

- **Vertrieb** — Herr Gerland
  - Fachhandel — Frau Ganser, Herr Baumann
  - Private Label/Marketing — Herr Sales/Frau Dogan
  - Export — Herr Polster

IV Ausgewählte Aufgaben zum Prüfungsbereich „Geschäftsprozesse"

Aufgabe 1
Stellen Sie in einer Übersicht dar, welche unterschiedlichen Stellen im Hinblick auf die Aufgabenerfüllung in den *Fly Bike Werken* zu unterscheiden sind.

Aufgabe 2
Hinsichtlich einer Reorganisation wurde mit der Unternehmensberatung *Enterprise Research*, Düsseldorf, eine Aufnahme der verschiedenen Teilprozesse durchgeführt. Die Unternehmensberatung hat das nachfolgende Aufnahmeprotokoll erstellt: Im Rahmen der Reorganisation soll auch der Prozess Kundenauftragsbearbeitung neu organisiert werden. Folgende Teilprozesse sind von der Unternehmensberatung analysiert worden (in ungeordneter Reihenfolge):

a) Bringen Sie die Teilprozesse in eine sachlogische Reihenfolge und benutzen Sie dazu die nachstehende Tabelle. (S. 20)
b) Entscheiden Sie durch Ankreuzen in der Tabelle, ob es sich um einen Kernprozess oder um einen unterstützenden Prozess handelt.
c) Definieren Sie den Begriff des Geschäftsprozesses.
d) Erläutern Sie, was unter einem Kernprozess und was unter einem unterstützenden Prozess zu verstehen ist.
e) Erstellen Sie ein Ablaufdiagramm, aus dem die Teilprozesse der Kundenauftragsbearbeitung und die Stelle bzw. Abteilung hervorgehen, die für den jeweiligen Teilprozess zuständig sind. Entwickeln Sie das Ablaufdiagramm nach folgendem Schema (S. 20).

Enterprise Research AG
Düsseldorf

ER AG

Prozessart:	• Nr. 23-12-D
Bezeichnung:	• Kundenauftragsabwicklung
Prozessprotokoll:	• Standard
Ausgabeformat:	• unsortiert
Verantwortlicher:	• T. Spengler
Mandant:	• Fly Bike Werke, Oldenburg
Ansprechpartner:	• H. Peters

– Überprüfung der vorhandenen Lagerbestände (Disposition der benötigten Werkstoffe)

– Prüfung des Kundenauftrages im Hinblick auf seine Machbarkeit (bezogen auf die technische Machbarkeit, den Kundenwunschtermin, den Preis...)

– Überprüfung der zur Produktion erforderlichen Kapazitäten an Personal und Maschinen

– Erfassung des Kundenauftrages

– Einkauf der nicht im Lager befindlichen Werkstoffe

– Wareneingangsprüfung der beschafften Werkstoffe

– Einlagerung der beschafften und geprüften Werkstoffe

– Erstellung der zur Produktion erforderlichen Fertigungsaufträge einschließlich der entsprechenden Arbeitspapiere (Materialentnahmeschein, Lohnschein)

– Belegung der Maschinen mit den auszuführenden Arbeitsgängen einschließlich der Zuweisung der auszuführenden Arbeiten an bestimmte Mitarbeiter

– Produktion und laufende Überprüfung der auszuführenden Arbeiten einschließlich Qualitätskontrolle

– Einlagerung der produzierten Fertigerzeugnisse

– Kommissionierung und Verpackung der Fertigerzeugnisse einschließlich Erstellung der erforderlichen Versandpapiere und Versand der Leistungen (Lieferschein, Zollpapiere)

– Rechnungserstellung und Buchung der Rechnung

– Überwachung der Zahlungseingänge und Buchung der Zahlungseingänge

Tabelle für Aufgabe 2a

Teilprozesse (Kundenauftragsbearbeitung)	Kernprozess	Unterstützender Prozess
1		
2		
3		
4		
5		
6		
7		
8		
9		
10		
11		
12		
13		
14		

Schema für Aufgabe 2e

Ablaufdiagramm – Kundenauftragsabwicklung										
Teilprozess	Verkauf	Disposition	Einkauf	Wareneingang	Vorlager	Arbeitsvorbereitung	Fertigungssteuerung	Nachlager	Vertrieb	Buchhaltung
Erfassen des Kundenauftrages	X									
usw.	usw.									

Aufgaben 3
Inhalte von Geschäftsprozessen sind die zur Leistungserstellung erforderlichen Ressourcen, d. h. die betrieblichen Leistungsfaktoren.
a) Nennen und erläutern Sie vier dieser betrieblichen Leistungsfaktoren.
b) Was ist unter dem so genannten Dispositiven Faktor zu verstehen?

Aufgabe 4
Geschäftsprozesse können im Hinblick auf den Prozessumfang definiert werden. Erläutern Sie am Beispiel des Gesamtprozesses Kundenauftragsbearbeitung den Begriff Prozessumfang.

Aufgabe 5
Ordnen Sie den beiden Kernprozessen „Auftrag abwickeln" und „Leistung erbringen" die entsprechenden Teilprozesse zu.

- Primärbedarfsplanung
- Produktentwicklung
- Machbarkeitsprüfung
- Absatzmarktforschung
- Kommunikationspolitik
- Kapazitätsplanung
- Maschinenbelegung
- Betriebsdatenerfassung
- Kontrolle
- Qualitätssicherung
- Auftragsplanung
- Distributionspolitik
- Änderungsmanagement
- Produkt-/Sortimentspolitik
- Preis-/Konditionenpolitik
- Terminplanung
- Auftragsfreigabe
- Produktentstehung
- Auftragsrealisierung
- Teilebedarfsplanung
- Produktplanung
- After-Sales-Prozesse
- Auftragsabrechnung
- Kaufvertragsstörungen beheben

Aufgabe 6
Am Geschäftsprozess der Kundenauftragsabwicklung sind in den *Fly Bike Werken* eine Vielzahl von Stellen und Abteilungen beteiligt. Daraus ergibt sich für den organisatorischen Ablauf ein Schnittstellenproblem. Erläutern Sie diese Problematik am Beispiel der Kundenauftragsabwicklung.

Aufgabe 7
In den *Fly Bike Werken* erfolgt die Kundenauftragsabwicklung unter Einsatz eines ERP-Systems (Microsoft Navision Attain, vgl. Abbildung).
a) Nennen Sie fünf Module in der notwendigen Reihenfolge, die für die Abwicklung eines Kundenauftrages genutzt werden.
b) Erläutern Sie fünf Vorteile, die für ein Unternehmen mit dem Einsatz eines ERP-Systems verbunden sind.

Aufgabe 8
Beschreiben Sie das Organisationsmodell der Aufbauorganisation, nach dem die *Fly Bike Werke* organisiert sind.

Aufgabe 9
Herr Thüne ist Leiter der Abteilung Einkauf/Logistik, *Frau Nemitz-Müller* ist als Sachbearbeiterin zuständig für die Disposition. Erläutern Sie die Begriffe Abteilung und Stelle.

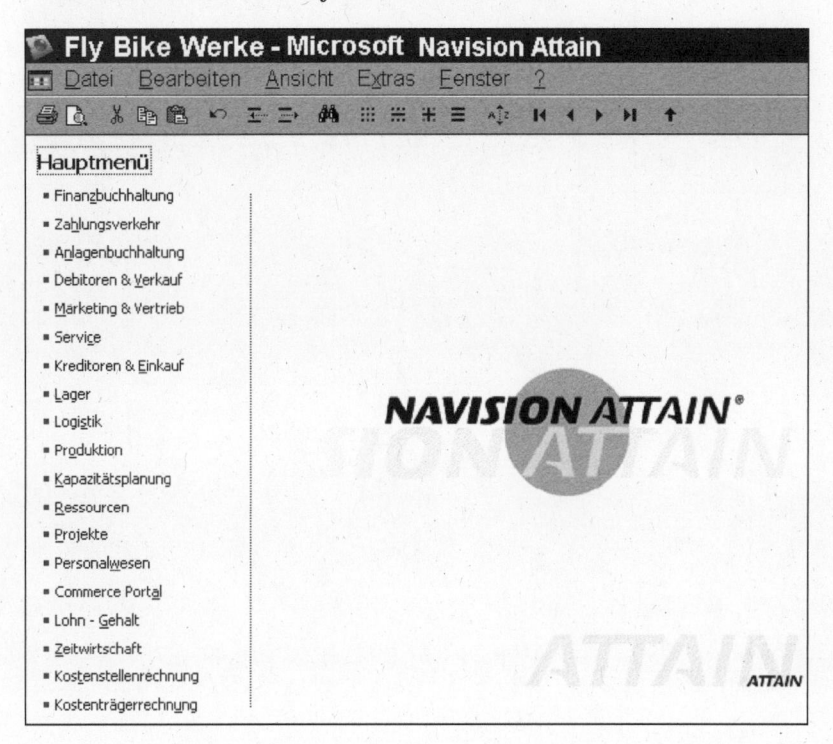

Fly Bike Werke - Microsoft Navision Attain

Datei Bearbeiten Ansicht Extras Fenster ?

Hauptmenü
- Finanzbuchhaltung
- Zahlungsverkehr
- Anlagenbuchhaltung
- Debitoren & Verkauf
- Marketing & Vertrieb
- Service
- Kreditoren & Einkauf
- Lager
- Logistik
- Produktion
- Kapazitätsplanung
- Ressourcen
- Projekte
- Personalwesen
- Commerce Portal
- Lohn - Gehalt
- Zeitwirtschaft
- Kostenstellenrechnung
- Kostenträgerrechnung

NAVISION ATTAIN®

Situation 2

Der Geschäftsführer der *Fly Bike Werke*, *Herr Peters*, will die Kundenauftragsbearbeitung in den *Fly Bike Werken* neu organisieren. Dazu wird die Kundenauftragsabwicklung in ihren wichtigsten Abläufen analysiert und anschließend mit Hilfe der Methode der Ereignisgesteuerten Prozesskette (EPK) strukturiert. Ergebnis dieser Neuorganisation ist der folgende Ablauf:

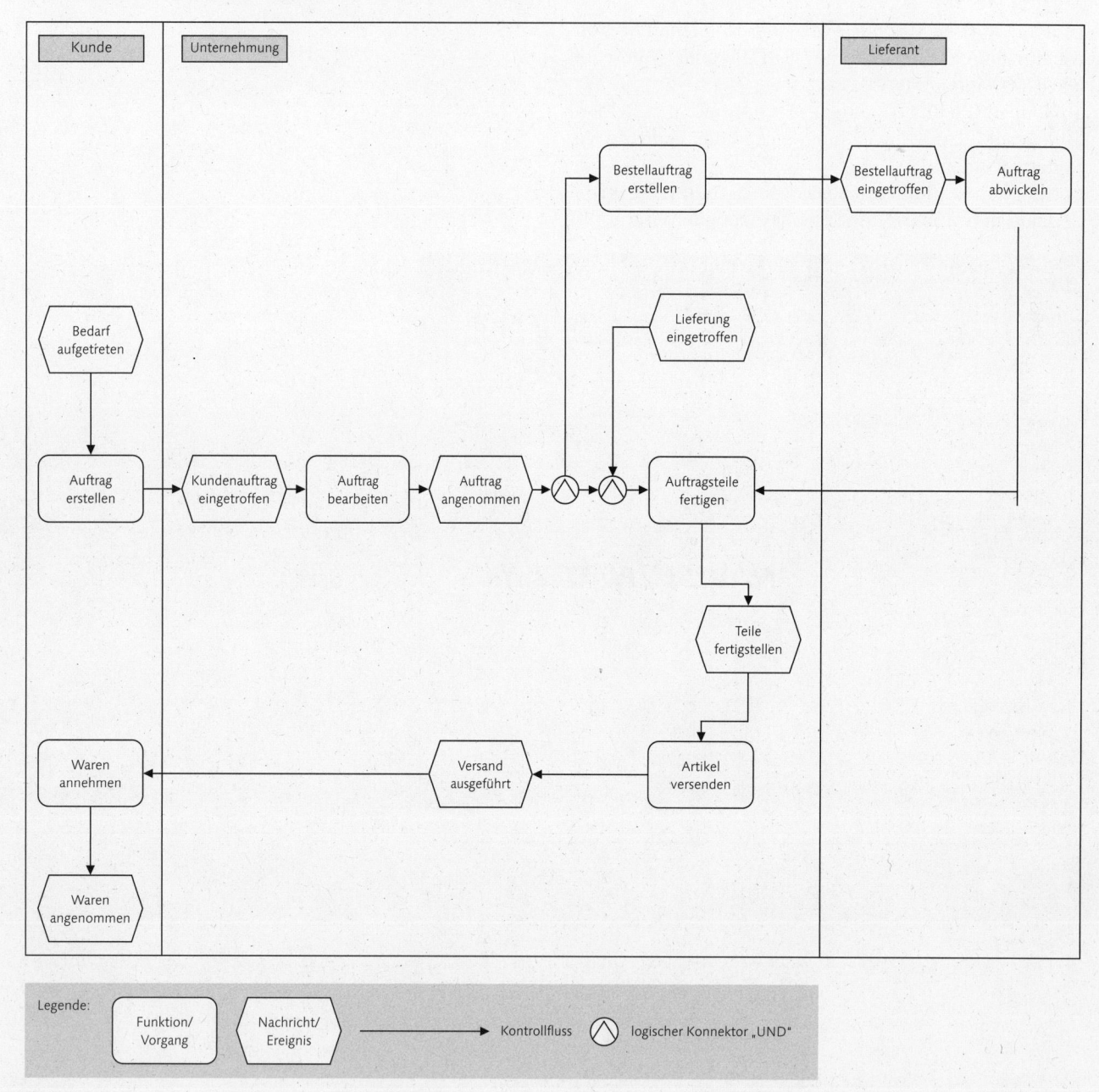

Kunde | **Unternehmung** | **Lieferant**

- Bedarf aufgetreten → Auftrag erstellen → Kundenauftrag eingetroffen → Auftrag bearbeiten → Auftrag angenommen → UND → Auftragsteile fertigen
- Bestellauftrag erstellen → Bestellauftrag eingetroffen → Auftrag abwickeln → Auftragsteile fertigen
- Lieferung eingetroffen → Auftragsteile fertigen
- Auftragsteile fertigen → Teile fertigstellen → Artikel versenden → Versand ausgeführt → Waren annehmen → Waren angenommen

Legende: Funktion/Vorgang (abgerundetes Rechteck), Nachricht/Ereignis (Sechseck), → Kontrollfluss, ⊗ logischer Konnektor „UND"

Quelle: Scheer, A. W.: Architektur integrierter Informationssysteme – Grundlagen der Unternehmensmodellierung, 3. Auflage

Aufgabe 1
Erläutern Sie die wesentlichen Elemente der abgebildeten Prozesskette:
- Ereignis
- Funktion
- Logische Operatoren

Aufgabe 2
Weitere wichtige Elemente können sein:
- Organisationseinheit
- Informationsobjekt
- Dokument

Ordnen Sie diese Elemente in den Prozessablauf ein.

Aufgabe 3
Erläutern Sie die wichtigsten Regeln, die bei der Abbildung eines Geschäftsprozesses beachtet werden müssen.

Situation 3

> Die folgenden Aufgaben betreffen den Fragenkomplex:
> – Erfordernisse von ganzheitlichen Geschäftsprozessen beachten
>
> Beispiele für betriebliche Handlungen*
> – **D** Ablaufdiagramm erstellen
> – **K** Kernprozesse und prozessunterstützende Abläufe unterscheiden
>
> * Handlungsarten: P = Planen, D = Durchführen, K = Kontrollieren

Der Ablauf der Kundenauftragsbearbeitung in den *Fly Bike Werken* soll neu organisiert und mit Hilfe eines DV-Systems abgewickelt werden. Dazu ist es erforderlich, den Arbeitsablauf des Gesamtprozesses zu analysieren und in seine Teilprozesse zu zerlegen. Bei der Ablaufanalyse sind die folgenden Teilprozesse festgelegt worden:

Teilprozesse eines Lagerversandauftrages
1) Der Kundenauftrag trifft in der Vertriebsabteilung des Unternehmens ein und wird dort unter Verwendung der Kundenstammdatei mit seinen wichtigsten Daten erfasst.
2) Der Vertriebssachbearbeiter prüft anschließend die Machbarkeit des Auftrages hinsichtlich Art des gewünschten Artikels, Preis und Liefertermin.
3) Ist die Machbarkeit des Auftrages gegeben, so muss dem Kunden eine Auftragsbestätigung geschickt werden. Ist die Machbarkeit nicht gegeben, so muss eventuell mit dem Kunden neu verhandelt oder ihm eine Absage erteilt werden.
4) Für die vom Kunden bestellten und im Lager vorhandenen Artikel wird eine Reservierung vorgenommen.
5) Zum Liefertermin werden die bestellten Artikel zum Versand gebracht.
6) Von der Buchhaltung wird eine Rechnung erstellt.

Der weitere Verlauf soll an dieser Stelle noch nicht betrachtet werden.

Aufgabe 1
Vervollständigen Sie die nachstehend abgebildete Ereignisgesteuerte Prozesskette (EPK), indem Sie in die jeweiligen Symbole die entsprechenden Bezeichnungen setzen. Erstellen Sie dabei die EPK vom Eintreffen des Kundenauftrages bis zur Machbarkeitsprüfung.

Aufgabe 2
Ergänzen Sie die Ereignisgesteuerte Prozesskette um die Teilprozesse bis zur Erstellung der Rechnung durch die Buchhaltung.

Ereignisgesteuerte Prozesskette (EPK)

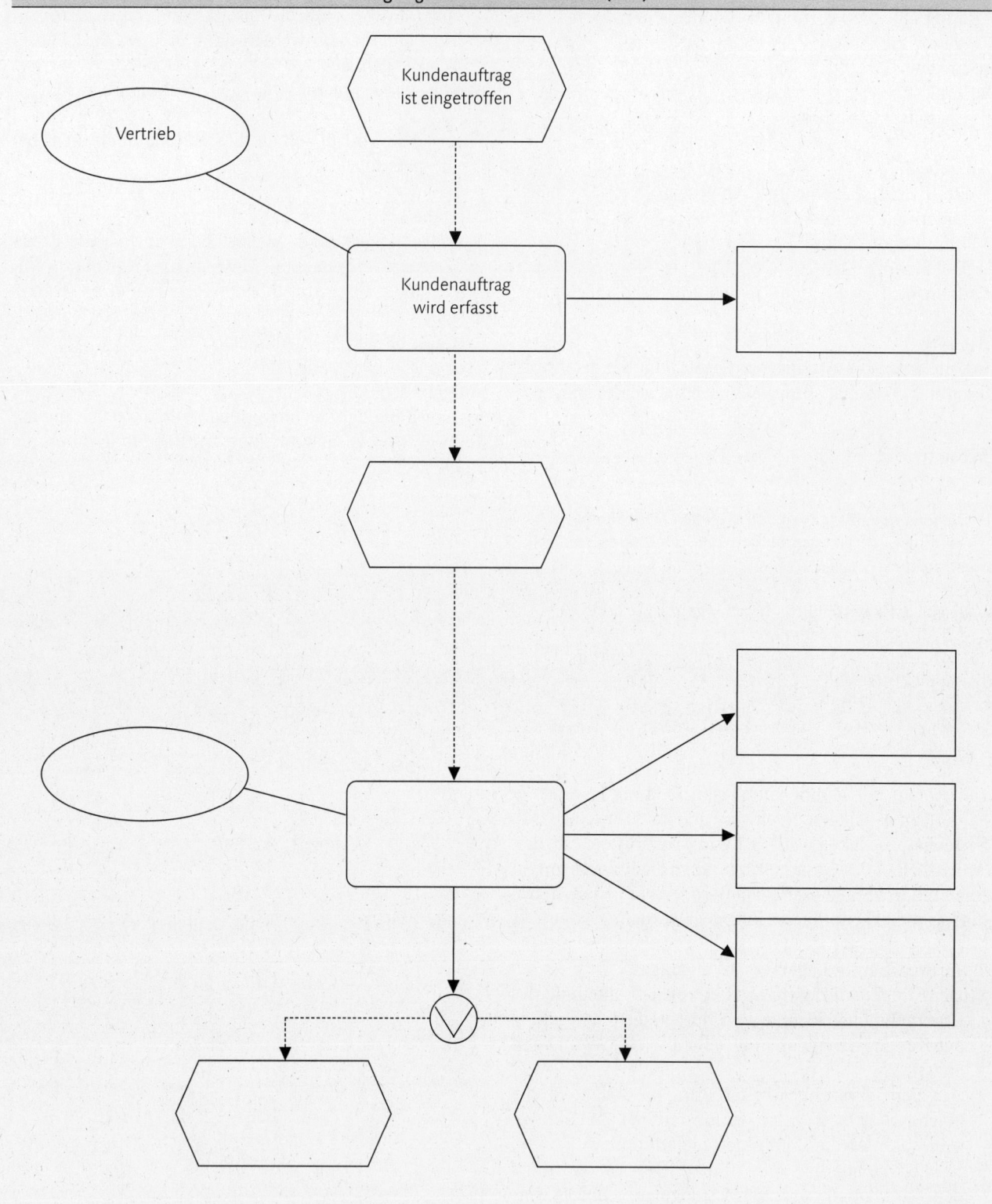

IV Ausgewählte Aufgaben zum Prüfungsbereich „Geschäftsprozesse"

Situation 4

Die folgenden Aufgaben betreffen den Fragenkomplex:
- Ziele, Konzepte, Aufgabenträger und Objekte in der Logistikkette erläutern

Beispiele für betriebliche Handlungen
- P Logistikkosten planen
- D Lieferzeiten und Durchlaufzeiten ermitteln
- K Logistikkosten kontrollieren
- K Logistikkennzahlen überprüfen
- K An Controllingmaßnahmen mitwirken

* Handlungsarten: P = Planen, D = Durchführen, K = Kontrollieren

Der Vertrieb der *Fly Bike Werke GmbH* in Berlin ruft zur Kontrolle die Ergebnisse der Lieferabwicklung für den September 20.. aus dem ERP-System ab:

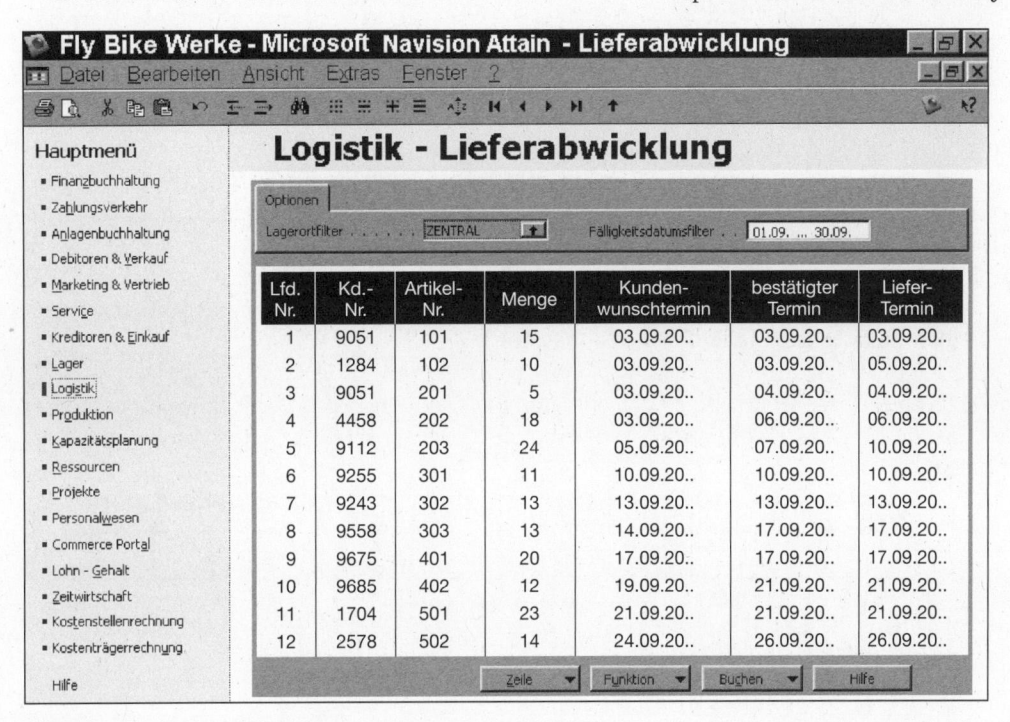

Logistik - Lieferabwicklung

Lagerortfilter: ZENTRAL Fälligkeitsdatumsfilter: 01.09. ... 30.09.

Lfd. Nr.	Kd.-Nr.	Artikel-Nr.	Menge	Kundenwunschtermin	bestätigter Termin	Liefer-Termin
1	9051	101	15	03.09.20..	03.09.20..	03.09.20..
2	1284	102	10	03.09.20..	03.09.20..	05.09.20..
3	9051	201	5	03.09.20..	04.09.20..	04.09.20..
4	4458	202	18	03.09.20..	06.09.20..	06.09.20..
5	9112	203	24	05.09.20..	07.09.20..	10.09.20..
6	9255	301	11	10.09.20..	10.09.20..	10.09.20..
7	9243	302	13	13.09.20..	13.09.20..	13.09.20..
8	9558	303	13	14.09.20..	17.09.20..	17.09.20..
9	9675	401	20	17.09.20..	17.09.20..	17.09.20..
10	9685	402	12	19.09.20..	21.09.20..	21.09.20..
11	1704	501	23	21.09.20..	21.09.20..	21.09.20..
12	2578	502	14	24.09.20..	26.09.20..	26.09.20..

Aufgabe 1
Bestimmen Sie für die *Fly Bike Werke*:
a) die Lieferfähigkeit
b) die Liefertreue

Aufgabe 2
Um die Lieferfähigkeit und die Liefertreue zu verbessern, will die *Fly Bike Werke GmbH* ein unternehmensübergreifendes Logistiksystem aufbauen. Erklären Sie, was unter Logistik zu verstehen ist.

Aufgabe 3
Während in der Vergangenheit für die Komponenten der *Fly Bike Werke GmbH* Vorratshaltung betrieben wurde, hat sich die Geschäftsleitung neuerdings für eine fertigungssynchrone Anlieferung dieser Teile entschieden.
a) Nennen Sie zwei Gedanken, die die Geschäftsleitung zu dieser Entscheidung bewegt haben könnten.
b) Kennzeichnen Sie zwei mögliche Probleme, die sich für die *Fly Bike Werke* aus der lagerlosen Beschaffung ergeben könnten.
c) Die Einführung der fertigungssynchronen Anlieferung hat dazu geführt, dass sich bei konstantem Periodenumsatz die Umschlaghäufigkeit um 20 % steigern ließ. Begründen Sie, warum die Erhöhung der Umschlaghäufigkeit als Erfolg der betrieblichen Logistik bewertet werden kann.

Aufgabe 4
Bei der Abwicklung von Kundenaufträgen entstehen entlang der logistischen Kette drei Gruppen von Logistikkosten. Nennen und beschreiben Sie diese Kosten.

Aufgabe 5
Um den Erfolg eines Logistik-Systems zu messen, werden Logistikkosten und Logistikleistung einander gegenübergestellt. Nennen und beschreiben Sie vier Merkmale, durch die die Logistikleistung eines Unternehmens bestimmt wird.

Aufgabe 6
Dem Controlling kommt in den *Fly Bike Werken* seit den letzten Jahren eine immer stärkere Bedeutung zu. „Das ist unsere Kontroll-Abteilung", äußert sich *Peter Walschowski*, der vor wenigen Wochen die Ausbildung begann. *Herr Steffes*, der Controllingleiter, korrigiert: „Das ist so nicht ganz richtig. Aber falsch ist es auch nicht."

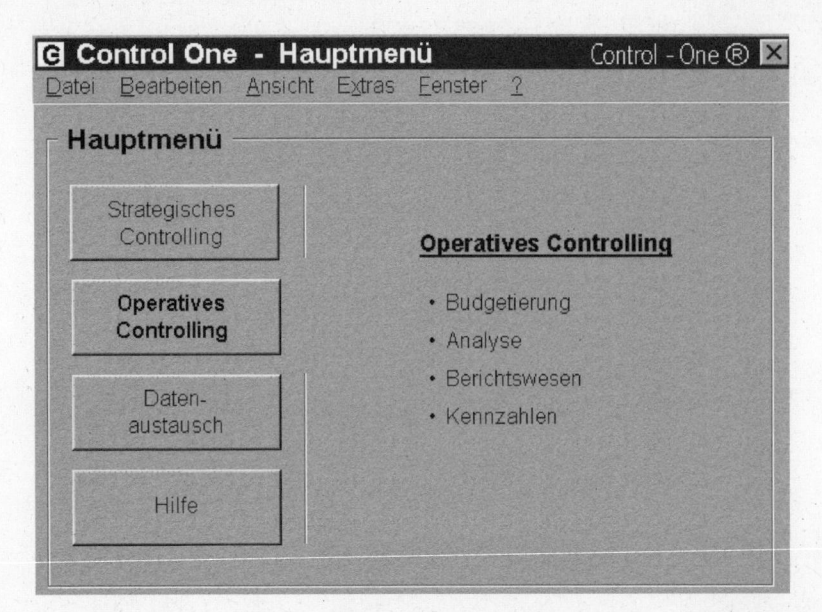

Hauptmenü des Controlling-Programmes der Fly Bike Werke „Controll One". Das Programm wird in Kombination mit Microsoft Navision Attain eingesetzt.

Erläutern Sie, was man unter dem Begriff Controlling versteht, indem Sie:
a) den Begriff Controlling aus zeitlicher Perspektive differenzieren,
b) den Kreislauf des Controlling mit Hilfe einer Textgrafik darstellen,
c) fünf typische Bereiche nennen, die wichtige Teile des Controlling sind.

Beziehen Sie auch das Hauptmenü der Controllingsoftware „Control One", das die *Fly Bike Werke* nutzen, in Ihre Ausführungen ein.

Aufgabe 7
Das Berichtswesen spielt für die *Fly Bike Werke* eine zentrale Rolle und bildet neben der Budgetierung das Herzstück des Controlling (vgl. dazu auch den Menüpunkt im Hauptmenü der Controllingsoftware „Control One" und die Berichtsauswahl des ERP-Programmes Microsoft Navision Attain).

Definieren Sie kurz den Begriff Berichtswesen und differenzieren Sie drei grundsätzliche Arten von Berichten.

Berichte aus dem ERP-Programm Microsoft Navision Attain (Auszug)

Aufgabe 8

Die folgenden Daten entnimmt *Herr Steffes* dem Personalmodul des ERP-Systems für das vergangene Jahr.

Bericht Nr. 731	– Krankenstand 20…	– Angaben absolut in Personen/Monat									
Jan.	Feb.	Mär.	Apr.	Mai	Jun.	Jul.	Aug.	Sep.	Okt.	Nov.	Dez.
45	51	38	34	21	13	12	14	19	28	34	41

Datenexport – Formattyp: Standard ASCII

a) Für ein Geschäftsleitungsmeeting möchte *Herr Steffes* den Bericht Nr. 731 grafisch aufbereiten. Entscheiden Sie begründet, welche Diagrammart in dieser Situation den Sachverhalt am sinnvollsten visualisiert.
Skizzieren Sie weiterhin das von Ihnen gewählte Diagramm. Dabei wird keine maßstabsgetreue Darstellung verlangt. Die Skizze sollte sich jedoch in etwa an den Werten orientieren und in jedem Fall vollständig beschriftet sein.

b) Für welche Diagrammart müsste sich *Herr Steffes* zwingend entscheiden, wenn er den Verlauf des Krankenstandes für das vergangene Jahr wochenweise visualisieren müsste?

Aufgabe 9

Zur Zeit arbeitet ein Praktikant in der Controllingabteilung. Er soll für *Herrn Steffes* eine aussagekräftige Umsatzstatistik für den Monat Januar in tabellarischer Form erstellen. Dazu wurden die nötigen Daten aus dem ERP-Programm exportiert.

Analysieren Sie die vom Praktikanten bisher erstellte Tabelle und machen Sie
- drei inhaltliche Verbesserungsvorschläge,
- zwei formale Verbesserungsvorschläge.

	A	B	C	D
1		Januar 2003	Januar 2004	Differenz
2	Umsatz Filiale 1	5923718,95	6989988,36	-1066269,41
3	Umsatz Filiale 2	8278194,54	7367593,14	910601,40
4	Umsatz Filiale 3	9428413,45	11596948,54	-2168535,09

Situation 5

Die folgenden Aufgaben betreffen die Fragenkomplexe:
- Gefährdung von Sicherheit und Gesundheit am Arbeitsplatz feststellen und Maßnahmen zu ihrer Vermeidung ergreifen
- Berufsbezogene Arbeitsschutz- und Unfallverhütungsvorschriften anwenden

Beispiele für betriebliche Handlungen*
- D Sicherheitszeichen erläutern
- K Unfallquellen erkennen
- P Maßnahmen zur Umsetzung der gesetzlichen Vorschriften vorschlagen
- K Einhaltung gesetzlicher Arbeitsschutzvorschriften prüfen

* Handlungsarten: P = Planen, D = Durchführen, K = Kontrollieren

Herr Gellner ist der Sicherheitsbeauftragte der *Fly Bike Werke*. Ihm obliegt es, darauf zu achten, dass die Sicherheit und die Gesundheit der Mitarbeiter in den *Fly Bike Werken* nicht dadurch gefährdet werden, dass wichtige gesetzliche Vorschriften zum Arbeits- und Gesundheitsschutz nicht beachtet werden.

Der Geschäftsführer der *Fly Bike Werke* erteilt *Herrn Gellner* den Auftrag, ein System zur Sicherung des Arbeits- und Gesundheitsschutzes zu installieren.

Aufgabe 1

Entwerfen Sie als Assistent von *Herrn Gellner* einen Plan, aus dem hervorgeht, in welchen Phasen die Einführung eines derartigen Systems erfolgt. Orientieren Sie sich dabei an den §§ 5, 6 und 12 des Arbeitsschutzgesetzes.

Aufgabe 2

Nennen Sie drei Arbeitsschutzmaßnahmen, die nach dem Arbeitsschutzgesetz vom Arbeitgeber zur Sicherung der Gesundheit der Mitarbeiter zu ergreifen sind.

Aufgabe 3

Erläutern Sie, welche Regelung das Betriebsverfassungsgesetz zum Arbeits- und Gesundheitsschutz enthält.

Aufgabe 4

Durch die Einführung eines ERP-Systems in den *Fly Bike Werken* sind viele Mitarbeiter in der Weise betroffen, dass sie einen erheblichen Teil ihrer Arbeit am Bildschirm durchführen. Die Bildschirmarbeitsverordnung macht hinsichtlich des täglichen Arbeitsablaufes bestimmte Vorgaben. Erläutern Sie diese Vorgaben.

Aufgabe 5

Beschreiben Sie vier unterschiedliche Anforderungen, denen ein Bildschirmarbeitsplatz nach der Bildschirmarbeitsverordnung genügen sollte.

Situation 6

> **Die folgenden Aufgaben betreffen die Fragenkomplexe:**
> - Verhaltensweisen bei Unfällen beschreiben sowie erste Maßnahmen einleiten
> - Gefährdung von Sicherheit und Gesundheit am Arbeitsplatz feststellen und Maßnahmen zu ihrer Vermeidung ergreifen
>
> **Beispiele für betriebliche Handlungen***
> - D Unfälle melden
> - D Erste Hilfe leisten
> - D Unfallstelle sichern
> - D Sicherheitszeichen erläutern
>
> * Handlungsarten: P = Planen, D = Durchführen, K = Kontrollieren

Sie erhalten als Mitarbeiter/in der *Fly Bike Werke GmbH* von *Herrn Gellner*, dem Sicherheitsbeauftragten des Unternehmens, den Auftrag, zu überprüfen, ob das erforderliche Erste-Hilfe-Material im Betrieb vorhanden ist.

Aufgabe 1
Zur Grundausstattung des Erste-Hilfe-Materials in einem Betrieb gehört mindestens ein Verbandskasten. Erstellen Sie eine Checkliste, mit der überprüft werden kann, ob das Verbandsmaterial sich in einem einwandfreien Zustand befindet.

Aufgabe 2
Erläutern Sie weitere betriebliche Maßnahmen, um im Falle eines Unfalls schnell reagieren zu können.

Aufgabe 3
Erläutern Sie die nachstehend abgebildeten Sicherheitszeichen.

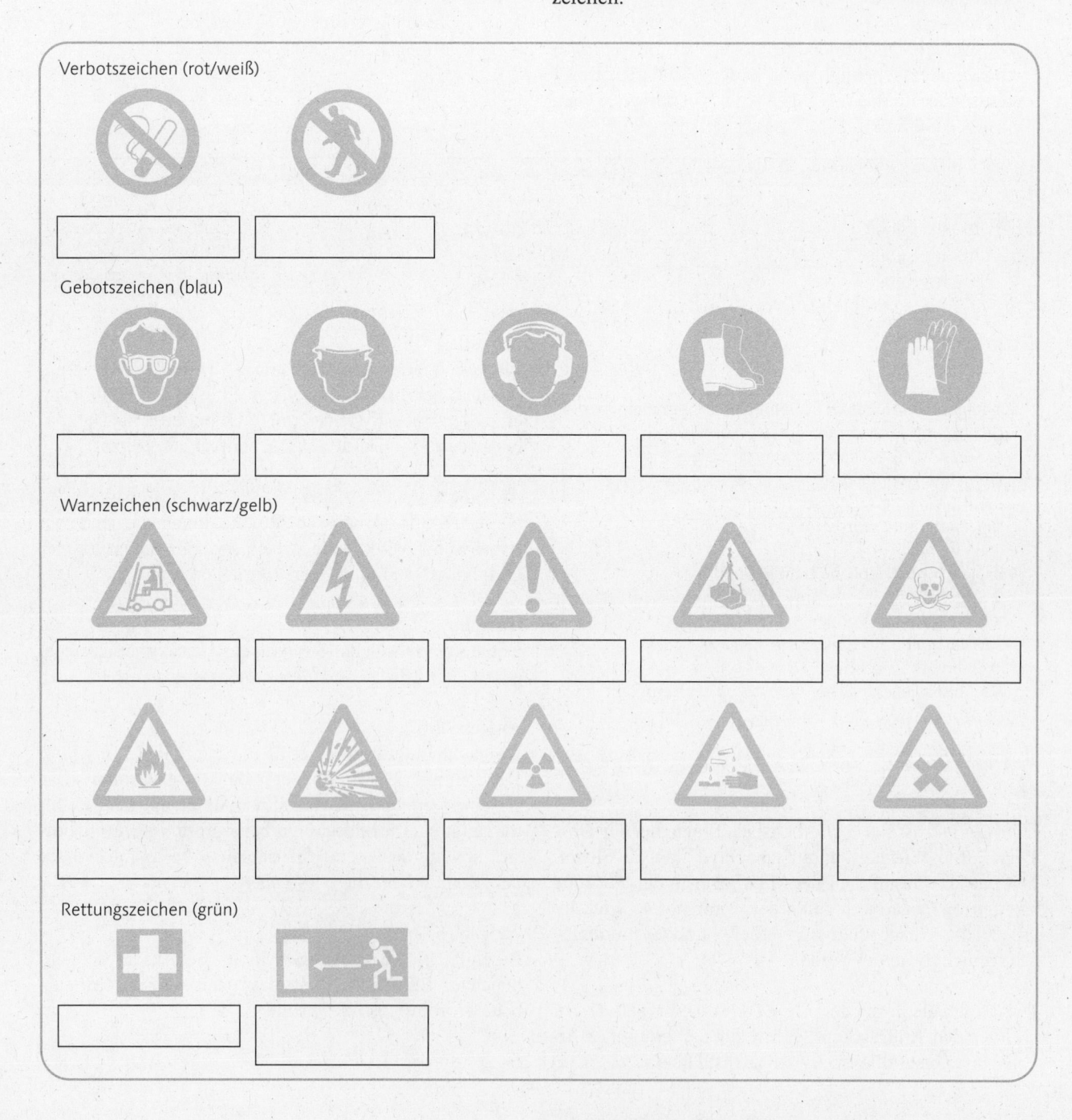

Verbotszeichen (rot/weiß)

Gebotszeichen (blau)

Warnzeichen (schwarz/gelb)

Rettungszeichen (grün)

Situation 7

Die folgenden Aufgaben betreffen die Fragenkomplexe:
- Mögliche Umweltbelastungen durch den Ausbildungsbetrieb und seinen Beitrag zum Umweltschutz an Beispielen erklären
- Für den Ausbildungsbetrieb geltende Regeln des Umweltschutzes anwenden
- Möglichkeiten der wirtschaftlichen und umweltschonenden Energie- und Materialverwendung nutzen
- Abfälle vermeiden, Stoffe und Materialien einer umweltschonenden Versorgung zuführen

Beispiele für betriebliche Handlungen*
- D Umweltbelastungen durch den Betrieb erläutern
- D Umgang mit Gefahrstoffen gemäß einer Betriebsanweisung vornehmen
- K Einhaltung der Grenzwerte prüfen
- P Energiesparende Betriebs- und Transportmittel einsetzen
- P Ökologisch vertretbare Produkte in rationellen Mengen einsetzen
- P Produkte mit Umweltkennzeichen bevorzugen
- K Energieverbrauchsvorgaben kontrollieren
- P Verpackungen, die den „grünen Punkt" tragen, verwenden
- D Rest- und Abfallstoffe sortieren
- K Abfalltrennung überprüfen

*Handlungsarten: P = Planen, D = Durchführen, K = Kontrollieren

Herr Rother, Abteilungsleiter Produktion, informiert die Geschäftsleitung der *Fly Bike Werke* darüber, dass sich in der Lackiererei ein Arbeitsunfall ereignet hat. Giftige Lackdämpfe, die unkontrolliert entweichen konnten, haben zu Vergiftungserscheinungen bei den dort beschäftigten Arbeitnehmern geführt.

Aufgabe 1
Zum Schutz der Arbeitnehmer vor derartigen Arbeitsunfällen sollen das Chemikaliengesetz und die Gefahrstoffverordnung dienen. Erläutern Sie kurz den wesentlichen Inhalt dieser Gesetze.

Aufgabe 2
Herr Rother beauftragt die kaufmännische Auszubildende der *Fly Bike Werke*, *Frau Lotto*, sich im Internet über betriebliche Umweltschutzmaßnahmen, insbesondere über den „produktionsintegrierten Umweltschutz", zu informieren. Für die Behandlung dieses Themas im Unterricht der Berufsschule will sie ein Referat anfertigen, das von ihr, unterstützt durch eine PowerPoint-Präsentation, vorgetragen werden soll. Führen Sie für *Frau Lotto* die Recherche durch und erstellen Sie die Präsentation für das Referat.

Aufgabe 3
Bereits bei der Materialbeschaffung können Umweltaspekte berücksichtigt werden. Beschreiben Sie drei entsprechende Maßnahmen, die in den *Fly Bike Werken* bei der Beschaffung von Werkstoffen ergriffen werden können.

Aufgabe 4
Im Gesetz zur Förderung der Kreislaufwirtschaft und Sicherung der umweltverträglichen Beseitigung von Abfällen (KrW-/AbfG §4) werden Grundsätze der Kreislaufwirtschaft formuliert. Wie soll danach mit Abfällen verfahren werden?

Informieren Sie sich unter folgender Adresse:
http://bundesrecht.juris.de/bundesrecht/krw_abfg

Aufgabe 5
Was ist unter der stofflichen und energetischen Verwertung von Abfällen zu verstehen?

Situation 8

Für die *Fly Bike Werke GmbH* wird der Umweltgesichtspunkt ein immer stärker zu beachtender Faktor. Die „Verordnung über die Vermeidung von Verpackungsabfällen" (Verpackungsverordnung) vom Juni 1991 (novelliert im August 1998) sieht bereits seit dem 1. Dezember 1991 die Rücknahme von Transportverpackungen durch den Lieferanten vor. Die *Fly Bike Werke* müssen danach die Schutzverpackungen für den Transport der von ihnen produzierten Fahrräder zum Händler wieder zurücknehmen.

Aufgabe 1
Erläutern Sie, wozu Hersteller nach der Verpackungsverordnung hinsichtlich der Verwendung von Transportverpackungen verpflichtet sind.

Informieren Sie sich unter folgender Adresse:
http://bundesrecht.juris.de/bundesrecht/verpackv_1998

Aufgabe 2
Welche Bedeutung hat das „Duale System" im Rahmen der Verpackungsverordnung?

Aufgabe 3
Was bedeutet „Der Grüne Punkt"?

Lösungen zu den funktions- und unternehmensübergreifenden Aufgaben

Lösung Situation 1

Aufgabe 1

Arten von Stellen	Instanzen	Stabsstellen	Ausführungsstellen
Aufgaben	Stellen mit Leitungs- und Kontrollfunktion, Weisungsbefugnis	Stellen mit Unterstützungs- und Beratungsfunktion, keine Weisungsbefugnis	Stellen zur Ausführung von Arbeitsaufgaben, keine Weisungsbefugnis

Aufgabe 2

a) und b)

1) Erfassung des Kundenauftrages	K
2) Prüfung des Kundenauftrages im Hinblick auf seine Machbarkeit (bezogen auf die technische Machbarkeit, den Kundenwunschtermin, den Preis ...)	K
3) Überprüfung der vorhandenen Lagerbestände (Disposition der benötigten Werkstoffe)	U
4) Einkauf der nicht im Lager befindlichen Werkstoffe	U
5) Überprüfung der zur Produktion erforderlichen Kapazitäten an Personal und Maschinen	U
6) Wareneingangsprüfung der beschafften Werkstoffe	U
7) Einlagerung der beschafften und geprüften Werkstoffe	U
8) Erstellung der zur Produktion erforderlichen Fertigungsaufträge einschließlich der entsprechenden Arbeitspapiere (MES, LS ...) [MES = Materialentnahmeschein, LS = Lohnschein]	K
9) Belegung der Maschinen mit den auszuführenden Arbeitsgängen einschließlich der Zuweisung der auszuführenden Arbeiten an bestimmte Mitarbeiter	K
10) Produktion und laufende Überprüfung der auszuführenden Arbeiten einschließlich Qualitätskontrolle	K
11) Einlagerung der produzierten Fertigerzeugnisse	K
12) Kommissionierung und Verpackung der Fertigerzeugnisse einschließlich Erstellung der erforderlichen Versandpapiere (Lieferschein, Zollpapiere)	K
13) Überwachung der Zahlungseingänge und Buchung der Zahlungseingänge	K
14) Rechnungserstellung und Buchung der Rechnung	U

c) Geschäftsprozesse lassen sich definieren als Transformation eines Objektes durch Tätigkeiten von Menschen oder Maschinen mit einem bestimmten Ziel.

- Transformation bedeutet die Veränderung von Material und Informationen.
- Objekte können Materialien, Teile und Informationen sein.
- Maschinen sind Bearbeitungsmaschinen und Computer.
- Ziel ist die Erreichung einer Unternehmensleistung, d.h. die Herstellung eines Produktes oder das Erbringen einer Dienstleistung.

d) Kernprozesse werden auch als Schlüsselprozesse bezeichnet, da sie direkt an den Kunden als Empfänger der Leistung gehen und sowohl einen großen Kundennutzen als auch einen hohen Unternehmensbeitrag liefern. Kernprozesse sind Wertschöpfungsprozesse, die für das Unternehmen strategische Bedeutung haben.

e)

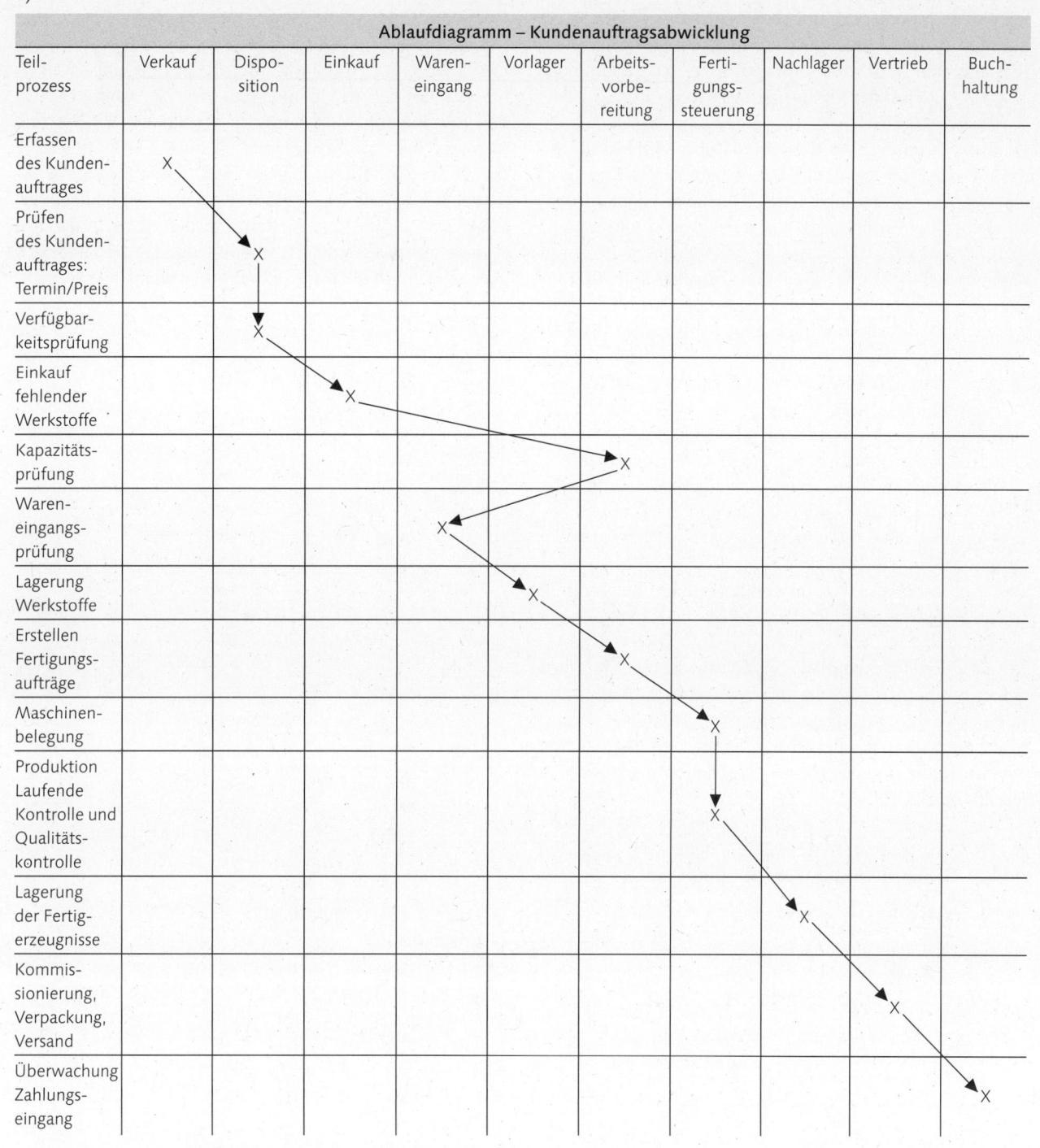

Teil-prozess	Verkauf	Dispo-sition	Einkauf	Waren-eingang	Vorlager	Arbeits-vorbe-reitung	Ferti-gungs-steuerung	Nachlager	Vertrieb	Buch-haltung
Ablaufdiagramm – Kundenauftragsabwicklung										
Erfassen des Kunden-auftrages	X									
Prüfen des Kunden-auftrages: Termin/Preis		X								
Verfügbar-keitsprüfung		X								
Einkauf fehlender Werkstoffe			X							
Kapazitäts-prüfung						X				
Waren-eingangs-prüfung				X						
Lagerung Werkstoffe					X					
Erstellen Fertigungs-aufträge						X				
Maschinen-belegung							X			
Produktion Laufende Kontrolle und Qualitäts-kontrolle						X				
Lagerung der Fertig-erzeugnisse								X		
Kommis-sionierung, Verpackung, Versand									X	
Überwachung Zahlungs-eingang										X

Hinweis: Die Reihenfolge bezüglich der Erstellung von Fertigungsaufträgen kann ggf. auch noch vor dem Einkauf von Waren positioniert werden.

Aufgabe 3

a) Der Produktionsfaktor *menschliche Arbeit* bezieht sich auf die geistige und körperliche (ausführende) Tätigkeit des Menschen, die zum Zweck der betrieblichen Leistungserstellung erforderlich ist. Durch die Weiterentwicklung der Technik vollzieht sich eine Abnahme der körperlichen Arbeit (der reinen Muskelkraft) und eine Zunahme geistiger Arbeit.

Betriebsmittel sind im wesentlichen die Sachanlagen eines Unternehmens, d. h. alle beweglichen und unbeweglichen Mittel, die der betrieblichen Leistungserstellung dienen. Betriebsmittel werden in der Regel über einen längeren Zeitraum genutzt (mehrere Jahre). Hierzu gehören z. B.:

- Grundstücke, Gebäude und bauliche Anlagen
- Maschinen und maschinelle Einrichtungen
- Transport- und Fördermittel
- Büro- und Geschäftsausstattung

Schutzrechte und Patente sind sowohl Konditionen (behördliche Betriebsgenehmigungen) als auch Patente, Gebrauchsmuster, Warenzeichen (dienen dem Schutz von Erzeugnissen und Verfahren) und Lizenzen (Rechte zur Nutzung geschützter Erzeugnisse und Verfahren).

Werkstoffe untergliedern sich in Roh-, Hilfs- und Betriebsstoffe. Roh- und Hilfsstoffe gehen in das Erzeugnis ein; Betriebsstoffe dagegen nicht, sie dienen der Aufrechterhaltung der Produktion (z. B. jede Form von Energie).

b) Im Rahmen der betrieblichen Leistungserstellung erfolgt eine Kombination der so genannten Elementarfaktoren (Arbeit, Betriebsmittel, Werkstoffe). Die Elementarfaktoren sind zur richtigen Zeit, am richtigen Ort und in der erforderlichen Menge und Qualität bereitzustellen. Unter dem *dispositiven Faktor* ist die Fähigkeit des Menschen zu verstehen, die Elementarfaktoren zum Zweck der Leistungserstellung zu kombinieren durch z. B. planende, organisierende und kontrollierende Tätigkeiten.

Aufgabe 4
Der Prozessumfang wird durch die Kriterien Länge, Breite und Tiefe bestimmt.

Mit *Länge* ist die Anzahl der organisatorischen Einheiten gemeint, über die sich der Prozess erstreckt, d. h. unternehmens-, abteilungs- oder stellenübergreifend.

Das Kriterium *Breite* berücksichtigt die Vielfalt möglicher Vorgänge, die innerhalb eines Geschäftsprozesses anfallen können.

Die *Tiefe* gibt an, wie fein ein Geschäftsprozess gegliedert und beschrieben wird, z. B. Gesamtprozess, Teilprozess, Aktivität.

Aufgabe 5

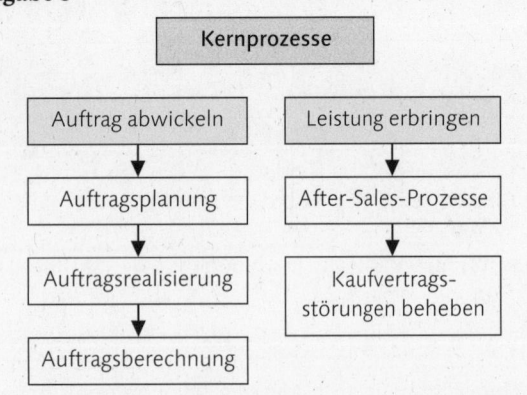

```
                    Kernprozesse
                    /          \
        Auftrag abwickeln    Leistung erbringen
              ↓                    ↓
        Auftragsplanung      After-Sales-Prozesse
              ↓                    ↓
        Auftragsrealisierung  Kaufvertrags-
              ↓               störungen beheben
        Auftragsberechnung
```

Aufgabe 6
Im Ablauf eines Geschäftsprozesses werden z. B. Informationen von einem Arbeitsplatz zum anderen übergeben, innerhalb einer Abteilung oder über Abteilungsgrenzen hinweg. Bei der Abwicklung eines Kundenauftrages werden z. B. folgende Abteilungen durchlaufen: der Vertrieb überprüft den Auftrag im Hinblick auf seine Machbarkeit, die Arbeitsvorbereitung führt die Disposition der Werkstoffe durch, der Einkauf beschafft die nicht im Lager verfügbaren Werkstoffe. Im Rahmen der Abwicklung des Kundenauftrages entstehen Schnittstellen, die zu Verzögerungen im Ablauf durch so genannte Übergabeprozeduren führen.

Aufgabe 7
a)

Modul	Funktion
Debitoren & Verkauf	Auftragserfassung, Abwicklung
Lager	Disposition, Wareneingänge und Warenausgänge
Produktion	Planung, Fertigungsaufträge, Maschinenbelegung, Qualitätskontrolle
Einkauf & Kreditoren	Beschaffung von Werkstoffen
Logistik	Warenein- und -ausgang
Finanzbuchhaltung bzw. Zahlungsverkehr	Überwachung der Zahlungen (Ein- und Auszahlungen)

b)
- Bessere Koordination aller betrieblichen Geschäftsprozesse.
- Alle Mitarbeiter arbeiten mit einer gemeinsamen Datenbasis und haben deshalb stets aktuelle Daten.
- Die gemeinsame Datenbasis führt zu transparenteren Prozessabläufen.
- Transparentere Prozessabläufe ermöglichen rechtzeitiges Problemmanagement.
- Die bessere Vorgangskoordination ermöglicht flexiblere Reaktionen auf Kundenwünsche.
- Lagerbestände können tendenziell gesenkt werden, da aufgrund von umfangreicher Information schneller auf Materialbedarf reagiert werden kann.
- Das Durchspielen von Terminierungsszenarien führt letztlich zu günstigeren Durchlaufzeiten.

Anbieter von ERP-Software

(Auswahl, Stand Frühjahr 2004)
Bitte informieren Sie sich auf den entsprechenden Homepages der jeweiligen Hersteller.

Anbieter	ERP-Produkt	Zielgruppe	Internet
AP Automation + Productivity AG, Karlsruhe	P2 plus 3.6	Handels- und Fertigungsunternehmen mit 50 bis 500 Mitarbeitern	www.ap-ag.com
Baan Deutschland GmbH, Hannover	i Baan ERP 5	Mittelständische und große Unternehmen der fertigenden Industrie	www.baan.de
IFS Deutschland GmbH & Co. KG, Erlangen	IFS Applications 2002	Consulting, Professional Services, projekt-orientierte Fertigung und Mischfertigung ab 50 User, 60 Branchenlösungen verfügbar	www.ifsde.com
J. D. Edwards Deutschland GmbH, Mörfelden	J. D. Edwards 5	Industrie, Handel und Dienstleistung mit 200 bis 8.000 Mitarbeitern	www.jdedwards.de
Mesonic Software GmbH, A-Mauerbach/Wien	Corporate WINLine 7.3	Branchenneutral, 1 bis über 250 User	www.mesonic.de
Microsoft Business Solutions Deutschland, Hamburg*	**MS-Navision 3.70** und MS-Axapta 3.0	Branchenneutral, Navision: 10 bis 1000 Mitarbeiter, (60 Branchenlösungen verfügbar), Axapta: 100 bis 3000 Mitarbeiter	**www.navision.de**
Oracle Deutschland GmbH, München	Oracle E-Business Suite	Branchenneutral, ab 1000 Mitarbeiter	www.oracle.de
proALPHA Software AG, Weilerbach	proALPHA 4.1	Fertigende Industrie und technischer Großhandel mit 50 bis 500 Mitarbeitern	www.proalpha.de
Sage KHK Software GmbH & Co. KG, Frankfurt/Main	Classic Line 3.2 und Office Line 3.1	Branchenneutral Classic Line: 1 bis 500 Mitarbeiter, Office Line: 50 bis 1000 Mitarbeiter, (20 Branchenlösungen verfügbar)	www.sagekhk.de
SAP AG, Walldorf	SAP R/3 und Business One	Branchenneutral, SAP R/3: ab 250 Mitarbeitern Business One: 1 bis 100 Mitarbeiter	www.sap.de

* Microsoft Navision Attain ist die ERP-Software der *Fly Bike Werke*. Die Software wurde ausgewählt, da sie besonders auf mittelständische Unternehmen, wie die *Fly Bike Werke* es sind, zugeschnitten ist. Deutlich umfangreichere Software wie Oracle oder SAP würde die finanziellen und personellen Möglichkeiten des Betriebes deutlich übersteigen und wäre zudem völlig überdimensioniert.

Wie auf dem Softwaremarkt allgemein zu beobachten, so ist auch bei der ERP-Software zukünftig mit deutlichen Konzentrationsentwicklungen zu rechnen, d. h. größere Anbieter werden kleinere Konkurrenten übernehmen. Je nach Situation werden die Produkte der übernommenen kleinen Hersteller weiterentwickelt oder aber zu Gunsten vorhandener eigener Produkte nicht mehr weiterentwickelt (Ausschalten von Konkurrenten durch Aufkauf). Eine Aussage über einen so genannten Marktführer lässt sich nur schwer treffen, da die Produkte ausnahmslos bestimmte Zielgruppen fokussieren und damit kaum vergleichbar sind.

Wichtige Anbieter werden in Zukunft sein:
- Microsoft Business Solution–Navision
- Oracle
- SAP
- Sage KHK

Hinweis auf weiterführende Informationen zu den Fragenkomplexen:
- Industrielle Geschäftsprozesse (Sage KHK), Bestellnummer 460126
- Industrielle Geschäftsprozesse (Navision), Bestellnummer 460142

Beide Bücher enthalten Erläuterungen und zahlreiche Screenshots zur ERP-gestützten-Abwicklung eines Produktionsauftrages. Enthalten sind auch Datenbestände und sofort einsatzfähiges Unterrichtsmaterial (als PDF-Datei auf CD sowie teilweise als Internetdownload).

Aufgabe 8
Das *Stab-Linien-System*, eine Sonderform des Einliniensystems, ist dann von Vorteil, wenn innerhalb eines Unternehmens eine Informationsüberlastung der Instanzen vorliegt. Den Instanzen werden dann so genannte Stabsstellen zugeordnet. *Stabsstellen* sind Stellen mit beratender Funktion. Sie haben keine Entscheidungs- und Weisungsbefugnisse. Stabsstellen verfügen über Spezialwissen und unterstützen Instanzen bei der Entscheidungsfindung, indem sie die Entscheidungsfindung vorbereiten. Beispiele für Stabsstellen sind Abteilungen wie das Vorstandssekretariat, die Revision und das Controlling.

Aufgabe 9
Werden verschiedene Stellen unter einer einheitlichen Leitung zusammengefasst, so entstehen *Abteilungen*. Verschiedene zu erfüllende Aufgaben, mehrere Personen oder auch verschiedene Sachmittel können Bezugspunkte für eine Abteilungsbildung sein.

Eine *Stelle* beinhaltet eine Vielzahl auszuführender Verrichtungen. Diese Verrichtungen sind durch Zusammenfassung analytisch gewonnener Teilaufgaben entstanden. Sie werden einem oder mehreren Aufgabenträgern (Personen) zugeordnet. Eine Stelle ist damit die kleinste selbständige Einheit in einem Unternehmen.

Lösungen zur Situation 2

Aufgabe 1
Ein *Ereignis* beschreibt das Eintreten eines betriebswirtschaftlichen Zustandes, der eine Aktivität (Funktion) auslöst bzw. das Ergebnis einer Aktivität (Funktion) sein kann. Die *Funktion* beschreibt die von einem Ereignis ausgelöste Aktivität. Die drei verschiedenen *logischen Operatoren* (Konnektoren) ermöglichen es, Verzweigungen zwischen Ereignissen und Funktionen bzw. umgekehrt einzufügen.

Aufgabe 2
Die *Organisationseinheit* kann nur mit Funktionen verbunden werden. Die Organisationseinheit gibt an, welche Person (bzw. welcher Personenkreis) die bestimmte Funktion ausführt.

Mit dem *Informationsobjekt* werden die für die Durchführung der Funktion benötigten Daten angegeben.

Schriftliche *Dokumente*, die durch das Unternehmen „wandern" bzw. in den Betrieb gelangen oder nach außen gesendet werden.

Aufgabe 3
Allgemeine Regeln
Alle Ereignisse, Funktionen und Konnektoren müssen über Linien miteinander verbunden sein.

Ereignisse
- Ereignisse dürfen nicht direkt miteinander verbunden sein.
- Ein Ereignis hat nur einen Eingangs- und einen Ausgangspfeil.
- Ein Ereignis folgt einer Funktion und/oder geht einer Funktion voraus.

Funktionen
- Funktionen dürfen nicht direkt miteinander verbunden sein.
- Eine Funktion hat nur einen Eingangs- und einen Ausgangspfeil.
- Eine Funktion einem Ereignis folgt und/oder geht einem Ereignis voraus.

Konnektoren
- ODER- bzw. XOR-Konnektoren dürfen nicht einem Ereignis folgen.

Informationsobjekte
- Informationsobjekte werden ausschließlich an Funktionen geknüpft.

Organisationseinheiten
- Organisationseinheiten werden Funktionen zugeordnet.
- Organisationseinheiten beschreiben Stellen, keine Mitarbeiter.

Hinweis auf weiterführende Informationen zu den Fragenkomplexen:
- Industrielle Geschäftsprozesse, Bestellnummer 460126, S. 42 ff.

Lösungen zur Situation 3

Aufgabe 1

Hinweis: Die Bezeichnungen können geringfügig in Ihrer Lösung abweichen. Das ändert nichts an der Richtigkeit der Lösung I.

Ereignisgesteuerte Prozesskette (EPK)

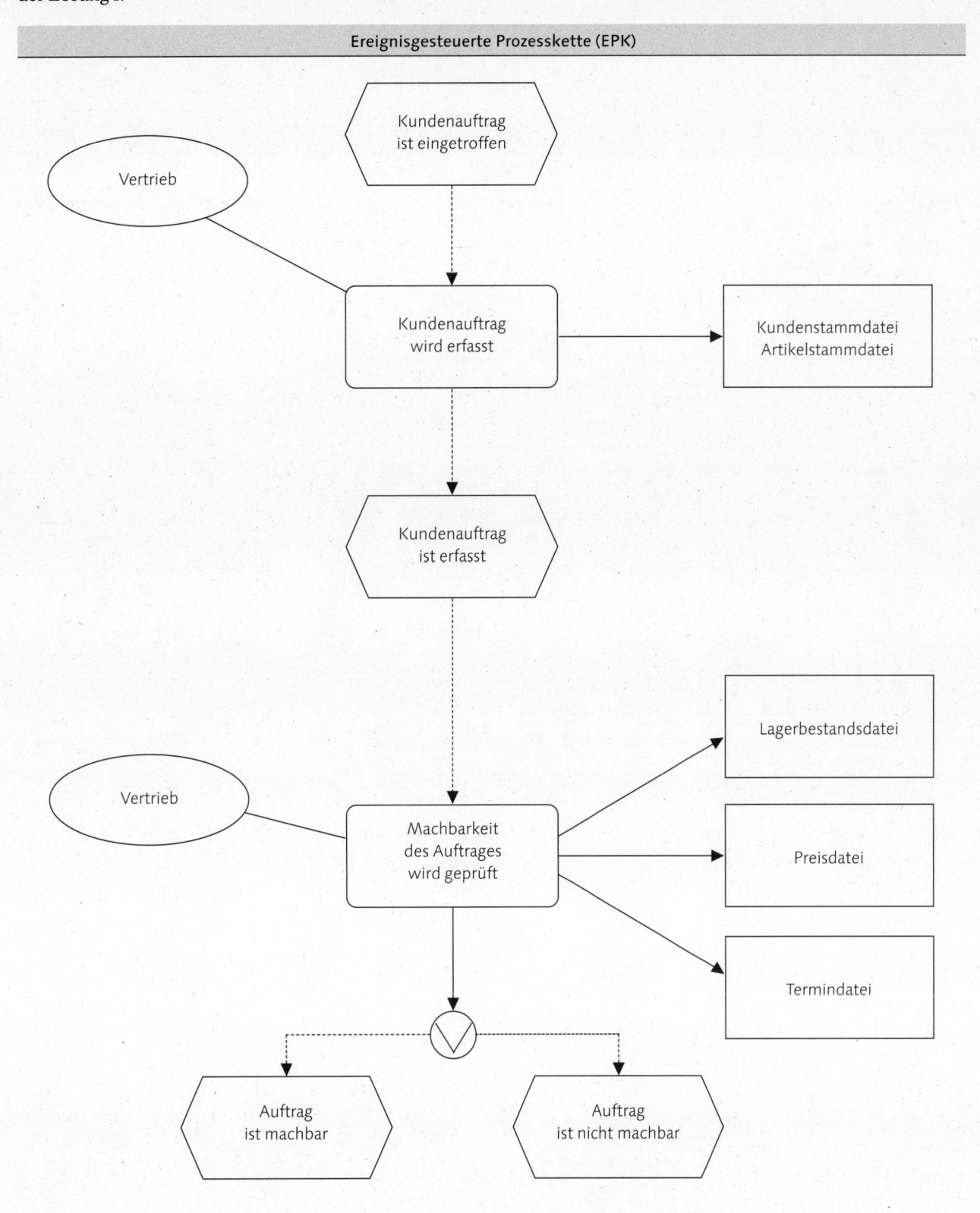

- Kundenauftrag ist eingetroffen
- Vertrieb → Kundenauftrag wird erfasst → Kundenstammdatei, Artikelstammdatei
- Kundenauftrag ist erfasst
- Vertrieb → Machbarkeit des Auftrages wird geprüft → Lagerbestandsdatei, Preisdatei, Termindatei
- ∨ → Auftrag ist machbar / Auftrag ist nicht machbar

Lösungen zu den funktions- und unternehmensübergreifenden Aufgaben

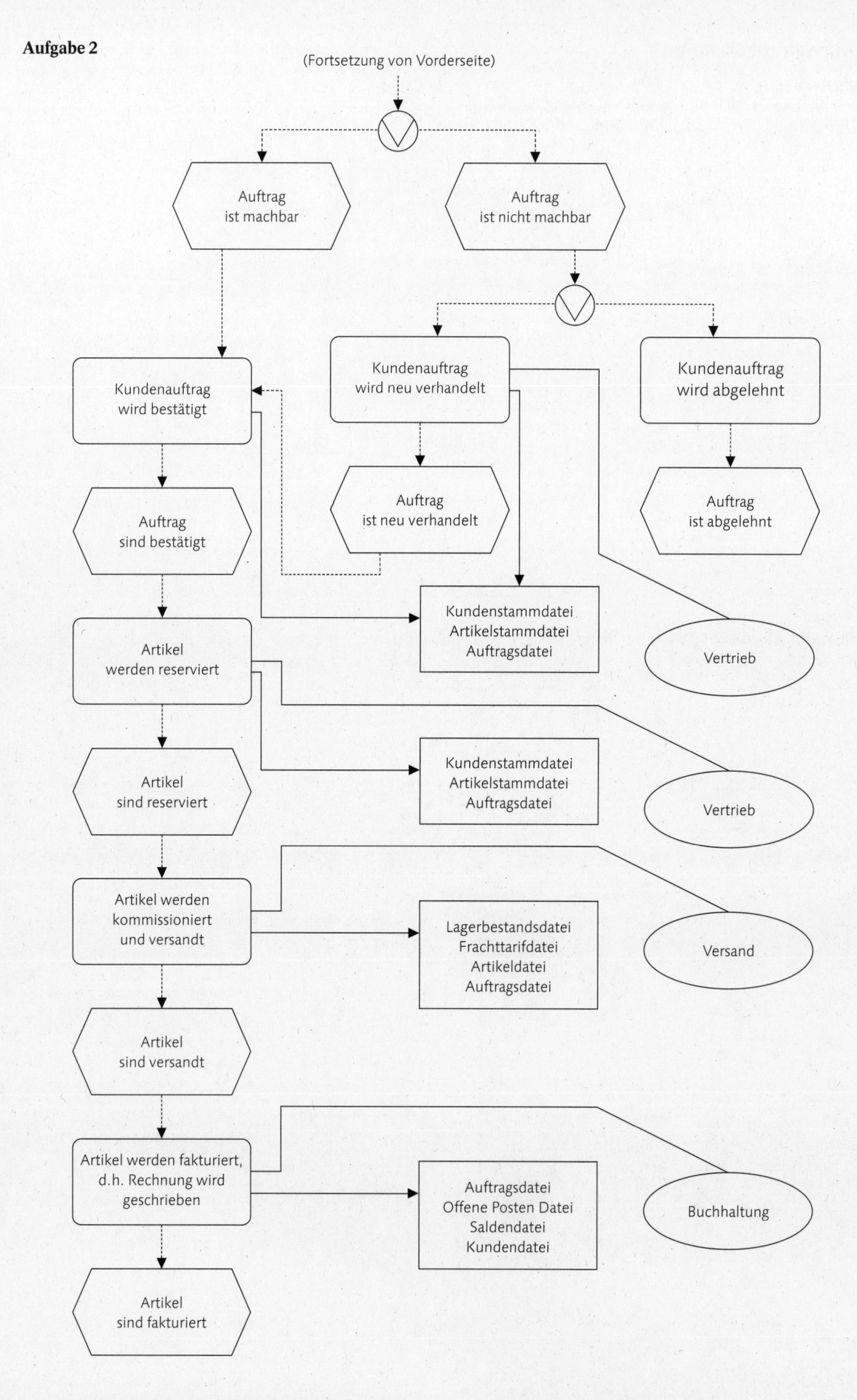

Aufgabe 2

(Fortsetzung von Vorderseite)

```
                              ┌─────────┐
                              │    V    │
                              └─────────┘
                    ┌──────────────┴──────────────┐
                    ▼                             ▼
          ┌──────────────────┐          ┌──────────────────┐
          │     Auftrag      │          │     Auftrag      │
          │    ist machbar   │          │  ist nicht machbar│
          └──────────────────┘          └──────────────────┘
                                                 │
                                          ┌──────┴──────┐
                                          │      V      │
                                          └─────────────┘
                                     ┌─────────┴─────────┐
                                     ▼                   ▼
                          ┌──────────────────┐  ┌──────────────────┐
          ┌──────────────│   Kundenauftrag   │  │   Kundenauftrag  │
          │              │ wird neu verhandelt│  │  wird abgelehnt  │
          ▼              └──────────────────┘  └──────────────────┘
┌──────────────────┐              │                     │
│   Kundenauftrag  │              ▼                     ▼
│   wird bestätigt │    ┌──────────────────┐  ┌──────────────────┐
└──────────────────┘    │     Auftrag      │  │     Auftrag      │
          │             │ ist neu verhandelt│  │   ist abgelehnt  │
          ▼             └──────────────────┘  └──────────────────┘
┌──────────────────┐
│     Auftrag      │
│   sind bestätigt │
└──────────────────┘
          │
          ▼
┌──────────────────┐          ┌──────────────────┐
│     Artikel      │─────────▶│  Kundenstammdatei│──── Vertrieb
│  werden reserviert│         │ Artikelstammdatei│
└──────────────────┘          │   Auftragsdatei  │
          │                   └──────────────────┘
          ▼
┌──────────────────┐          ┌──────────────────┐
│     Artikel      │─────────▶│  Kundenstammdatei│──── Vertrieb
│   sind reserviert│          │ Artikelstammdatei│
└──────────────────┘          │   Auftragsdatei  │
          │                   └──────────────────┘
          ▼
┌──────────────────┐          ┌──────────────────┐
│   Artikel werden │─────────▶│ Lagerbestandsdatei│──── Versand
│  kommissioniert  │          │  Frachttarifdatei │
│    und versandt  │          │    Artikeldatei   │
└──────────────────┘          │   Auftragsdatei   │
          │                   └──────────────────┘
          ▼
┌──────────────────┐
│     Artikel      │
│   sind versandt  │
└──────────────────┘
          │
          ▼
┌──────────────────┐          ┌──────────────────┐
│ Artikel werden   │─────────▶│   Auftragsdatei  │──── Buchhaltung
│ fakturiert, d.h. │          │ Offene Posten Datei│
│ Rechnung wird    │          │    Saldendatei    │
│   geschrieben    │          │    Kundendatei    │
└──────────────────┘          └──────────────────┘
          │
          ▼
┌──────────────────┐
│     Artikel      │
│   sind fakturiert│
└──────────────────┘
```

IV Ausgewählte Aufgaben zum Prüfungsbereich „Geschäftsprozesse"

Lösungen zur Situation 4

Aufgabe 1
a)
$$\text{Lieferfähigkeit} = \frac{\text{Anzahl aller Aufträge, bei denen Wunschtermin und bestätigter Termin übereinstimmen}}{\text{Anzahl aller bestätigten Aufträge}} = \frac{6}{12} = 0{,}5$$

b)
$$\text{Liefertreue} = \frac{\text{Anzahl aller Aufträge, bei denen bestätigter Termin und Erfüllungstermin übereinstimmen}}{\text{Anzahl aller bestätigten Termine}} = \frac{10}{12} = 0{,}8333$$

Aufgabe 2
Logistik ist die
- ganzheitliche Planung, Steuerung und Kontrolle des Material-, Werte- und Informationsflusses
- zwischen Kunden, Hersteller und Lieferant sowie innerhalb des Herstellerbetriebes
- zur Übernahme und Abwicklung von Kundenaufträgen.

Aufgabe 3
a)
- Verringerung der Bestände → Einsparung von Lagerraumkosten → Einsparung von Lagerbestandskosten (Kapitalbindungskosten)
- Verringerung der Durchlaufzeit → Verbesserung der Lieferzeit

b)
- Produktionsstillstand infolge unpünktlicher Lieferung; Lieferungsverzug bei eigenen Kunden (Konventionalstrafen)
- Möglicherweise auftretende Qualitätsmängel der gelieferten Ware könnten aufgrund fehlender WE-Revision unentdeckt bleiben und zu Qualitätsmängeln bei den eigenen Produkten führen.

c) Eine Erhöhung der Umschlaghäufigkeit bei konstantem Jahresumsatz bedeutet, dass ein bestimmter Jahresumsatz jetzt bei geringerem Lagerbestand erzielt werden kann.

Beispiel:

Vorher: $\dfrac{\text{Umsatz}}{\text{Vorrat}} = \dfrac{1000}{10} = 100$

Nachher: $\dfrac{\text{Umsatz}}{\text{Vorrat}} = \dfrac{1000}{8{,}3} = 120 \uparrow$

Dadurch werden Kapitalbindungskosten gespart, was als Erfolg der betrieblichen Logistik bewertet werden kann.

Aufgabe 4
Lenkungskosten: Kosten für das Lenken des Material-, Waren- und Informationsflusses ausgelöst durch das Planen, Disponieren, Steuern und Abwickeln von Aufträgen und Bestellungen. Kosten für die Einlagerung, Lagerung und Auslagerung von Teilen und Geräten.

Kapitalkosten: Kosten, die durch die Kapitalbindung von Vermögenswerten entstehen

Transportkosten: Kosten für die Abwicklung (Durchführung) des innerbetrieblichen Materialflusses und der Kundentransporte

Aufgabe 5
- *Lieferzeit:* Zeitspanne vom Datum der Auftragserteilung bis zum Datum der Auftragserfüllung
- *Liefertreue:* Übereinstimmung zwischen zugesagtem/bestätigtem und tatsächlichem Auftragserfüllungstermin
- *Lieferfähigkeit:* Übereinstimmung zwischen Wunschtermin und zugesagtem/bestätigtem Auftragserfüllungstermin
- *Lieferqualität:* Anteil der gegenüber Kundenspezifikation fehlerfrei ausgeführten Aufträge/Auftragspositionen
- *Flexibilität:* Fähigkeit zur Durchführung von Änderungen bezüglich Spezifikation/Mengen und Terminen
- *Informationsfähigkeit:* in allen Stadien der Auftragsabwicklung informations-/auskunftsbereit zu sein

Aufgabe 6
a) Controlling hat mit der wortverwandten Kontrolle nicht viel gemein. Abgeleitet von dem englischen Verb „to control", das mit lenken, steuern, regeln, beherrschen, kontrollieren zu übersetzen ist, bietet das Controlling Planungs-, Steuerungs- und auch Kontrollelemente für alle Unternehmensbereiche an.

Zur Veranschaulichung dient folgende bildliche Darstellung: Der Controller ist der Navigator auf dem großen Schiff Unternehmen. Er ermittelt den Standort, errechnet die Abweichung vom gewünschten Kurs und schlägt Kurskorrekturen vor. Die Entscheidung, welcher Kurs gefahren und welcher Hafen angesteuert wird, trifft jedoch der Kapitän – allerdings mit Unterstützung des Navigators. Insofern kommt dem Controlling bei der Entscheidungsvorbereitung und der Zielerreichungsanalyse zentrale Bedeutung zu.

Das Controlling kann nun bezogen auf den zeitlichen Planungs- und Kontrollhorizont in zwei grundsätzliche Bereiche differenziert werden.

- *Strategisches Controlling*: Das Ziel jedes Unternehmens ist es, die Erfolgspozentiale (Produkte, Märkte) auf- und auszubauen, um so die eigene zukünftige Existenz zu sichern. Strategisches Controlling überprüft deshalb laufend die Übereinstimmung zwischen der aktuellen und der zu erwartenden Unternehmens- und Umweltentwicklung mit strategischen, d. h. langfristigen Sollvorstellungen. Eine zentrale Rolle spielen dabei Prognosen und Abweichungsanalysen. Neben dem Unternehmen selbst spielt die Umwelt beim strategischen Controlling eine wichtige Rolle.

- *Operatives Controlling*: Die möglichst erfolgreiche Ausnutzung aktuell vorhandener Erfolgspotenziale ist die Aufgabe des kurzfristig orientierten operativen Controllings. Mit Hilfe von Kennzahlen und konkreten Analysen werden Vorgaben für das kommende Jahr berechnet. Mitarbeiter und ganze Abteilungen orientieren sich an diesen Kennzahlen. Gleichzeitig wird im Rahmen eines Soll-Ist-Vergleiches die Unternehmensarbeit am Kennzahlengerüst beurteilt. Daraus lassen sich wieder Verhaltensoptimierungen ableiten.

Im Überblick lassen sich beide Controllingarten wie folgt differenzieren:

	strategisches Controlling	operatives Controlling
Orientierung	Umwelt und Unternehmen, Prognose der Umweltentwicklung	überwiegend Unternehmen, Wirtschaftlichkeit der betrieblichen Prozesse
Planungsstufe	langfristig	kurz- bis mittelfristig
Dimension	Umwelt: Chancen/Risiken Unternehmen: Stärken/Schwächen	Ertrag/Aufwand Leistungen/Kosten
Zielinhalte	Existenzsicherung	Rentabilität, Liquidität
Zielgröße	qualitativ: Erfolgspozential	quantitativ: Umsatz, Kosten, Gewinn

b)

Der Controllingkreislauf

Strategisches Controlling

langfristige Potenzialplanung

Operatives Controlling

Budgetierung	Realisierung	Analyse	Berichtswesen	Therapie
Vorgabenwerte, Soll-Werte	unter Beobachtung des Controlling, Entstehung der Ist-Werte	Soll-Ist-Vergleich, Abweichungsanalyse	Informationsverbreitung der Analyseergebnisse (auch Reporting genannt)	Optimierung des bisher eingeschlagenen Vorgehens

c) ABC-Analyse, Finanzpläne, Make-or-Buy-Entscheidungen, Break-Even-Analyse, Target Costing, Budgetierung, Umsatzstatistiken, Renner-Penner-Statistiken, Portfolioanalyse, Produktlebenszyklus, Benchmarking

Aufgabe 7

Die zentrale Aufgabe des Berichtswesens ist die optimale Ausstattung aller Stellen im Unternehmen mit denjenigen Informationen, die ihnen erfolgsmaximales Handeln ermöglichen. Das Berichtswesen ist damit empfängerorientiert und dient keinem Selbstzweck. Folgende Berichtsarten lassen sich unterscheiden:

Standardberichte	Abweichungsberichte	Bedarfsberichte
Regelmäßig erstellte und festgelegte Berichte, die den Empfängern automatisch zugestellt werden, z. B. Umsatzberichte, Krankenstandsberichte, Kostenberichte	Fallweise erstellte Berichte, die erstellt werden, wenn Abweichungen auftreten. Dabei sind Toleranzzonen zu beachten, innerhalb derer Abweichungen zulässig sind. Der Empfänger erhält diese Berichte nur im Abweichungsfall, z. B. Kostenüberschreitung, Liquiditätsmangel, Abweichung bei Projekten	Berichte, die der Empfänger für eine besondere Situation anfordert, z. B. vorhandene Vermögenswerte für Investitionsentscheidungen, aktueller Personalbestand
Starres Infosystem	Melde- und Warnsystem	Abruf- und Auskunftssystem
Initiative: Controlling	Initiative: Controlling	Initiative: Empfänger

Aufgabe 8

a) Die Grafik könnte als Säulendiagramm erstellt werden. So werden die Krankenstände vergleichend nebeneinander gestellt. Alternativ bietet sich das Liniendiagramm an. Bei dieser Diagrammart steht der zeitliche Verlauf im Vordergrund der Visualisierung.

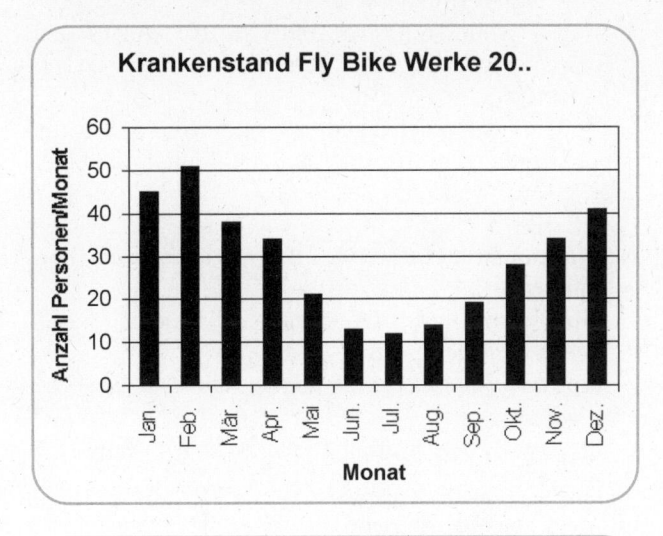

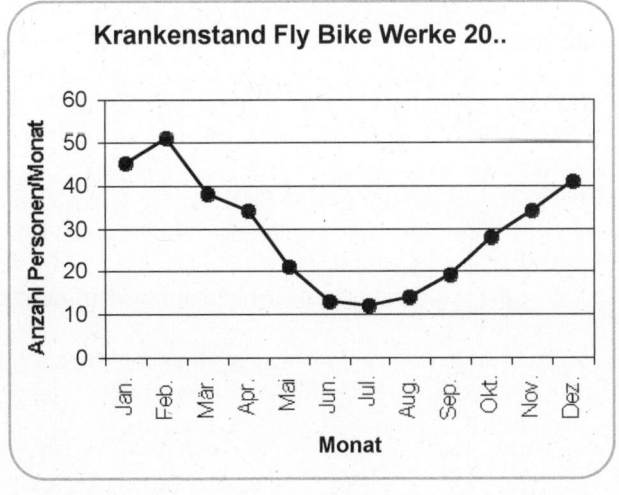

b) Die Grafik müsste bei 53 Werten (53 Wochen/Jahr) zwingend als ein Liniendiagramm gewählt werden. Die Säulen könnten keine vernünftige Aussage mehr bieten.

Aufgabe 9

Formale Verbesserungen:
- Spalten schmaler einstellen
- Zeilen- und Spaltenköpfe fett formatieren
- Tausenderpunkt bei den Umsätzen
- Spaltenüberschriften bei Wertspalten rechtsbündig formatieren
- Umsatzwerte evtl. als Mio.-Werte ausweisen
- Überschrift
- farbliche Differenzierung der Spalten

Inhaltliche Verbesserungen:
- für jeden Umsatz und die Differenzen eine %-Spalte ausgeben
- Summenzeile für die Umsatzspalten einbeziehen
- Differenzen anders ausweisen (positive Änderung als positive Zahl, negative Abweichung als negative Zahl)
- eine zusätzliche „Signalspalte", die den Empfänger auf schnelle und einfache Weise auf besonders gute wie auch schlechte Entwicklungen hinweist (z. B. Ampelsymbole: rote Fläche für schlechte Entwicklung, grüne Fläche für gute Entwicklung, gelbe Fläche für unveränderte Situation), so genannter „Guided Report" bzw. „Quick-Guide".

Gestaltungsvorschlag

	A	B	C	D	E	F	G	H
1		\multicolumn{7}{c}{**Umsatzstatistik Januar 2004 - Vorjahresvergleich** Fly Bike Werke, Oldenburg}	
2		Januar 2003	%	Januar 2004	%	Differenz	%	Quick-Guide
3	Umsatz Filiale 1	5.923.718,95	25	6.989.988,36	27	1.066.269,41	18	
4	Umsatz Filiale 2	8.278.194,54	35	7.367.593,14	28	-910.601,40	-11	
5	Umsatz Filiale 3	9.428.413,45	40	11.596.948,54	45	2.168.535,09	23	
6	Summen	23.630.326,94	100	25.954.530,05	100	-	-	-

Lösungen zur Situation 5

Aufgabe 1
§ 5 Gefährdungsanalyse:
- Ermittlung von Gefährdungen
- Beurteilung des Gefährdungsrisikos
- Auswahl geeigneter Schutzmaßnahmen

§ 6 Dokumentation:
- Ergebnis der Gefährdungsbeurteilung
- Maßnahmen des Arbeitsschutzes
- Ergebnis der Wirksamkeitsüberprüfung

§ 12 Unterweisung der Beschäftigten

Aufgabe 2
- Verhütung von Unfällen
- Verhütung arbeitsbedingter Gesundheitsgefahren
- Maßnahmen menschengerechter Arbeitsgestaltung

Aufgabe 3
Der Betriebsrat hat das Recht der Mitbestimmung bei der Festlegung von Regelungen über die Verhütung von Arbeitsunfällen und Berufskrankheiten sowie über den Gesundheitsschutz im Rahmen der gesetzlichen Vorschriften oder der Unfallverhütungsvorschriften. Kommt eine Einigung nicht zustande, so entscheidet die Einigungsstelle. Der Spruch der Einigungsstelle ersetzt die Einigung zwischen Arbeitgeber und Betriebsrat.

Aufgabe 4
§ 5 Täglicher Arbeitsablauf
Der Arbeitgeber hat die Tätigkeit der Beschäftigten so zu organisieren, dass die tägliche Arbeit an Bildschirmgeräten regelmäßig durch andere Tätigkeiten oder durch Pausen unterbrochen wird, die jeweils die Belastung durch die Arbeit am Bildschirmgerät verringern.

Aufgabe 5
Ausgewählte Beispiele:
1. Die auf dem Bildschirm dargestellten Zeichen müssen scharf, deutlich und ausreichend groß sein sowie einen angemessenen Zeichen- und Zeilenabstand haben.
2. Der Arbeitstisch beziehungsweise die Arbeitsfläche muss eine ausreichend große und reflexionsarme Oberfläche besitzen und eine flexible Anordnung des Bildschirmgeräts, der Tastatur, des Schriftguts und der sonstigen Arbeitsmittel ermöglichen. Ausreichender Raum für eine ergonomisch günstige Arbeitshaltung muss vorhanden sein. Ein separater Ständer für das Bildschirmgerät kann verwendet werden.
3. Am Bildschirmarbeitsplatz muss ausreichender Raum für wechselnde Arbeitshaltungen und -bewegungen vorhanden sein.
4. Die Grundsätze der Ergonomie sind insbesondere auf die Verarbeitung von Informationen durch den Menschen anzuwenden.

Hinweise auf weiterführende Informationen zu den Fragekomplexen:
- http://www.igmetall.de/gesundheit/praesentationen/arbeitsschutzgesetz.pp
- http://www.pafs.de/publikationen/igm/mat_igm_tipp.html
- http://www.lfas.bayern.de/recht/bapv/bapv.htm

Lösung zur Situation 6

Aufgabe 1
Checkliste Erste Hilfe
- Ist jeder vorhandene Verbandskasten vollständig?
- Wird regelmäßig überprüft, ob Materialien ergänzt oder erneuert werden müssen?
- Hat jeder Verbandskasten im Betrieb einen festen Platz und ist dieser mit einem Hinweisschild gekennzeichnet?
- Ist der Aufbewahrungsort jedes Verbandkastens leicht zugänglich?
- Ist jeder Aufbewahrungsort so gewählt, dass das Erste-Hilfe-Material vor Schmutz, Feuchte und hohen Temperaturen geschützt ist?

Aufgabe 2
- Hängen die Anschriften von Notfallstellen (Rettungsdienst, Feuerwehr, Polizei, Ersthelfer), Durchgangsärzten und Krankenhäusern für alle sichtbar aus?
- Ist sichergestellt, dass im Notfall jeder sofort Hilfe anfordern kann?
- Werden alle Beschäftigten mindestens einmal jährlich und neue Mitarbeiter vor Arbeitsbeginn im Verhalten in Notfällen unterwiesen?
- Verfügt der Betrieb über die vorgeschriebene Anzahl an ausgebildeten Ersthelfern? Bei bis zu 20 anwesenden Beschäftigten muss ein Ersthelfer anwesend sein. Bei mehr als 20 anwesenden Beschäftigten müssen mindestens 10 % der Anwesenden Ersthelfer sein. Dies ist auch bei der Schichtplanung (Nachtschicht) zu berücksichtigen.
- Werden die Ersthelfer regelmäßig (alle zwei Jahre) fortgebildet?
- Wird jede Erste-Hilfe-Leistung aufgezeichnet (z. B. in einem Verbandbuch, in einer Kartei oder in einer elektronischen Datei) und fünf Jahre lang aufbewahrt?

Aufgabe 3

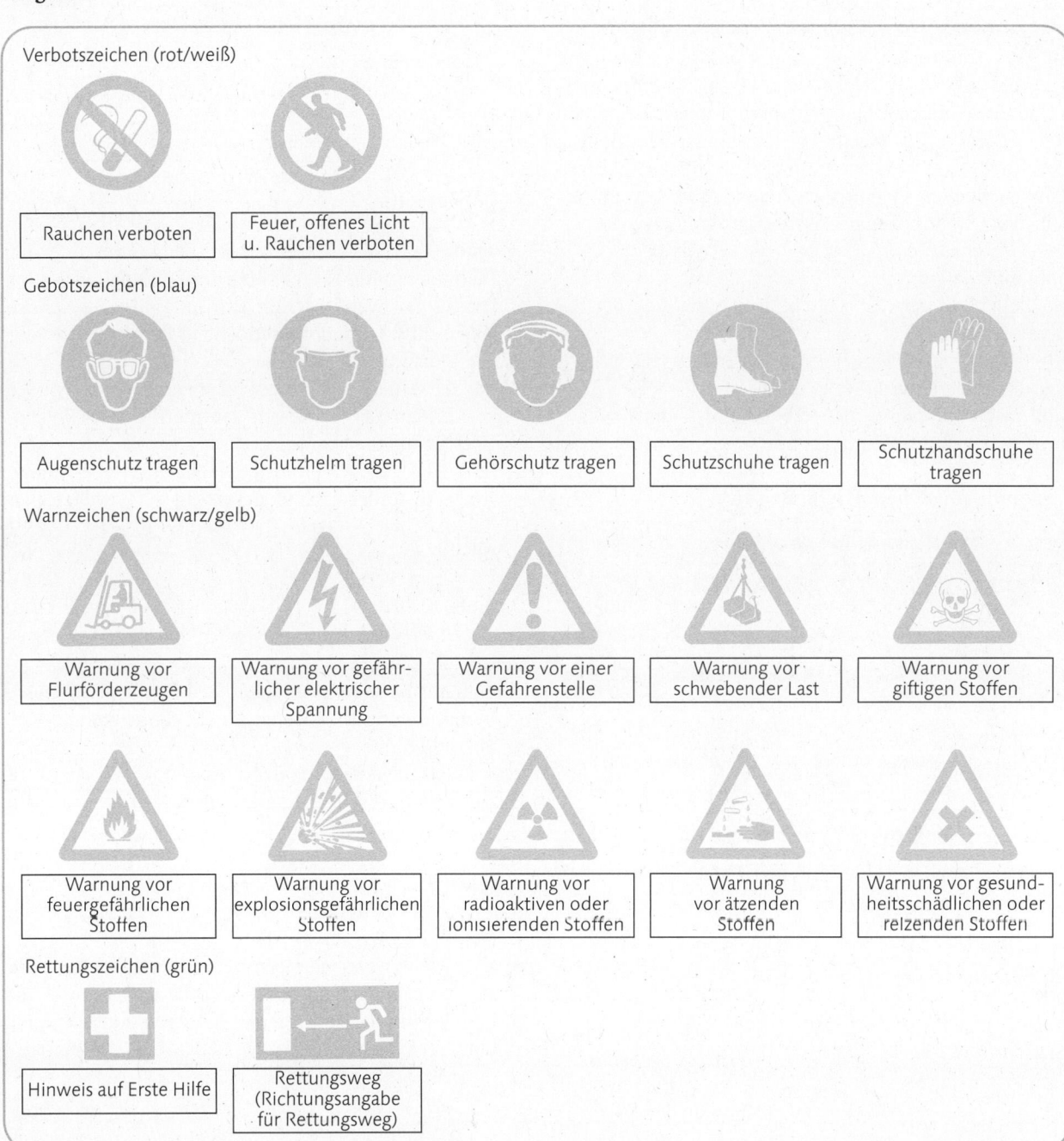

Verbotszeichen (rot/weiß)
- Rauchen verboten
- Feuer, offenes Licht u. Rauchen verboten

Gebotszeichen (blau)
- Augenschutz tragen
- Schutzhelm tragen
- Gehörschutz tragen
- Schutzschuhe tragen
- Schutzhandschuhe tragen

Warnzeichen (schwarz/gelb)
- Warnung vor Flurförderzeugen
- Warnung vor gefährlicher elektrischer Spannung
- Warnung vor einer Gefahrenstelle
- Warnung vor schwebender Last
- Warnung vor giftigen Stoffen
- Warnung vor feuergefährlichen Stoffen
- Warnung vor explosionsgefährlichen Stoffen
- Warnung vor radioaktiven oder ionisierenden Stoffen
- Warnung vor ätzenden Stoffen
- Warnung vor gesundheitsschädlichen oder reizenden Stoffen

Rettungszeichen (grün)
- Hinweis auf Erste Hilfe
- Rettungsweg (Richtungsangabe für Rettungsweg)

Hinweise auf weiterführende Informationen zu den Fragekomplexen:
- http://webcom.bgn.de/uploads/572/Report_0302g.pdf
- http://www.pr-o.info/makeframe.asp?url=/bc/uvv/125/inhalt.HTM

Lösungen zur Situation 7

Aufgabe 1

Das *Chemikaliengesetz* dient sowohl dem Gesundheitsschutz als auch dem Umweltschutz. Es bestimmt u.a., dass neue Stoffe nur nach Prüfung ihrer Eigenschaften und behördlicher Genehmigung auf den Markt gebracht werden dürfen, gefährliche Stoffe zu kennzeichnen sind, die Herstellung und Verwendung gefährlicher Stoffe durch besondere Verordnungen beschränkt werden können und zum Schutz der Beschäftigten beim Umgang mit gefährlichen Stoffen besondere Maßnahmen zu treffen sind.

Die *Gefahrstoffverordnung* beschränkt sich auf den Umgang mit gefährlichen Stoffen am Arbeitsplatz. Sie regelt u.a., dass gefährliche Stoffe sicher verpackt werden müssen und besonders gekennzeichnet werden müssen. Auf der Grundlage der Gefahrstoffverordnung besteht eine Überwachungs- und Ermittlungspflicht für alle gesundheitsschädlichen Gefahrstoffe, deren Auftreten am Arbeitsplatz nicht sicher auszuschließen ist.

Aufgabe 2

Mögliche Adressen zur Durchführung der Internet-Recherche:

http://www.wasserwissen.de/abwasserlexikon/p/produktionsintegrierterumweltsc.htm
http://www.oekom-testnet.de/efa/ei00010.htm
http://www.umweltbundesamt.de

Erstellung von Schaubildern: Beispiele

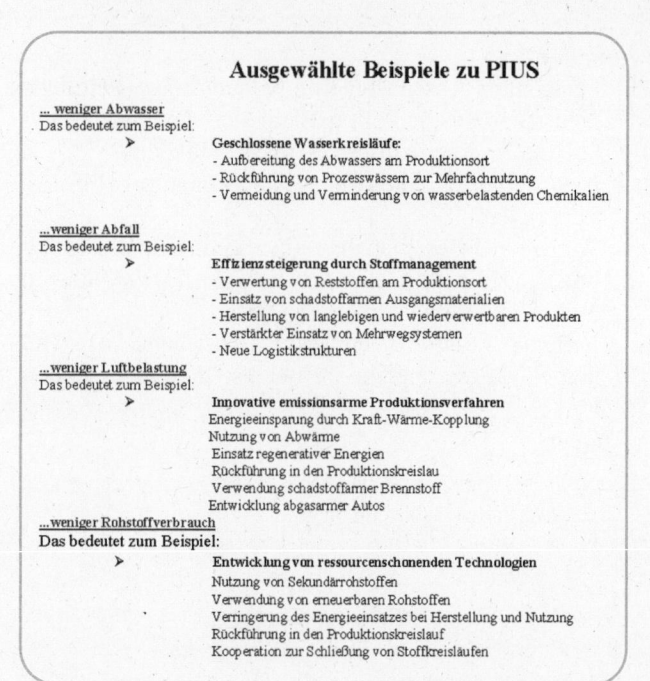

Produktionsintegrierter Umweltschutz

Definition
Produktionsintegrierter (dem Vorsorgeprinzip verpflichteter) Umweltschutz umfasst den gesamten Prozess der Leistungserstellung und -verwertung, vom Rohstoffeinsatz über die Produktion bis hin zur Entsorgung nicht mehr nutzbarer Produkte, als ein technisch und organisatorisch vernetztes, mehrfach rückgekoppeltes System.

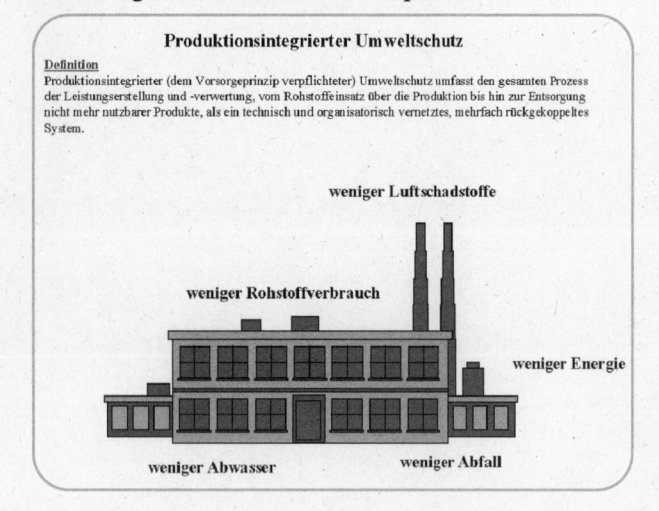

- weniger Luftschadstoffe
- weniger Rohstoffverbrauch
- weniger Energie
- weniger Abwasser
- weniger Abfall

Ausgewählte Beispiele zu PIUS

... weniger Abwasser
Das bedeutet zum Beispiel:
- Geschlossene Wasserkreisläufe:
  - Aufbereitung des Abwassers am Produktionsort
  - Rückführung von Prozesswässern zur Mehrfachnutzung
  - Vermeidung und Verminderung von wasserbelastenden Chemikalien

... weniger Abfall
Das bedeutet zum Beispiel:
- Effizienzsteigerung durch Stoffmanagement
  - Verwertung von Reststoffen am Produktionsort
  - Einsatz von schadstoffarmen Ausgangsmaterialien
  - Herstellung von langlebigen und wiederverwertbaren Produkten
  - Verstärkter Einsatz von Mehrwegsystemen
  - Neue Logistikstrukturen

... weniger Luftbelastung
Das bedeutet zum Beispiel:
- Innovative emissionsarme Produktionsverfahren
  - Energieeinsparung durch Kraft-Wärme-Kopplung
  - Nutzung von Abwärme
  - Einsatz regenerativer Energien
  - Rückführung in den Produktionskreislau
  - Verwendung schadstoffarmer Brennstoff
  - Entwicklung abgasarmer Autos

... weniger Rohstoffverbrauch
Das bedeutet zum Beispiel:
- Entwicklung von ressourcenschonenden Technologien
  - Nutzung von Sekundärrohstoffen
  - Verwendung von erneuerbaren Rohstoffen
  - Verringerung des Energieeinsatzes bei Herstellung und Nutzung
  - Rückführung in den Produktionskreislauf
  - Kooperation zur Schließung von Stoffkreisläufen

Aufgabe 3

- Bei Lieferern und Herstellern sind ökologisch vertretbare Produkte zu fordern, z.B. lösungsmittelfreie Lacke, Kleber und Leime, wasserlösliche Farben, Recyclingpapier usw.
- Für die Anlieferung sind wiederverwendbare/wiederverwertbare Verpackungen zu fordern, die das Zeichen „Der Grüne Punkt" tragen.
- Es sind Produkte ohne umweltgefährdende Inhaltsstoffe zu fordern; diese müssen das Umweltzeichen „Blauer Engel" tragen (weil Mehrwegflasche, Quecksilberarm usw.).

Aufgabe 4

KrW-/AbfG § 4 Grundsätze der Kreislaufwirtschaft:
(1) Abfälle sind
1. in erster Linie zu vermeiden, insbesondere durch die Verminderung ihrer Menge und Schädlichkeit,
2. in zweiter Linie
   a) stofflich zu verwerten oder
   b) zur Gewinnung von Energie zu nutzen (energetische Verwertung).

Aufgabe 5

KrW-/AbfG § 6 Stoffliche und energetische Verwertung:
(1) Abfälle können
a) stofflich verwertet werden (z.B. alte Kunststoffflaschen werden zu Armaturenbrettern verarbeitet) oder
b) zur Gewinnung von Energie genutzt werden (thermische Verwertung).

Lösungen zur Situation 8

Aufgabe 1
Hersteller sind verpflichtet, Transportverpackungen nach Gebrauch zurückzunehmen und einer erneuten Verwendung oder einer Verwertung zuzuführen.

Aufgabe 2
Die rechtliche Grundlage des „Dualen Systems" ist der § 6 Abs. 3 der Verpackungsverordnung. Demnach können Hersteller und Vertreiber von der Rücknahmepflicht für Verkaufsverpackungen befreit werden, wenn auf dem Gebiet des jeweiligen Bundeslandes ein sog. „Duales System" eingerichtet ist, das außerhalb der öffentlichen Abfallentsorgung die Erfassung, Sortierung und stoffliche Verwertung gebrauchter Verkaufsverpackungen gewährleistet.

Aufgabe 3
Als Finanzierungszeichen bringt die Marke „Der Grüne Punkt", deren Inhaber die Duales System Deutschland AG ist, die Kreislaufwirtschaft auf den Punkt. Sein Aufdruck auf einer Verpackung signalisiert, dass der Hersteller dieser Verpackung für deren Sammlung, Sortierung und Recycling ein Lizenzentgelt entrichtet hat.

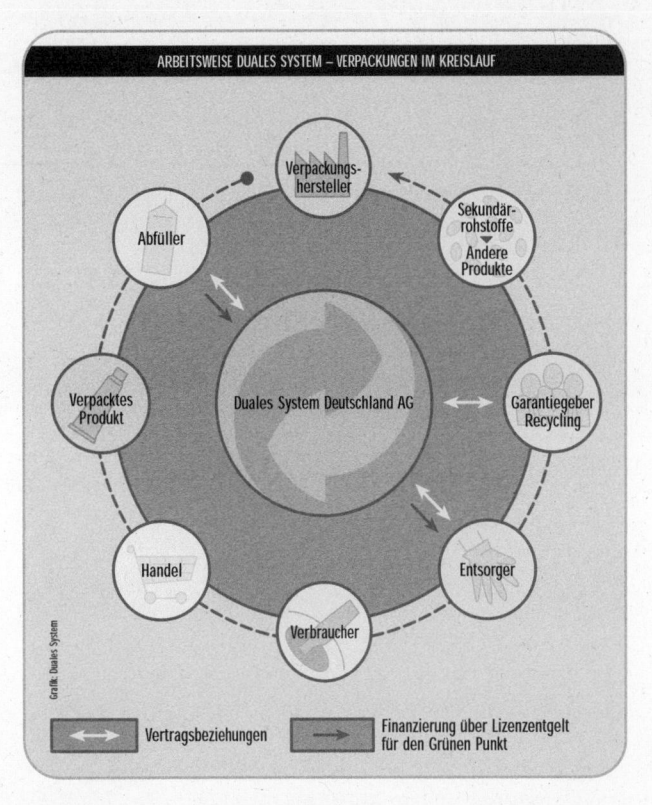

Hinweise auf weiterführende Informationen zu den Fragekomplexen:
- http://www.muf.rlp.de
- http://www.gruener-punkt.de
- http://195.126.62.227/de/home.php3
- http://www.dkr.de
- http://www.umweltdatenbank.de

- Industrielle Geschäftsprozesse, Bestellnummer 460126, S. 328 ff

- Produktionsintegrierter Umweltschutz:
  http://www.pius-info.de
- http://www.wasser-wissen.de/abwasserlexikon/p/produktionsintegrierterumweltsc.htm
- http://www.oekom-testnet.de/efa/ei00010.htm

2 Prüfungsgebiet: Marketing und Absatz

Situation 9

> Die folgenden Aufgaben betreffen die Fragenkomplexe:
> – Bedeutung der Märkte, der Wettbewerber, des Standorts und des eigenen Leistungsangebots für den Ausbildungsbetrieb aufzeigen
>
> Beispiele für betriebliche Handlungen*
> – D Statistiken erstellen
> – K Standortfaktoren analysieren
>
> * Handlungsarten: P = Planen, D = Durchführen, K = Kontrollieren

Der Standort Oldenburg hat sich von Anfang an positiv auf die Unternehmensentwicklung ausgewirkt. Die Nähe der Häfen von Bremen und Wilhelmshaven, die Anbindung an die Autobahnen A 28 und A 29 sowie der eigene Gleisanschluss auf dem Werksgelände bieten den *Fly Bike Werken* eine optimale Infrastruktur. Die Stadt selbst mit über 150 000 Einwohnern ist auch für neue Mitarbeiter stets überaus attraktiv.

Herr Peters, der Geschäftsführer der *Fly Bike Werke*, hat keinen Zweifel daran, dass Wettbewerbsfähigkeit die einzige wirkliche Sicherheit für das wirtschaftliche Überleben eines Unternehmens darstellt. Wettbewerbsfähigkeit ist ein Garant für gutes Einkommen und sichere Arbeitsplätze für die Mitarbeiter des Unternehmens. Deshalb hat *Herr Peters* sich zum Ziel gesetzt, das Unternehmen in den nächsten Jahren für den globalen Kundenmarkt „fit" zu machen.

Eine organisatorische Umstrukturierung des Unternehmens ist auch deshalb erforderlich, weil in den letzten Monaten insbesondere die Leiter der Unternehmensbereiche Produktion, Verwaltung und Vertrieb *Herrn Peters* auf eine Vielzahl von Schwachstellen im Unternehmen hingewiesen haben:

– lange Durchlaufzeiten für die zu erstellenden Leistungen
– hohe Bestände bei den unfertigen und den fertigen Erzeugnissen
– viele Hierarchiestufen in der Aufbauorganisation des Unternehmens
– mangelnde Motivation und zu geringes Verantwortungsgefühl bei den Mitarbeitern
– zu geringe Flexibilität bezüglich der zu fertigenden Varianten, Stückzahlen und Zeiten

Aufgabe 1
Um ein Unternehmen für den globalen Kundenmarkt wettbewerbsfähig zu machen, sind nicht nur die internen Organisationsstrukturen zu beachten, sondern auch das gesamtwirtschaftliche Umfeld. Erläutern Sie die charakteristischen Merkmale, durch die der Industrie- und Dienstleistungsstandort Deutschland geprägt ist.

Aufgabe 2
Erläutern Sie, was unter Globalisierung zu verstehen ist.

Aufgabe 3
Welche Ängste sind in der Öffentlichkeit mit der zunehmenden Globalisierung verbunden?

Aufgabe 4
Das Referat für Öffentlichkeitsarbeit des Bundesministeriums für Wirtschaft und Technologie (BMWi) hat folgende Information veröffentlicht:

> **Basis für Wohlstand und Beschäftigung**
> Die Struktur der deutschen Wirtschaft hat sich in den zurückliegenden Jahren und Jahrzehnten tiefgreifend gewandelt. Kennzeichnend sind der stete Rückgang des Wertschöpfungsanteils der Industrie zugunsten der Dienstleistungen, die einen immer größeren Teil der wirtschaftlichen Leistung ausmachen, und der starke Anstieg der Produktivität, der durch den Einsatz von Informations- und Kommunikations-Technologien (IuK) weiter beschleunigt wird.
>
> Während vor 40 Jahren noch jeder zweite Arbeitnehmer in der Industrie beschäftigt war, ist es heute nur noch jeder vierte. Allein zwischen 1991 und 2000 reduzierte sich der Anteil des produzierenden Gewerbes (ohne Baugewerbe) an der Bruttowertschöpfung von 30,5 % auf 25,2 %, während die Bereiche Finanzierung, Vermietung und Unternehmensdienstleistungen von 24,1 % im Jahr 1991 auf 31 % im Jahr 2000 anwuchsen.
>
> Quelle: Bundesministerium für Wirtschaft und Technologie (2000): Die Deutsche Industrie, Berlin

Erläutern Sie den Begriff der Bruttowertschöpfung.

Situation 10

> **Die folgenden Aufgaben betreffen die Fragenkomplexe:**
> - Marktaktivitäten des Ausbildungsbetriebes mit Wettbewerbern vergleichen
> - Markt- und Kundendaten erheben und auswerten
> - Veränderungen von Angebot und Nachfrage feststellen und deren Auswirkungen bewerten
> - Marketinginstrumente anwenden und bei Marketingmaßnahmen mitwirken
>
> **Beispiele für betriebliche Handlungen***
> - P Werbemaßnahmen planen
> - D Bei der Ausgestaltung von Werbemaßnahmen mitwirken
> - K Marktanalysen auswerten
> - D Marketingplan aufstellen
> - K Marketingkosten auswerten
> - P Bei der Neukundengewinnung mitwirken
> - D Angebote erstellen
> - P Unternehmensentscheidungen vorschlagen
> - D Marktstatistiken auswerten
> - K Unternehmensentscheidungen mit Hilfe von Marktdaten überprüfen
> - P Marketingmaßnahmen planen
> - K Erfolg von Werbemaßnahmen kontrollieren
> - D Distributionsalternativen vergleichen
> - K Währungsrisiken beurteilen
>
> * Handlungsarten: P = Planen, D = Durchführen, K = Kontrollieren

Herr Peters, der Geschäftsführer der *Fly Bike Werke*, beauftragt *Herrn Gerland*, den Leiter des Marketing/Vertriebs, neue Trends auf dem Fahrradmarkt aufzudecken, damit die *Fly Bike Werke* im Rahmen ihrer Produkt- und Sortimentspolitik besser auf Kundenwünsche reagieren können. *Herr Gerland* beschafft sich erste Informationen über das Internet und findet auf der Homepage des Zweiradverbandes ((http://www.ziv-zweirad.de/) den nebenstehenden Hinweis für den neuen Trend „Fitness Biking":

Aufgabe 1
Herr Gerland will den Geschäftsführer der *Fly Bike Werke* davon überzeugen, dass durch die Aufnahme eines Fitness-Bike in das Produktionsprogramm des Unternehmens ein neuer Markt erschlossen werden könnte. Zur Vorbereitung eines Gesprächs mit *Herrn Peters* will *Herr Gerland* einen Plan entwerfen, aus dem die einzelnen Stufen hervorgehen, die bis zur Markteinführung des Produktes durchlaufen werden müssen.

Entwerfen Sie als Assistent/in von *Herrn Gerland* einen derartigen Plan (Bezeichnung und kurze Erläuterung der einzelnen Phasen von der Produktidee bis zur Markteinführung).

Anmerkung: Die Phase der Ideensammlung und Ideenauswahl ist bereits abgeschlossen.

> **Der Trend**
> Immer mehr Menschen sind sich bewusst, dass eine hinreichende Fitness zu den wesentlichen Merkmalen von Lebensqualität zählt. Doch der berufliche Alltag zwingt viele von uns dazu, täglich eine lange Zeit in geschlossenen Räumen und mit einem geringen Maß an körperlicher Aktivität zu verbringen. Was liegt da näher, als sich in frischer Luft zu bewegen und dabei gezielt etwas für die körperliche Leistungsfähigkeit zu tun.
>
> Fitness-Biking liefert Ihnen das Konzept dazu. Neben dem Spaß an der Bewegung im Freien und der Steigerung der körperlichen Leistungsfähigkeit beugen Sie damit auch Zivilisationskrankheiten wie der Zuckerkrankheit, der Gefäßverkalkung und der Fettleibigkeit vor. Natürlich bringt dabei die Kombination aus individuell richtigem Training und gesunder Ernährung den größten Erfolg.
>
> Fitness-Biking eignet sich für alle, die gezielt ihre Fitness nach vorne bringen wollen. Die Gewichtsentlastung durch den Sattel führt dazu, dass beim Fitness-Biking die Hüft-, Knie- und Sprunggelenke wesentlich weniger als beim Joggen belastet werden. Deshalb profitieren insbesondere Übergewichtige und Menschen mit Gelenkverschleiß von dem neuen Trend.
>
> **Die Ausrüstung**
> Das Fitness-Bike: Typische Merkmale des Fitness-Bikes sind eine Rahmengeometrie, die eine komfortable Oberkörperposition ermöglicht, schmale Reifen und ein gerader Lenker mit einem schwenkbaren Vorbau. Eine professionelle Schaltung sorgt dafür, dass Tretfrequenz und Herzfrequenz unabhängig von Wind und Geländeprofil in den richtigen Bereichen liegen. Das Herzstück ist aber der Fahrradcomputer, auf dem die Herzfrequenz und die Tretfrequenz gut sichtbar und kontinuierlich angezeigt werden. Da Fitness-Biking für befestigte Wald- und Feldwege sowie für Straßen konzipiert ist, gehört eine verkehrstaugliche Beleuchtung und eine Klingel ebenfalls fest dazu. Eine Flaschenhalterung mit Trinkflasche, die auch beim Fahren leicht erreicht werden kann, ermöglicht den Flüssigkeitsersatz noch während des Trainings.
>
> Quelle: www.fitness-biking.de

Aufgabe 2
Voraussetzung für die Durchführung einer erfolgreichen Marketing-Konzeption ist die Bestimmung der Zielgruppe, die mit dem Fitness Bike erreicht werden soll. Entwerfen Sie ein Schema, nach dem eine Zielgruppenbestimmung vorgenommen werden kann. Beziehen Sie sich

Aufgabe 3
Um den allgemeinen Fahrradtrend auf dem Absatzmarkt zu berücksichtigen, führt *Herr Gerland* eine Internet-Recherche (http://www.ziv-zweirad.de/index_fahrrad.htm) durch, die u.a. zu dem folgenden Ergebnis führt:

Fahrrad-Bestand (in Mio. Stück)

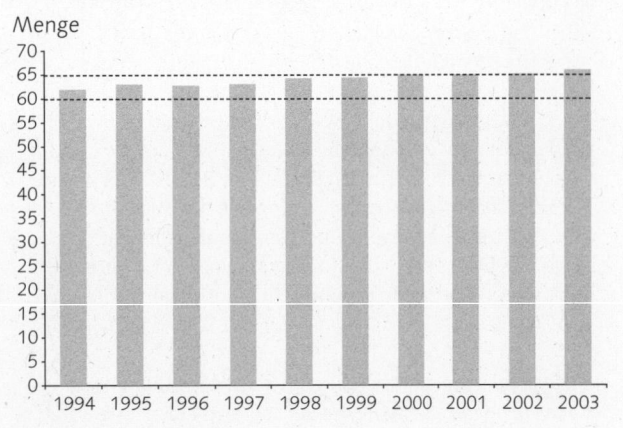

a) Erläutern Sie den mit der Grafik zum Ausdruck kommenden Sachverhalt.
b) Wie wird diese Art der grafischen Darstellung bezeichnet?

Aufgabe 4
Die Ermittlung der Daten über die Homepage des Zweiradverbandes wird als Sekundärforschung bezeichnet. Grenzen Sie diese Form der Marktforschung von der Primärforschung ab.

Aufgabe 5
Nach der Markteinführung durchläuft ein Produkt verschiedene Phasen, die in einer Produktlebenszyklus-Kurve dargestellt werden können.
a) Entwerfen Sie eine derartige Produktlebenszyklus-Kurve, aus der sich die einzelnen Phasen ergeben.
b) Erläutern Sie die einzelnen Phasen.

Aufgabe 6
Für das neu entwickelte Fitness-Bike soll im Rahmen der Preispolitik die Höhe des zukünftigen Verkaufspreises festgelegt werden.
a) Machen Sie drei Vorschläge für unterschiedliche Formen der Preisbildung.
b) Erläutern Sie die drei Formen der Preisbildung.

Aufgabe 7
Im Rahmen einer Vorkalkulation soll der Listenverkaufspreis für das Fitness-Bike ermittelt werden. Dazu werden aus diversen ERP-Reports und dem Controlling-Programm „Control One" nachfolgende Daten zusammengestellt.

Berechnen Sie den Listenverkaufspreis.

Kostenreport – Fitness Bike – Planvorgaben
Materialeinzelkosten: 150 € / Stück

MS Navision Attain - Kostenreport 318, 25.02.20..., 12:56, Seite 1

Arbeitsplan Fitness Bike – nicht zertifiziert

Fertigungseinzelkosten	Arbeitszeiten
Arbeitsplatz 231 Stundensatz: 90,00 €	Arbeitsplatz 231 Minuten/St.: 10
Arbeitsplatz 318 Stundensatz: 60,00 €	Arbeitsplatz 318 Minuten/St.: 5

Kalkulationsvorgaben – Zeitraum: 1. Quartal 20...
– Gewinn: 15
– Kundenrabatt: 30
– Kundenskonto: 3

Angaben in %, alphabetisch

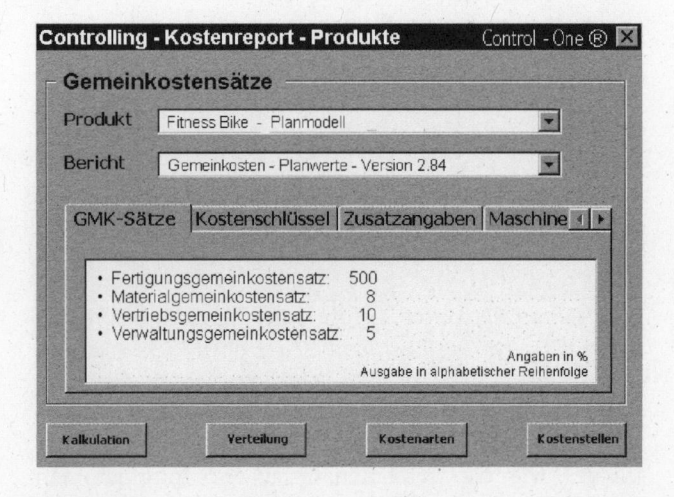

Controlling - Kostenreport - Produkte Control - One ®

Gemeinkostensätze

Produkt: Fitness Bike - Planmodell
Bericht: Gemeinkosten - Planwerte - Version 2.84

GMK-Sätze | Kostenschlüssel | Zusatzangaben | Maschine

- Fertigungsgemeinkostensatz: 500
- Materialgemeinkostensatz: 8
- Vertriebsgemeinkostensatz: 10
- Verwaltungsgemeinkostensatz: 5

Angaben in %
Ausgabe in alphabetischer Reihenfolge

Kalkulation | Verteilung | Kostenarten | Kostenstellen

Aufgabe 8
Eine weitere Möglichkeit der Preispolitik ist die Preisdifferenzierung. Machen Sie drei Vorschläge, in welcher Weise beim Fitness-Bike eine Preisdifferenzierung zur Anwendung kommen kann.

Aufgabe 9
Die Fahrräder der *Fly Bike Werke GmbH* werden zu einem erheblichen Teil über SB-Warenhäuser und Baumärkte abgesetzt. Diese Großkunden erwarten, dass ihnen wegen der hohen Abnahmemengen Zugeständnisse beim Verkaufspreis gemacht werden. Hierzu ist es erforderlich, durch die Kalkulations-Abteilung des Unternehmens den Deckungsbeitrag berechnen zu lassen.

Berechnen Sie unter Verwendung der Daten aus dem Controlling-Programm den Deckungsbeitrag pro Stück:

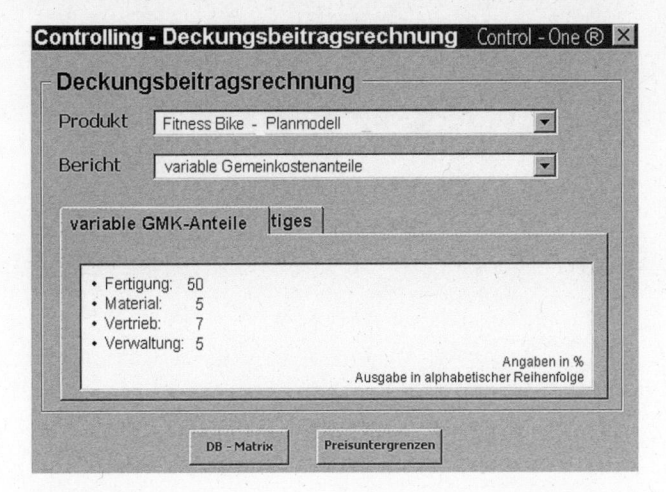

Controlling - Deckungsbeitragsrechnung Control - One ®

Deckungsbeitragsrechnung

Produkt: Fitness Bike - Planmodell
Bericht: variable Gemeinkostenanteile

variable GMK-Anteile | *tiges*

- Fertigung: 50
- Material: 5
- Vertrieb: 7
- Verwaltung: 5

Angaben in %
Ausgabe in alphabetischer Reihenfolge

DB - Matrix | Preisuntergrenzen

Aufgabe 10
Die Markteinführung des Fitness-Bike soll durch eine Werbekampagne unterstützt werden.
a) Erstellen Sie einen Werbeplan, aus dem die einzelnen Phasen einer Werbekampagne zu entnehmen sind.
b) Erläutern Sie die einzelnen Phasen dieses Werbeplanes.

Aufgabe 11
Auf der Homepage des Zweirad-Verbandes findet *Herr Gerland* auch Informationen über die vorherrschenden Distributionswege bei Fahrrädern:

Anteile der Absatzwege an den verkauften Fahrrädern in Deutschland 2003 (in %)

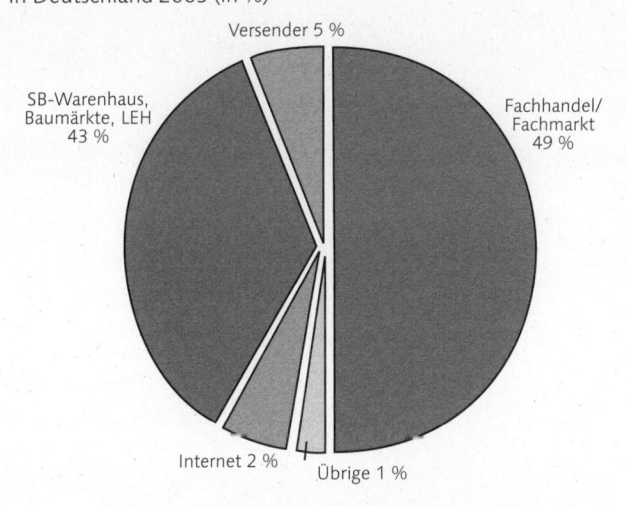

- Versender 5 %
- SB-Warenhaus, Baumärkte, LEH 43 %
- Fachhandel/Fachmarkt 49 %
- Internet 2 %
- Übrige 1 %

Quelle: http://www.ziv-zweirad.de/index_fahrrad.htm

a) Bei den Distributions- bzw. den Vertriebswegen wird zwischen direktem und indirektem Absatz unterschieden. Welcher Vertriebsweg wird (nach der vorstehenden Grafik) vorwiegend beim Verkauf von Fahrrädern genutzt? Begründen Sie Ihre Antwort.
b) Erläutern Sie je drei Vorteile des direkten bzw. des indirekten Vertriebsweges für das herstellende Unternehmen.

Aufgabe 12
Der vorherrschende Vertriebsweg für Fahrräder ist mit 49 % des Gesamtabsatzes der Fachhandel. Erläutern Sie drei wichtige Aufgaben, die der Fachhandel für die Hersteller von Fahrrädern übernimmt.

Aufgabe 13
Um die zukünftigen Erfolgschancen des Fitness-Bike auf dem Markt für Fahrräder genauer bestimmen zu können, soll eine Portfolioanalyse durchgeführt werden. Erläutern Sie, was unter einer derartigen Analyse zu verstehen ist.

Situation 11

> Die folgenden Aufgaben beziehen sich auf das vorstehend beschriebene Modellunternehmen und betreffen die Fragenkomplexe:
> – Aufträge annehmen
> – Einzelheiten der Auftragsabwicklung mit Kunden vereinbaren
>
> Beispiele für betriebliche Handlungen*
> – **D** Kunden- und Auftragsdaten erfassen
> – **K** Durchführbarkeit des Auftrags prüfen
> – **K** Rechtswirksamkeit eines Kaufvertrages prüfen
>
> * Handlungsarten: P = Planen, D = Durchführen, K = Kontrollieren

Die *Fly Bike Werke GmbH* erhalten von der *Radbauer GmbH* in München am 19. Februar 2004 den folgenden Auftrag (S. 48).

Aufgabe 1
Im Vertrieb der *Fly Bike Werke* wird von *Frau Ganser* der eingegangene Kundenauftrag auf seine Machbarkeit hin überprüft, bevor eine Auftragsbestätigung an die *Radbauer GmbH* erfolgen kann. Führen Sie eine derartige Machbarkeitsprüfung durch, indem Sie die einzelnen Schritte dieser Prüfung in ihrer sachlogischen Reihenfolge beschreiben.

Aufgabe 2
Erfassen Sie den Auftrag der *Radbauer GmbH* in der nachstehend abgebildeten Bildschirmmaske (vgl. S. 49). Das ERP-System vergibt aufsteigende Auftragsnummern. Der letzte Auftrag hatte die Nummer 152. Als Debitornummer ist die Nr. D19923 hinterlegt.

RAD BAUER

Radbauer GmbH, Augsburger Str.2, 80335 München

Fly Bike Werke GmbH
Rostocker Str.334

26121 Oldenburg

Ihr Schreiben vom	Ihre Zeichen	Unsere Nachricht vom	Unsere Zeichen	München
---	---	---	Wa/EK	2004 - 02 – 19

Bestellung

Sehr geehrte Damen und Herren!

Wir bestellen **zum 04.03.2004** die folgenden Artikel:

Bezeichnung	Menge	Listenpreis netto EUR/Stck
Treckingräder Modell Light, Rahmenhöhe 56	50	299,25
Treckingräder, Modell Free, Rahmenhöhe 56	10	350,00

Auf den Listeneinkaufspreis erhalten wir wie üblich einen Kundenrabatt in Höhe von 30%.
Auf die Räder Modell "Light" sagten Sie uns 5% Artikelrabatt zu.

Die Lieferung erfolgt ab Werk: Versand per DB-Tarif b5-2:   728,54 € netto (nicht rabattfähig!).

Zahlungsbedingungen: Zahlbar innerhalb von 14 Tagen unter Abzug von 2 Skonto,
sonst 30 Tage netto Kassen

Wir bitten um Bestätigung unseres Auftrages.

Mit freundlichen Grüßen.

Radbauer GmbH

i.A. Walter
Walter

Geschäftsführer	Bankverbindung	Telefon
Xaver Hollegschwander	Münchner Bank eG	089 22 43 37
	BLZ 7001 900 00	Fax
HR München B 89 121	Konto-Nr. 436 224 90	089 22 43 38

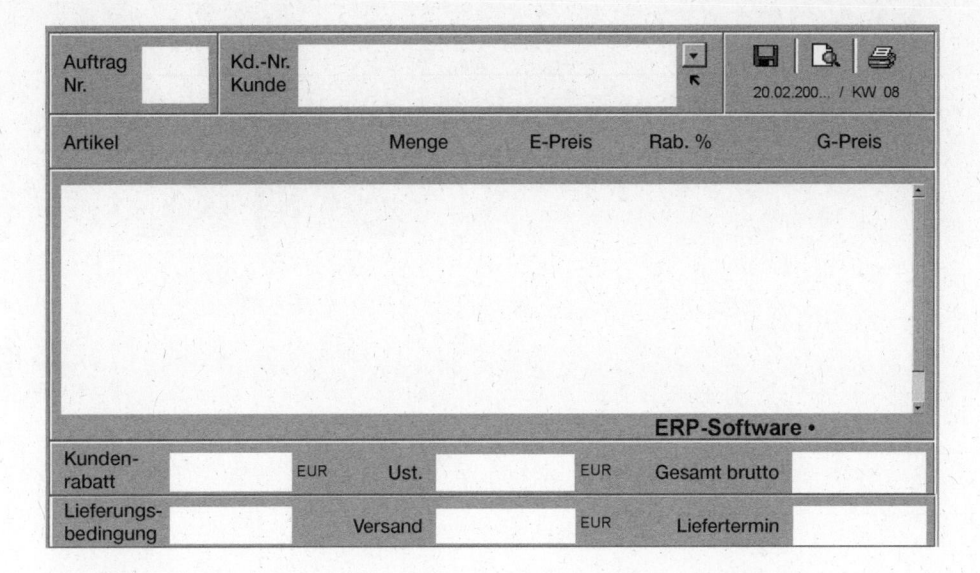

Aufgabe 3
Identifizieren Sie drei Maskenfelder, in die Stammdaten geladen werden, und zwei Maskenfelder, die aufgrund der Auftragserfassung Bewegungsdaten beinhalten werden.

Aufgabe 4
Frau Ganser muss bei der Auftragserfassung bei einer Reihe von Kunden eine Auftrags- (Register „Allgemein"), eine Rechnungs- (Register „Fakturierung") und eine Lieferadresse (Register „Lieferung") erfassen (vgl. Abbildung). Begründen Sie dieses Vorgehen. Geben Sie zusätzlich an, welchen Vorteil die Erfassung einer Kontaktperson bietet (Feld „Kontakt").

Aufgabe 5
Frau Ganser hatte bei der Erfassung des Auftrages der *Radbauer GmbH* sowohl einen Artikel- als auch einen Kundenrabatt zu berücksichtigen. Erläutern Sie die unterschiedliche Wirkung dieser Rabattarten. Begründen Sie anschließend, warum der Versandbetrag als „nicht rabattfähig" gekennzeichnet wurde.

Aufgabe 6
Die Machbarkeitsprüfung hat ergeben, dass die *Fly Bike Werke* den Auftrag zu den von der *Radbauer GmbH* genannten Bedingungen ausführen können. Sie schicken deshalb am 3. Februar 2004 eine Auftragsbestätigung an die *Radbauer GmbH*. Diesem Schreiben legen sie die mit dem ERP-System erstellte Auftragsbestätigung sowie einen Werbeprospekt zum demnächst erscheinenden Fitness-Bike bei. Weisen Sie ausdrücklich auf das neue Produkt hin.

Formulieren Sie diese Auftragsbestätigung. Verwenden Sie dazu das Formular von S. 50. Sollte der Briefbogen nicht reichen, benutzen Sie bitte eigenes Papier.

Aufgabe 7
Mit Zugang der Auftragsbestätigung bei der *Radbauer GmbH* ist zwischen beiden Vertragspartnern ein Kaufvertrag zustande gekommen. Welche Pflichten ergeben sich nach dem Gesetz aus dem abgeschlossenen Kaufvertrag für Verkäufer (*Fly Bike Werke GmbH*) und Käufer (*Radbauer GmbH*)?

Aufgabe 8
Die *Fly Bike Werke* erfüllen termingerecht den Auftrag der *Radbauer GmbH*. Erstellen Sie als Mitarbeiter/in der Buchhaltung die entsprechende Rechnung. Verwenden Sie dazu das Formular von S. 51.

Aufgabe 9
Frau Taubert, für die Überwachung der Zahlungstermine zuständige Sachbearbeiterin der *Fly Bike Werke* stellt am 8. April 2004 fest, dass die *Radbauer GmbH* den fälligen Rechnungsbetrag immer noch nicht beglichen hat. Formulieren Sie für *Frau Taubert* die Zahlungserinnerung. Verwenden Sie dazu das Formular von S. 52. Sollte der Briefbogen nicht reichen, benutzen Sie bitte eigenes Papier.

2 Prüfungsgebiet: Marketing und Absatz

Briefformular für Aufgabe 6

Fly Bike Werke GmbH · Rostocker Straße 334 · 26121 Oldenburg

Ihr Schreiben vom	Ihre Zeichen	Unsere Nachricht vom	Unsere Zeichen	26121 Oldenburg
---			-Ga/Vtr	

Geschäftsführer
Hans Peters

HR Oldenburg B 2134

Bankverbindung
Landessparkasse Oldenburg
BLZ 280 501 00
Konto-Nr. 11 23 26 444

Telefon
04 41 88 5-88
Fax
04 41 88 5-92 11

Briefformular für Aufgabe 8

Fly Bike Werke GmbH · Rostocker Straße 334 · 26121 Oldenburg

Radbauer GmbH
Augsburger Straße 2

80335 München

Kundennummer	40022
Ihre Bestellung Nr.	5
Ihr Bestelldatum	2004 – 02 –19
Unsere Lieferschein-Nr.	312
Unser Lieferdatum	2004 – 03 – 04
Ihr FBW-Ansprechpartner	Frau Ganser
Telefon	0441 885 - 11

Rechnung-Nr. 312   Rechnungsdatum 2004-03-04

Artikel-Nr.	Artikelbezeichnung	Menge	Einzelpreis in €	Rabatt in %	Gesamtpreis in €
101	Trekkinrad Modell Light	....	....	....	....
102	Trekkingrad Modell Free	....	....	....	....
---	Versand	....	....	....	....
				Zwischensumme in €	....
				Kundenrabatt	....
				16 % Umsatzsteuer in €	....
				Bruttorechnungsbetrag in €	....

Bitte überweisen Sie	Datum	Skonto in %	Skonto in €	Betrag in €
Innerhalb der Skontofrist bis:	....	....	....	....
Innerhalb des Zahlungsziels bis:	....	....	....	....

Geschäftsführer	Bankverbindung	Telefon
Hans Peters	Landessparkasse Oldenburg	04 41 88 5-88
	BLZ 280 501 00	Fax
HR Oldenburg B 2134	Konto-Nr. 11 23 26 444	04 41 88 5-92 11

Briefformular für Aufgabe 9

Fly Bike Werke GmbH · Rostocker Straße 334 · 26121 Oldenburg

Ihr Schreiben	Ihre Zeichen	Unsere Nachricht vom	Unsere Zeichen	26121 Oldenburg
		---	-Ta/Bu	

Geschäftsführer
Hans Peters

HR Oldenburg B 2134

Bankverbindung
Landessparkasse Oldenburg
BLZ 280 501 00
Konto-Nr. 11 23 26 444

Telefon
04 41 88 5-88
Fax
04 41 88 5-92 11

Aufgabe 10
Frau Ganser erhält von Kunden immer häufiger Anfragen per E-Mail.

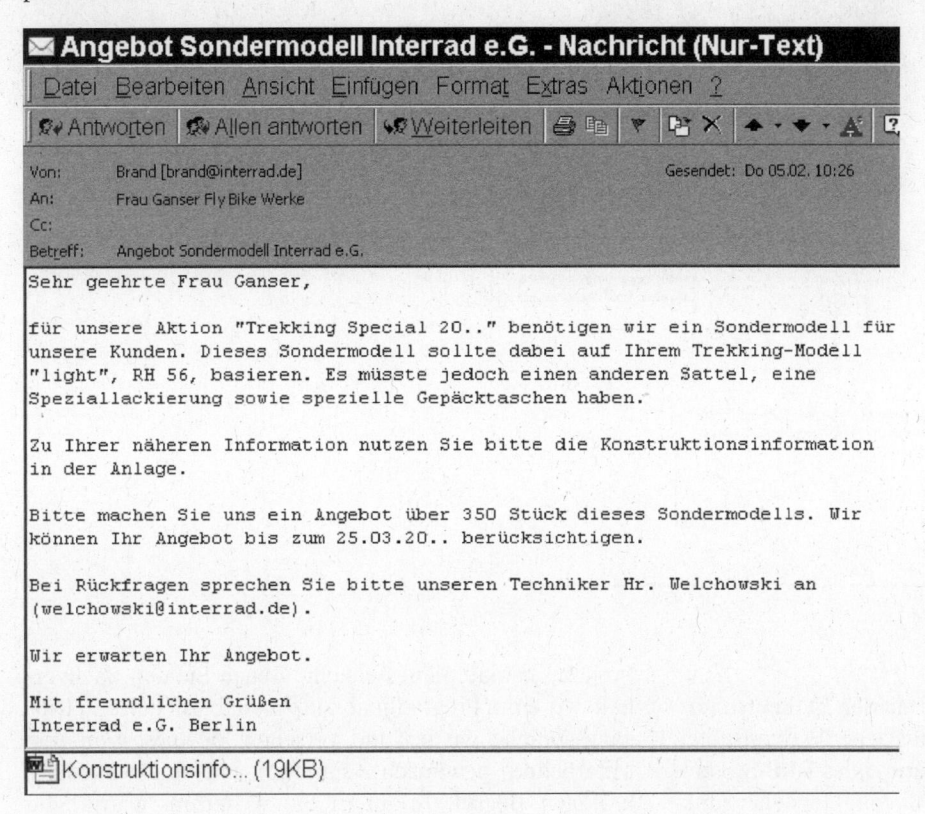

```
Angebot Sondermodell Interrad e.G. - Nachricht (Nur-Text)
Datei  Bearbeiten  Ansicht  Einfügen  Format  Extras  Aktionen  ?
Antworten   Allen antworten   Weiterleiten

Von:       Brand [brand@interrad.de]                  Gesendet: Do 05.02. 10:26
An:        Frau Ganser Fly Bike Werke
Cc:
Betreff:   Angebot Sondermodell Interrad e.G.

Sehr geehrte Frau Ganser,

für unsere Aktion "Trekking Special 20.." benötigen wir ein Sondermodell für
unsere Kunden. Dieses Sondermodell sollte dabei auf Ihrem Trekking-Modell
"light", RH 56, basieren. Es müsste jedoch einen anderen Sattel, eine
Speziallackierung sowie spezielle Gepäcktaschen haben.

Zu Ihrer näheren Information nutzen Sie bitte die Konstruktionsinformation
in der Anlage.

Bitte machen Sie uns ein Angebot über 350 Stück dieses Sondermodells. Wir
können Ihr Angebot bis zum 25.03.20.. berücksichtigen.

Bei Rückfragen sprechen Sie bitte unseren Techniker Hr. Welchowski an
(welchowski@interrad.de).

Wir erwarten Ihr Angebot.

Mit freundlichen Grüßen
Interrad e.G. Berlin

Konstruktionsinfo... (19KB)
```

a) Erklären Sie jeweils zwei Vor- und Nachteile beim Einsatz einer Mailabwicklung, die sich für die *Fly Bike Werke* und deren Kunden aus der E-Mail-Nutzung ergeben können.
b) *Frau Lai*, die EDV-Administratorin, hat vor einigen Wochen für alle Vertriebsmitarbeiter innerhalb deren E-Mailprogramm einen Autoresponder (deutsch: automatische Antwort) eingerichtet. Auf Rückfrage äußern sich die Mitarbeiter unterschiedlich zum Einsatz dieser Autorespondereinrichtung. Beschreiben Sie die Wirkungsweise eines Autoresponders im betrieblichen Einsatz und nennen Sie zwei mögliche Nachteile dieser Funktion.
c) Die Anfrage der *Interrad e.G.* enthält die Konstruktionsinformation als Anlage (Attachment). Nennen Sie zwei Gefahrenpunkte, die bei der Arbeit mit Anhängen entstehen könnten.

Aufgabe 11
Seitdem die *Fly Bike Werke* ans Internet angeschlossen sind, spielen Datenschutz und Datensicherheit eine zentrale Rolle. Mitarbeiter und Auszubildende fragen *Frau Lai* jedoch immer wieder, wo zwischen beiden Begriffen der Unterschied besteht.

a) Erläutern Sie für *Frau Lai* den Unterschied zwischen beiden Begriffen.
b) *Frau Lai* bezeichnet Viren als eine der größten Gefährdungsquellen für das Computernetz der *Fly Bike Werke*. Beschreiben Sie, um was es sich bei einem Computervirus handelt. Erklären Sie zwei mögliche Auswirkungen.
c) *Frau Lai* hat vor mehreren Monaten aufgrund der zunehmenden Gefährdungen aus dem Internet eine Firewall für die *Fly Bike Werke* eingerichtet. Erklären Sie in diesem Zusammenhang den Begriff „Firewall" (vgl. Abbildung nächste Seite).

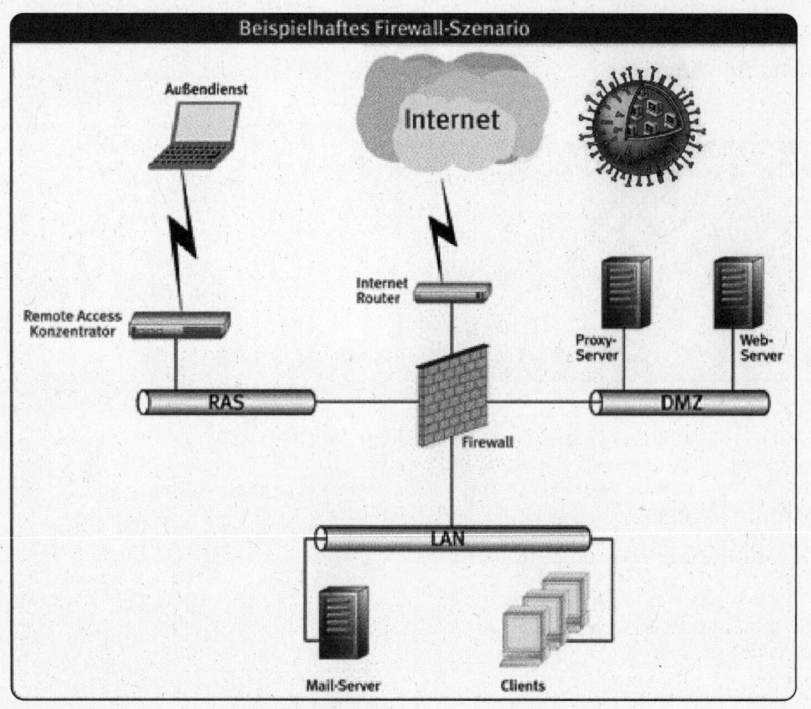

Quelle: http://www.wienerzeitung.at

Aufgabe 12

Vor einigen Wochen hat *Frau Lai* mit den Verkaufsmitarbeitern auf einem Meeting den Wunsch der Verkaufsabteilung nach einer Funktionserweiterung des ERP-Systems diskutiert. Das ERP-Programm soll vom Hersteller funktionell an die Wünsche der Mitarbeiter angepasst werden. *Frau Lai* hat diesen Wunsch der Mitarbeiter in Form eines Programmablaufplanes erstellt. Geben Sie den Sachverhalt, wie er im Programmablaufplan dargestellt ist, in Umgangssprache wieder und versehen Sie diese von den Mitarbeitern gewünschte Funktion mit einem aussagekräftigen Begriff. Erläutern Sie weiterhin, warum die Mitarbeiter diese Funktionserweiterung für unverzichtbar halten.

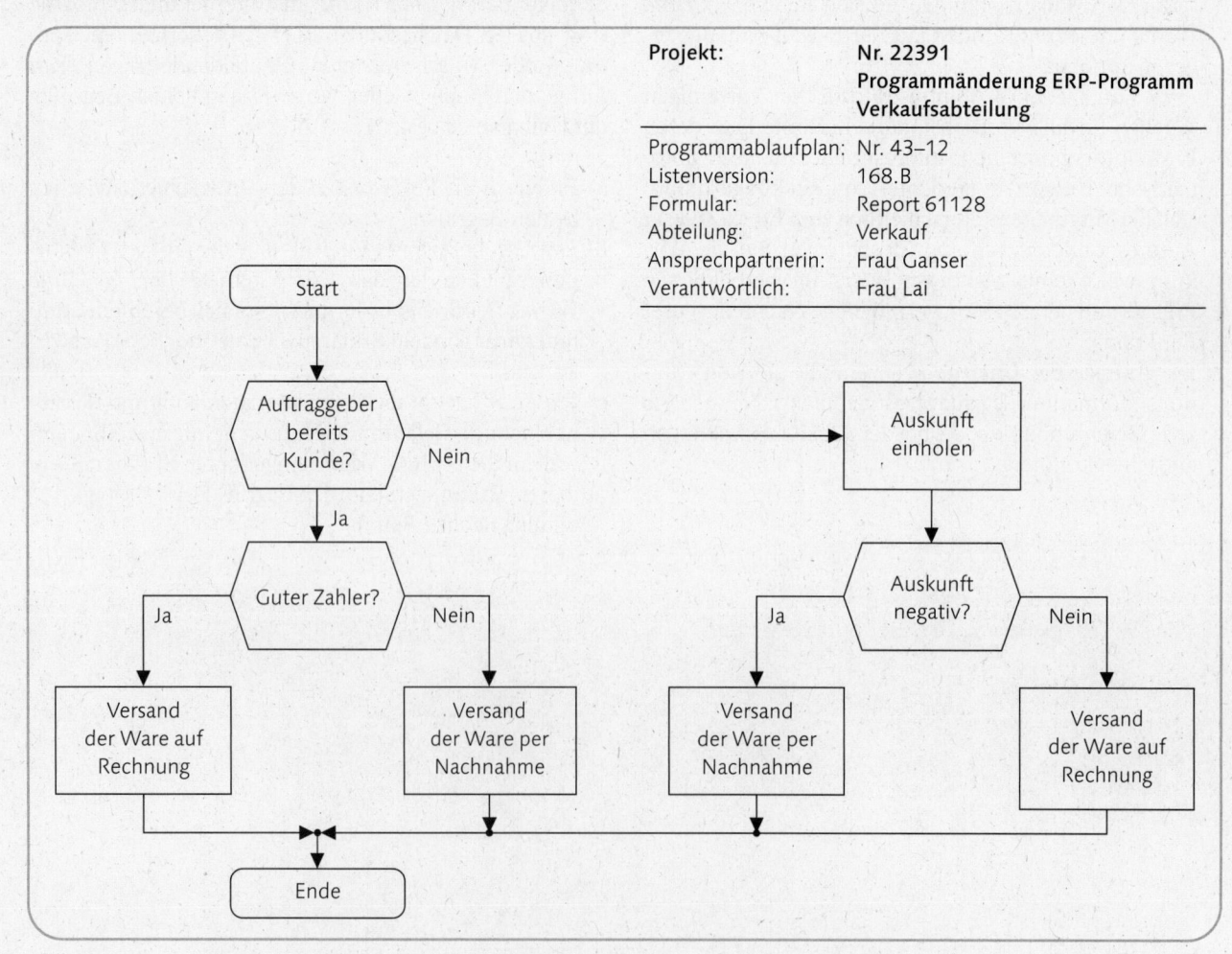

Projekt:	Nr. 22391 Programmänderung ERP-Programm Verkaufsabteilung
Programmablaufplan:	Nr. 43–12
Listenversion:	168.B
Formular:	Report 61128
Abteilung:	Verkauf
Ansprechpartnerin:	Frau Ganser
Verantwortlich:	Frau Lai

Situation 12

> Die folgenden Aufgaben betreffen den Fragenkomplex:
> – Service, Kundendienst und Garantieleistungen situations- und kundengerecht einsetzen
>
> **Themenkreise**
> – Garantie-, Gewährleistungs- und Kulanzleistungen
> – Serviceleistungen
> – Kundendienstleistungen
>
> **Beispiele für betriebliche Handlungen***
> – K Rechtmäßigkeit von Kundenansprüchen prüfen
>
> * Handlungsarten: P = Planen, D = Durchführen, K = Kontrollieren

Der Fahrradhändler *Uwe Klein e.K.* verkauft dem Privatkunden *Wolf* am 1. April 2004 ein Trekkingrad Modell *Light* zum Preis von 500,00 €. *Klein* hatte 20 solcher Fahrräder am 1. Februar 2002 von der *Fly Bike Werke GmbH* geliefert bekommen.

Am 1. Juni 2004 erscheint *Wolf* mit dem Fahrrad bei *Klein* und demonstriert, dass das Beleuchtungssystem nicht mehr funktioniert. *Wolf* verlangt die Beseitigung des Mangels von *Klein*, der das Fahrrad repariert und am 5. Juni 2004 an *Wolf* mangelfrei zurückgibt. Die Reparaturkosten belaufen sich auf 75,00 €.

Aufgabe 1
Um welche Mangelart handelt es sich in dem vorliegenden Fall?

Aufgabe 2
Innerhalb welcher Frist muss *Wolf* den Mangel rügen? Was ist, wenn er die Frist versäumt?

Aufgabe 3
Liegt ein Verbrauchsgüterkauf vor, so gelten neben den allgemeinen kaufrechtlichen Vorschriften der §§ 433 ff. BGB ergänzend die Sonderbestimmungen der §§ 474 – 479 BGB, durch die der Verbraucher in seiner Position gestärkt wird.

a) Legen Sie dar, warum in diesem Fall ein Verbrauchsgüterkauf vorliegt.
b) Zu den Sondervorschriften, die beim Verbrauchsgüterkauf zur Anwendung kommen, gehören die sog. „Beweislastumkehr" und das „Verbot abweichender Regelungen zum Nachteil des Verbrauchers".
Was bedeuten diese Sonderbestimmungen für den Käufer *Wolf*?
c) Die *Fly Bike Werke GmbH* gewährt auf die von ihnen hergestellten Fahrradrahmen eine Beschaffungsgarantie von zehn Jahren.
Welche Sonderbestimmungen gelten für Garantien im Rahmen des Verbrauchsgüterkaufs?

Aufgabe 4
Die Gewährleistungshaftung des Verkäufers bedeutet, dass dieser dem Käufer dafür haftet, dass die Sache zum Zeitpunkt des Gefahrübergangs nicht mit Fehlern behaftet ist.

a) Wann geht die Gefahr auf den Käufer über?
b) Wie erklären Sie sich, dass der Verkäufer für Sachmängel haftet, die ohne sein Verschulden entstanden sind?

Aufgabe 5
Da *Klein* den Mangel am Beleuchtungssystem nicht verursacht hat, will er von der *Fly Bike Werke GmbH* die aufgewendeten Kosten ersetzt haben. Prüfen Sie, ob *Klein* die aufgewendeten Kosten von der *Fly Bike Werke GmbH* ersetzt verlangen kann.

Aufgabe 6
Wann verjähren die Aufwendungsersatzansprüche des Fahrradhändlers *Klein e.K.* gegenüber der *Fly Bike Werke GmbH*? Was versteht man in diesem Zusammenhang unter der sog. Ablaufhemmung?

Situation 13

> Die folgenden Aufgaben betreffen die Fragenkomplexe:
> – Service, Kundendienst und Garantieleistungen situations- und kundengerecht einsetzen
> – Zahlungsverhalten von Kunden beachten
> – Kundenreklamationen bearbeiten
>
> Beispiele für betriebliche Handlungen*
> – K Rechtmäßigkeit von Kundenansprüchen prüfen
>
> * Handlungsarten: P = Planen, D = Durchführen, K = Kontrollieren

Die *Fly Bike Werke* haben den Auftrag der *Zweiradhandelsgesellschaft* termingerecht erfüllt. Dadurch ist die *Zweiradhandelsgesellschaft* in der Lage, auch ihre Lieferverpflichtungen gegenüber der *Matro AG* zu erfüllen. Die *Matro AG* verkauft ein Treckingrad Modell *Light* an *Familie Krause* aus Essen. Bereits nach der ersten Probefahrt stellt *Herr Krause* fest, dass die Bremsen nicht ordnungsgemäß funktionieren.

Herr Krause wendet sich an die *Matro AG*, um seine Rechte aus der mangelhaften Lieferung geltend zu machen. Die Geschäftsleitung der *Matro AG* verweist ihn an die *Fly Bike Werke GmbH*, denn bei den defekten Bremsen handele es sich um einen Konstruktionsfehler.

Aufgabe 1
Entscheiden Sie mit einer rechtlichen Begründung, ob sich *Herr Krause* wegen der Geltendmachung von Gewährleistungsansprüchen an die *Fly Bike Werke GmbH* wenden muss.

Aufgabe 2
Welche Rechte kann *Herr Krause* in der geschilderten Situation geltend machen? Unterscheiden Sie zwischen:
a) vorrangigen Rechten und
b) nachrangigen Rechten.

Aufgabe 3
Um die ihm zustehenden Ansprüche geltend zu machen, muss *Herr Krause* an die *Matro AG* eine Mängelrüge formulieren. *Herr Krause* wendet sich dabei am 15. März 2004 an den Verkaufsmitarbeiter *Herrn Lepom*. Entwerfen Sie diesen Brief auf dem nachstehenden Formular (S. 57). Auf dem Service-Scheck findet *Herr Krause* die Anschrift (vgl. unten).

Herr Krause legt seinem Schreiben eine Kopie des Kassenzettels der *Matro AG* bei.

Aufgabe 4
Die *Matro AG* wendet sich wegen der defekten Bremsen an die *Fly Bike Werke*, denn auch die noch im Lager befindlichen Räder Modell *Light* weisen dieselben Mängel auf. Machen Sie als Mitarbeiter/in im Vertrieb der *Fly Bike Werke GmbH* einen Vorschlag zur Regelung der Angelegenheit unter Beachtung der rechtlichen Situation.

Service-Scheck   MATRO AG

Bei Rückfragen oder Problemen hilft Ihnen unser Service gerne weiter.
Richten Sie bitte Ihre Fragen mit möglichst genauer Beschreibung der aufgetretenen Probleme an folgende Adresse:

Matro AG
z. H. Herrn Lepom
Altenessenerstraße 611
45472 Essen

Vielen Dank für Ihre Unterstützung. Wir bearbeiten Ihre Rückfragen umgehend nach Eingang.

Ihr Matro Service-Team

Briefformular für Aufgabe 3

Peter Krause
Düsseldorferstr. 126
45488 Essen
Tel. 02 01 / 462 75 31

2 Prüfungsgebiet: Marketing und Absatz

Situation 14

> Die folgenden Aufgaben betreffen die Fragenkomplexe:
> – Probleme verspäteter Kundenzahlungen
> – Verzugszinsen berechnen
>
> Beispiele für betriebliche Handlungen*
> – **K** Kontenauszüge mit offenen Debitoren vergleichen
>
> * Handlungsarten: P = Planen, D = Durchführen, K = Kontrollieren

Die *Zweiradhandelsgesellschaft* bestellt am 7. Juli telefonisch bei der *Fly Bike Werke GmbH* 150 Mountainbikes Modell *Unlimited* im Gesamtwert von 89.314,50 €. Die *Zweiradhandelsgesellschaft* erhält die Lieferung mit Rechnung Nr. 478 am 14. Juli. Ein Zahlungsziel wurde nicht vereinbart. Fast einen Monat später – am 10. August – ist der Rechnungsbetrag immer noch nicht bei der *Fly Bike Werke GmbH* eingegangen.

Aufgabe 1
Nennen Sie zwei Gründe, die als Ursache für die Nichtzahlung der *Zweiradhandelsgesellschaft* in Frage kommen könnten.

Aufgabe 2
Erläutern Sie Gründe, warum Unternehmen auf eine pünktliche Bezahlung ihrer Ausgangsrechnungen angewiesen sind.

Aufgabe 3
Schreiben Sie der *Zweiradhandelsgesellschaft* unter Zugrundelegung des bisherigen Sachverhalts eine Mahnung. Es wird Zahlung bis zum 30. Juli erwartet. Briefdatum: 23. Juli. Zugang der Mahnung: 24. Juli. Achten Sie in diesem Zusammenhang auf die Einhaltung der DIN-Vorschriften und nutzen Sie das Formular auf der nächsten Seite (S. 59).

Adresse der Zweiradhandelsgesellschaft:
Zweiradhandelsgesellschaft
Unter den Linden 42
10178 Berlin

Ansprechpartner: Herr Solveig
Zeichen: So

Aufgabe 4
Ab wann befindet sich die *Zweiradhandelsgesellschaft* mit ihrer Zahlung in Verzug?

Aufgabe 5
Die *Fly Bike Werke GmbH* beabsichtigt, der *Zweiradhandelsgesellschaft* Verzugszinsen und die Kosten der Mahnung in Rechnung zu stellen.

a) Welche Voraussetzungen müssen vorliegen, damit die *Fly Bike Werke GmbH* Verzugszinsen und den Ersatz der Mahnkosten verlangen kann? Prüfen Sie, ob diese Voraussetzungen im vorliegenden Fall erfüllt sind.
b) Wie viel Prozent Verzugszinsen kann die *Fly Bike Werke* verlangen, wenn der Basiszinssatz 1,14 % beträgt und sonst keine Vereinbarung mit der *Zweiradhandelsgesellschaft* getroffen wurde?

Aufgabe 6
Trotz Mahnung bleibt die *Zweiradhandelsgesellschaft* den Rechnungsbetrag weiterhin schuldig. Was kann die *Fly Bike Werke GmbH* auf dem Wege des außergerichtlichen Mahnverfahrens weiter unternehmen, um ihre Forderung einzutreiben?

Aufgabe 7
Da das kaufmännische Mahnverfahren keinen Erfolg hat, entscheidet sich die *Fly Bike Werke GmbH*, einen Antrag auf Erlass eines Mahnbescheides zu stellen.

a) Welchen Zweck verfolgt das gerichtliche Mahnverfahren?
b) Bei welchem Gericht muss die *Fly Bike Werke GmbH* den Antrag auf Erlass eines Mahnbescheides stellen?
c) Schildern Sie kurz den Ablauf eines gerichtlichen Mahnverfahrens.

Aufgabe 8
Wider Erwarten veranlasst die *Zweiradhandelsgesellschaft* am 10. September die Überweisung von 90 388,04 €. Der Betrag geht am 12. September – noch bevor die *Fly Bike Werke GmbH* den Antrag auf Erlass des Mahnbescheids gestellt hat – auf dem Konto der *Fly Bike Werke* ein.

a) Prüfen Sie, ob die Verzugszinsberechnung von der *Zweiradhandelsgesellschaft* korrekt vorgenommen wurde.
b) Wann ist die Schuld der *Zweiradhandelsgesellschaft* gegenüber der *Fly Bike Werke GmbH* erloschen?

Brieformular zu Aufgabe 3

Fly Bike Werke GmbH · Rostocker Straße 334 · 26121 Oldenburg

Ihr Schreiben vom	Ihre Zeichen	Unsere Nachricht vom	Unsere Zeichen	26121 Oldenburg
		---	-Ta/Bu	

Geschäftsführer	Bankverbindung	Telefon
Hans Peters	Landessparkasse Oldenburg	04 41 88 5-88
	BLZ 280 501 00	Fax
HR Oldenburg B 2134	Konto-Nr. 11 23 26 444	04 41 88 5-92 11

2 Prüfungsgebiet: Marketing und Absatz

Lösungen zum Prüfungsgebiet: Marketing und Absatz

Lösung Situation 9

Aufgabe 1
Die aktuellen ökonomischen und gesellschaftlichen Verhältnisse in der Bundesrepublik Deutschland lassen sich durch die Begriffe „Dienstleistungs-", „Informations-" oder „Wissensgesellschaft" charakterisieren. Der Begriff der „Industriegesellschaft" stammt aus dem 19. und 20. Jahrhundert.

Obwohl die Bedeutung der Industrie in allen hoch entwickelten Industriegesellschaften abgenommen hat, bleibt sie nach wie vor Voraussetzung für Wohlstand und Beschäftigung. Die deutsche Industrie befindet sich in einem technologischen und strukturellen Wandel. Sie wird aber auch in der globalen Informations- und Wissensgesellschaft eine bedeutende Rolle spielen.

Aufgabe 2
Wirtschaftliche Globalisierung ist ein historischer Prozess, das Ergebnis menschlicher Innovation und technologischen Fortschritts. Sie bezieht sich auf die steigende Integration der Volkswirtschaften auf der ganzen Welt, insbesondere durch Handel und Finanzströme. Der Ausdruck bezieht sich manchmal auch auf die Bewegung von Menschen (Arbeitskräften) und Wissen (Technologie) über internationale Grenzen hinweg.

Aufgabe 3
Mit der zunehmenden Globalisierung ist z. B. in vielen fortgeschrittenen Volkswirtschaften die Angst verbunden, dass der Wettbewerb aus den Niedrigeinkommensländern Arbeitnehmer aus gut bezahlten Stellen verdrängt und die Nachfrage nach weniger gut ausgebildeten Arbeitnehmern verringert.

Aufgabe 4
Die Bruttowertschöpfung (ohne Umsatzsteuer) ist die Summe der von inländischen Wirtschaftseinheiten beziehungsweise Wirtschaftsbereichen produzierten Waren und Dienstleistungen abzüglich der von anderen Wirtschaftseinheiten beziehungsweise von anderen Wirtschaftsbereichen bezogenen Vorleistungen (zum Beispiel Rohstoffe, Vorprodukte, Handelswaren, Reparaturleistungen usw.).

Hinweise auf weiterführende Informationen zu den Fragenkomplexen:
- Globalisierung: http://www.globalisierung-online.de/info/index.php
  http://www-zr.destatis.de/def/def0223.htm
- Grundlagen und Prozesse des Wirtschaftens, Best.-Nr. 460100, S. 489 ff.

Lösung Situation 10

Aufgabe 1

Ideensammlung und Ideenauswahl

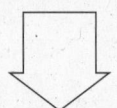

⬇

Produktentwicklung
Das neue Produkt wird in einer betriebseigenen oder betriebsfremden Entwicklungsabteilung entwickelt. Dabei werden die Erwartungen der Käufer z. B. im Hinblick auf Form, Farbe, technische Ausstattung und Qualität berücksichtigt.

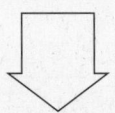

⬇

Pretest
Verschiedene Testpersonen werden vor der Markteinführung über ihre Meinung zu den Produktneuentwicklungen befragt. Dadurch kann herausgefunden werden, welche Schwachstellen das neue Produktes aufweist.

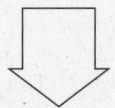

⬇

Markteinführung
Zum Beispiel mithilfe einer flankierenden Werbekampagne das neue Produkt in den Markt eingeführt.

Aufgabe 2
Zielgruppen können unterteilt werden nach:
– soziodemografischen Merkmalen
– psychologischen Merkmalen

Soziodemografische Merkmale klassifizieren die Bevölkerung nach klar erkennbaren Merkmalen, wie z. B. dem Geschlecht, dem Alter, der Konfession, dem Familienstand, der Schulbildung, dem Beruf, dem Haushaltseinkommen und der Wohnortgröße.

Bei der Marktsegmentierung nach *psychologischen Kriterien* erfolgt die Zielgruppenbestimmung z. B. nach dem Lebensstil. Dies bietet sich auch für das Fitness-Bike an: Menschen aller Altersgruppen, die Spaß an der Bewegung im Freien haben, um ihre körperliche Leistungsfähigkeit zu steigern und Gesundheitsschäden vorzubeugen.

Aufgabe 3
a) Der Fahrradbestand in Deutschland lag 2002 bei ca. 65 Mio. Räder und stagniert seit ca. 1995 (von leichten Steigerungen abgesehen) auf dieser Höhe.
b) Säulendiagramm

Aufgabe 4
Sekundärforschung (Schreibtischforschung oder „desk research") liegt vor, wenn ein Unternehmen auf betriebseigene Daten oder extern vorhandene Informationsquellen zurückgreift. Beispiele für Sekundärforschung sind z. B. Umsatzstatistiken, Vertreterberichte des Unternehmens, Informationen aus Fachzeitschriften oder Verbänden.

Primärforschung (Feldforschung oder „field research") bezieht sich auf aktuelle und bisher noch nicht bekannte Daten, die speziell vom Unternehmen selbst oder von einem Marktforschungsinstitut erhoben werden. Methoden der Primärforschung sind z. B. Marktbeobachtung und Marktanalyse.

Aufgabe 5
a) Produktlebenszyklus:

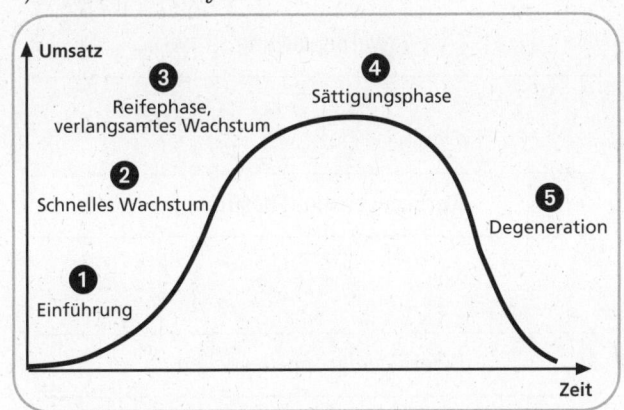

[Diagramm: Umsatz-Zeit-Kurve mit den Phasen 1 Einführung, 2 Schnelles Wachstum, 3 Reifephase, verlangsamtes Wachstum, 4 Sättigungsphase, 5 Degeneration]

b) *1. Einführungsphase:* Das Produkt wird am Markt eingeführt und hat mit Kaufwiderständen zu kämpfen. Werbung, PR, Verkaufsförderung und eine aggressive Preistaktik sind die wichtigsten Elemente einer Einführungsstrategie.

2. Phase des schnellen Wachstums: Preis- und Konditionenpolitik werden jetzt wichtiger, weil Konkurrenten versuchen, ähnliche oder gleiche Produkte als Konkurrenz auf den Markt zu bringen und damit von den Einführungsanstrengungen des Erstanbieters kostengünstig zu profitieren (Free-rider-Problem).

3. Reifephase: Die Reifephase ist zu strecken, weil sie zumeist die profitabelste ist: Erhaltungsmarketing und Produktdiversifikation sind hier angesagt, um weitere Marktsegmente zu erschließen.

4. Sättigungsphase: Nachfrage nahezu befriedigt, vornehmlich Ersatzkäufer. Weitere Diversifikation, erste Preissenkungen

5. Degeneration: Das Produkt sollte so lange am Markt gehalten werden, wie seine Deckungsbeiträge positiv sind und zumindest mittelfristig eine über dem Break-Even-Point liegende Menge verkauft werden kann.

Aufgabe 6
a) Preisbildung kann unter Berücksichtigung verschiedener Gesichtspunkte erfolgen:
– Kostenorientierung
– Nachfrageorientierung
– Kokurrenzorientierung

b) *Kostenorientierte Preiskalkulation:* Die Verkaufspreise werden aus Kosten plus angemessenem Gewinnzuschlag kalkuliert. Vereinfacht gilt (Zuschlagskalkulation):

MEK
+ MGK %
+ FEK
+ FGK %
= HK
+ VWGK %
+ VfrGK %
= SK
+ Gewinn
= Barvkp

Eventuell kommen Skonto sowie Rabatte und Vertreterprovision hinzu.

Nachfrageorientierte Preiskalkulation: Durch flexible Preiskalkulation versucht das Unternehmen genau die Preis-Nachfrage-Relation zu erreichen, die für das Unternehmen gewinnmaximal ist.

Konkurrenzorientierte Preiskalkulation: Preise der Konkurrenz als Eckpunkte der eigenen Preispolitik. Leitpreis: Preisniveau Marktführer (z. B. Ölwechselpreis bei A. T. U.) oder Durchschnittspreis der anderen Anbieter.

Aufgabe 7

Materialeinzelkosten	150,- €
+ Materialgemeinkosten 8 % v. H.	12,- €
Materialkosten	162,- €
+ Fertigungseinzelkosten	20,- €
+ Fertigungsgemeinkosten 500 % v. H.	100,- €
Fertigungskosten	120,- €
Herstellkosten	282,- €
+ Verwaltungsgemeinkosten 5 % v. H.	14,10 €
+ Vertriebsgemeinkosten 10 % v. H.	28,20 €
Selbstkosten	324,30 €
+ Gewinnzuschlag 15 % v. H.	48,65 €
Barverkaufspreis	372,95 €
+ Kundenskonto 3 % i. H.	11,54 €
Zielverkaufspreis	384,49 €
+ Kundenrabatt 30 % i. H.	164,78 €
Listenverkaufspreis (Angebotspreis)	549,27 €

Aufgabe 8

Wird ein bestimmtes Produkt zu verschiedenen Preisen angeboten, so spricht man von Preisdifferenzierung. Es werden folgende Arten der Preisdifferenzierung unterschieden:

- *zeitliche Preisdifferenzierung:* ein Produkt wird zu verschiedenen Zeiten mit unterschiedlichen Preisen angeboten, z.B. verschiedene Telefontarife, unterschiedliche Preis für Tag oder Nachtstrom.
- *räumliche Preisdifferenzierung:* gleichartige Produkte werden in verschiedenen regionalen Gebieten zu unterschiedlichen Preisen angeboten. Berücksichtigt wird hierbei die unterschiedliche Kaufkraft in diesen Gebieten. Anwendung findet diese Art der Preisdifferenzierung z. B. bei Lebensmitteln und Wohnungsmieten.
- *sachliche Preisdifferenzierung:* Gleichartige Produkte werden unter verschiedenen Namen in unterschiedlichen Verpackungen verkauft.

Für das Fitness-Bike bieten sich die räumliche und die sachliche Preisbildung an.

Aufgabe 9

Materialeinzelkosten	150,- €
+ variable Materialgemeinkosten 5 % v. H.	0,60 €
variable Materialkosten	150,60 €
+ Fertigungseinzelkosten	20,- €
+ Fertigungsgemeinkosten 50 % v. H.	50,- €
Fertigungskosten	70,- €
variable Herstellkosten	220,60 €
+ variable Verwaltungsgemeinkosten 5 % v. H.	0,71 €
+ variable Vertriebsgemeinkosten 7 % v.H.	1,97 €
variable Selbstkosten	223,28 €
Barverkaufspreis	372,95 €
− variable Selbstkosten	223,28 €
Deckungsbeitrag/Stück	149,67 €

Die Prozentsätze geben an, wie viel Prozent der Gemeinkosten als variabel zu betrachten sind.

Aufgabe 10

a)

Werbeplanung
↓
Werbegegenstand bestimmen
↓
Werbezielgruppe festlegen
↓
Werberegion festlegen
↓
Werbebotschaft formulieren
↓
Werbemittel festlegen
↓
Werbezeit abstimmen
↓
Werbeerfolg messen

b) **Werbeziele festlegen:** Die festzulegenden Werbeziele beziehen sich auf die sogenannten Formalziele, wie z. B. Gewinnmaximierung, Kostendeckung oder Vergrößerung des Marktanteils.

Werbegegenstand bestimmen: Es muss festgelegt werden, auf welche Produkte des Unternehmens sich die Werbung beziehen soll, denn Absatzwerbung ist immer Produkt-Werbung. Dabei ist es von Bedeutung, ob die Produkte zu den sogenannten Konsum- oder Investitionsgütern gehören. Außerdem muss berücksichtigt werden, in welcher Phase des Produktlebenszyklus sich die Produkte befinden, z. B. in der Einführungs- oder in der Sättigungsphase.

Werbezielgruppe festlegen: Die Festlegung der anzusprechenden Zielgruppe trägt dazu bei, Streuverluste zu vermeiden, um nicht unnötig finanzielle Mittel zu verschwenden. Die ausgewählte Zielgruppe (unter Berücksichtigung bestimmter Zielgruppenbestimmungsmerkmale) soll möglichst direkt angesprochen werden, z. B. durch eine optimale Kombination von Streukreis, Streuzeit sowie grafischer und textlicher Gestaltung des Werbemittels.

Werberegion bestimmen: Um z. B. eine gezielte Auswahl der einzusetzenden Werbemittel treffen zu können, muss darüber entschieden werden, ob die Werbung regional oder überregional erscheinen soll. Werberadius und Werbeziele müssen aufeinander abgestimmt werden.

Werbebotschaft formulieren: Dies betrifft z. B. die textliche, grafische oder auch akustische Gestaltung des entsprechenden Werbemittels. Diese Gestaltung sollte möglichst genau auf die anzusprechende Zielgruppe abgestimmt werden.

Werbemittel festlegen: Das Werbemittel ist die Ausdrucksform der Werbung (z. B. Anzeige, Plakat, Spot), das über den Werbeträger (z. B. Tageszeitung, Stellwand, Fernsehen oder Hörfunk) an die Zielgruppe herangetragen wird. Bei der Gestaltung des Werbemittels und der Auswahl des Werbeträgers ist u. a. die Höhe des zur Verfügung stehenden Werbeetats von Bedeutung.

Werbezeit abstimmen: Der Werbeerfolg ist ganz erheblich von der Wahl des richtigen Werbezeitpunktes abhängig. Die sogenannte Streuzeit leistet Hilfestellung bei der Wahl des besten Werbezeitpunktes.

Werbeerfolg messen: Der Werbeerfolg bemisst sich an den gesetzten Werbezielen. Ist z. B. Ziel der Werbung, den Umsatz innerhalb eines bestimmten Zeitraumes um einen bestimmten Prozentsatz zu steigern, so kann direkt gemessen werden, ob dieser Erfolg auch tatsächlich eingetreten ist. Ob die durchgeführte Werbkampagne auch tatsächlich die Ursache für die Umsatzsteigerung war, kann jedoch nicht mit Sicherheit gesagt werden. Es könnten auch andere Einflussfaktoren, wie z. B. der Preis, die Qualität oder das Verhalten der Konkurrenz von Bedeutung für die Umsatzsteigerung gewesen sein. Der Werbeerfolg kann mithilfe der Werberendite gemessen werden: einem Quotienten aus Umsatzzuwachs und Werbekosten.

Aufgabe 11

a) Beim Absatz von Fahrrädern wird vorwiegend der *indirekte Vertriebsweg* genutzt. Beim indirekten Absatz schaltet ein Unternehmen bei der Verteilung an den Kunden betriebsfremde Absatzorgane (wirtschaftlich und rechtlich selbstständig) ein. So übernimmt z. B. der Großhandel die Waren des Herstellers und gibt sie über den Einzelhandel an den Endverbraucher weiter.

Beim *direkten Absatzweg* verteilt ein Unternehmen seine Güter mit Hilfe eigener Absatzorgane (wirtschaftlich und rechtlich unselbstständig), z. B. Absatz durch eigene Filialen, Reisende oder Vertragshändler.

b) *Vorteile des direkten Absatzes*
- Durch den direkten Kontakt zum Kunden kann schnell auf dessen Wünsche und Anregungen reagiert werden.
- Eventuell entstehende Kosten für unternehmensfremde Absatzorgane können eingespart werden.
- Absatzpolitische Entscheidungen über z. B. Preise, Konditionen und Werbung können allein vom Unternehmen getroffen werden.

Vorteile des indirekten Absatzes
- Durch die Aufgabenteilung bei der Warendistribution wird der Hersteller entlastet.
- Der Einschaltung von Groß- und Einzelhandel ist für den Hersteller von Vorteil: der Handel ist an vielen Orten präsent und kann eine intensive Kundenbetreuung leisten.
- Die Stärken des Handels können genutzt werden: Zeitausgleichsfunktion, Raumüberbrückungsfunktion, Sortimentsfunktion.

Aufgabe 12

- *Informations- und Beratungsfunktion* für den Kunden: Fahrräder sind technisch kompliziert und aufwändig, so dass die Käufer auch nach dem Kauf auf den Service ihres Vertragspartners angewiesen sind
- *Finanzierungsfunktion:* Fahrräder haben häufig einen hohen Preis, so dass der Käufer oft keinen Barkauf vornehmen kann und Finanzierungsangebote des Handels (z. B. Ratenkauf) in Anspruch nimmt
- *Lagerhaltungsfunktion:* der Hersteller überträgt einen gewissen Teil der Lagerhaltung auf den Groß- und Einzelhandel

Aufgabe 13

Die Portfolioanalyse untersucht Unternehmensbereiche bzgl. der Kriterien Marktwachstum und relativer Marktanteil. Das klassische Marktanteils-Marktwachstums-Portfolio der *Boston Consulting Group* stellt folgende Beziehungen her.

Basis dieses Portfolios ist der relative Marktanteil (eigener Marktanteil im Verhältnis zu dem des stärksten Konkurrenten). Der relative Marktanteil wird in Beziehung gesetzt zum Marktwachstum, das auch in der Produkt-Lebenszyklus-Kurve zum Ausdruck kommt. Ergebnis dieser Gegenüberstellung sind vier Produktfelder:

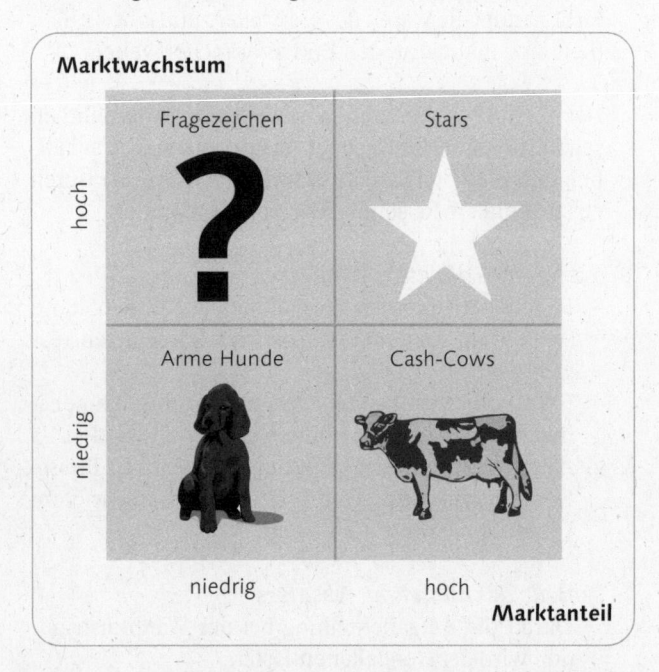

Question marks (Fragezeichen): Die Produkte sind durch einen relativ niedrigen Marktanteil gekennzeichnet, in einem Markt, der ein potenziell hohes Marktwachstum verspricht. Ein relativ niedriges Marktwachstum liegt dann vor, wenn der relative Marktanteil einen Wert kleiner als 1 hat, d. h. der Marktanteil des größten Konkurrenten ist höher als der eigene Marktanteil. Die Question marks befinden sich bezogen auf die Produkt-Lebenszyklus-Kurve noch in der Einführungsphase. Ob die Produkte erfolgreich werden oder vom Markt verschwinden, hängt von der Investitionsbereitschaft und der Risikoeinschätzung des Managements ab.

Stars: Aus einem erfolgreich am Markt plazierten Question mark wird ein Star, der sich durch einen hohen relativen Marktanteil (Marktführer) in einem Wachstumsmarkt auszeichnet. Das Management sollte versuchen, diesen Marktanteil zu halten bzw. noch leicht auszubauen.

Cash-Cows (Milchkühe): Die Umsatzsteigerungen dieser Produkte sind rückläufig, sie sind jedoch wegen der hohen absoluten Umsätze die Geldlieferanten für Fragezeichen und Stars. Der Marktanteil dieser Produkte sollte gehalten und Rationalisierungschancen sollten wahrgenommen werden.

Poor Dogs (Arme Hunde): Diese strategischen Geschäftseinheiten haben nur einen niedrigen relativen Marktanteil und das Ende ihres Produktlebenszyklus erreicht. Das Management sollte versuchen, diese Produkte aus dem Produktionsprogramm herauszunehmen.

Hinweise auf weiterführende Informationen zu den Fragekomplexen:

– Industrielle Geschäftsprozesse, Bestellnummer: 460126, S. 498 ff
– Prozessorientiertes Rechnungswesen, Bestellnummer: 460118, S. 327 ff
– Produktlebenszyklus: http://www.zingel.de/pdf/09prod.pdf (Aufsatz zum Thema Produkt-Lebenszyklus und strategisches Marketing)
– Marktsegmentierung: http://www.zingel.de/pdf/09seg.pdf (Aufsatz zum Thema Grundbegriffe der Marktsegmentierung)
– http://www.bw.fh-deggendorf.de/itk/gast/kurs19.html (die Marktsegmentierung)
– Preisdifferenzierung: http://www.unister.de/Unister/wissen/sf_lexikon/ausgabe_stichwort144_7.html (Praxisbeispiele zu unterschiedlichen Formen der Preisdifferenzierung)
– Werbeplanung: http://people.freenet.de/Klaus.Reiser/Privat/Werbeprojekt.htm (Entwicklung eines Werbeplanes für die Volkswagen AG; Produkt: Kleinwagen Chico)
– Produktpolitik: http://www.bw.fh-deggendorf.de/itk/gast/kurs19.html
– Distributionspolitik und Internet: http://www.bw.fh-deggendorf.de/itk/gast/kurs19.html
– Preispolitik, Portfolioanalyse: http://www.fbwi.fh-karlsruhe.de/existenzgruendung/Marketing/lektion6/lektion6_franfang.htm
– Portfolioanalyse: http://www.bwl.wiso.tu-muenchen.de/vsdir/mmk04/handouts/Portfolioplanung.pdf
– http://www.4managers.de/

Lösung Situation 11

Aufgabe 1

1. *Kundenauftragserfassung:* Alle relevanten Daten des Auftrages müssen erfasst werden, um für die weitere Planung zur Verfügung zu stehen. Von zentraler Bedeutung sind dabei die Kunden, die Artikel und die gewünschten Mengen.
2. *Verfügbarkeitsprüfung:* Es wird geprüft, ob der Artikel am Lager noch verfügbar ist. Der tatsächliche Lagerbestand ist dabei nicht relevant. Der verfügbare Bestand wird wie folgt berechnet:
verfügbarer Bestand = tatsächlicher Lagerbestand – Reservierung – Mindestbestand + Bestellungen
Ist der verfügbare Bestand positiv, ist der Auftrag machbar, ist der verfügbare Bestand negativ, ist der Auftrag nicht machbar.
3. *Reservierung:* Nach der Verfügbarkeitsprüfung muss zwingend die Reservierung erfolgen. Andernfalls wird der Auftrag nicht mit eingeplant.

4. *Lieferterminzusage:* Sollte der Auftrag nicht sofort machbar sein, muss ein frühest möglicher Liefertermin nach den Regeln der Terminierung (Vorwärtsterminierung) ermittelt werden.

Aufgabe 2

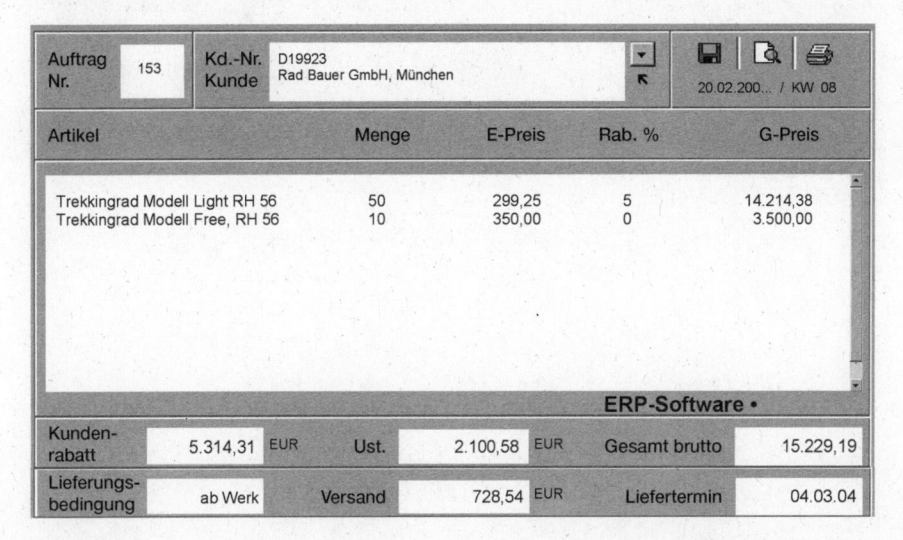

Auftrag Nr. 153	Kd.-Nr. Kunde	D19923 Rad Bauer GmbH, München			20.02.200... / KW 08
Artikel		Menge	E-Preis	Rab. %	G-Preis
Trekkingrad Modell Light RH 56		50	299,25	5	14.214,38
Trekkingrad Modell Free, RH 56		10	350,00	0	3.500,00
					ERP-Software •
Kundenrabatt	5.314,31 EUR	Ust.	2.100,58 EUR	Gesamt brutto	15.229,19
Lieferungsbedingung	ab Werk	Versand	728,54 EUR	Liefertermin	04.03.04

Aufgabe 3
Maskenfelder mit Stammdaten: Kundennummer, Artikelbezeichnung, Artikelnummer
Maskenfelder mit Bewegungsdaten: Umsatzsteuer, Gesamtbetrag

Aufgabe 4
Viele Kunden haben eine immer verschachteltere Organisationsstruktur. So kann z. B. eine Konzernmutter für die Töchter zentral einkaufen (Auftragsadresse). Und jede Konzerntochter wiederum kann aus diversen Werken bestehen (Lieferadressen). Als Debitor kommen aus Gründen der Bilanzierung jedoch nur die Töchter in Frage (Rechnungsadresse). Insofern sind unterschiedliche Adressen erforderlich.

Die Kontaktperson ist vorteilhaft, da so ein zentraler Ansprechpartner vorhanden ist, der im Idealfall über alle Vorgehen informiert ist und schnelle Entscheidungen treffen kann. Die Prozesskoordination wird so vereinfacht und beschleunigt.

Aufgabe 5
Artikelrabatt: Dieser Rabatt wird nur auf den betreffenden Artikel gewährt. Diese Rabattart wirkt sehr gezielt.
Kundenrabatt: Diesen Rabatt erhält der Kunde auf alle Leistungen, die er beauftragt. Diese Rabattart wirkt pauschal und muss deshalb auch mit Bedacht angewendet werden.

Die Versandposition ist nicht rabattfähig, d. h. weder artikel- noch kundenseits, da es sich um eine Leistung eines fremden Dritten handelt, die in Rechnung gestellt wird. Folglich kann man diese Leistung nicht den betriebseigenen Konditionierungen unterwerfen.

Aufgabe 6
Vgl. Formular auf S. 66

Aufgabe 7
Pflichten des Verkäufers:
- Lieferung mangelfreier Waren
- Übergabe der Ware
- Verschaffung des Eigentums

Pflichten des Käufers:
- Abnahme der Waren
- Zahlung des Kaufpreises

Aufgabe 8
Die Rechnung basiert auf der Auftragsmaske aus Aufgabe 2. Sie weicht davon jedoch teilweise ab (vgl. Formular auf S. 67).

Achtung: Im Rahmen dieser Rechnung sind nur die abgebildeten Werte zulässig. Rundungsungenauigkeiten sind nicht vorhanden. ERP-Programme runden stets im Rahmen jeder Position nach den bekannten Regeln kaufmännische Rundung.

Aufgabe 9
Vgl. Formular auf S. 68

Aufgabe 6 (abweichende Lösungen sind möglich)

Fly Bike Werke GmbH · Rostocker Straße 334 · 26121 Oldenburg

Radbauer GmbH
Augsburger Straße 2

80335 München

Ihr Schreiben vom	Ihre Zeichen	Unsere Nachricht vom	Unsere Zeichen	26121 Oldenburg
2004-02-19	Wa/EK	---	-Ga/Vtr	2004-02-2003

Auftragsbestätigung Nr. 153
Wichtige Informationen zum neuen Fitness-Bike

Sehr geehrter Herr Walter,

wir bedanken uns für Ihre Bestellung vom 19. Februar 2004. Gerne bestätigen wir die von Ihnen gewünschten Räder. Genaue Details entnehmen Sie bitte der Auftragsbestätigung Nr. 153, die Sie als Anlage erhalten. Sollten Sie Fragen zur Auftragsbestätigung haben, kontaktieren Sie uns bitte einfach. Wir bemühen uns, Ihre Fragen schnell und zufriedenstellend zu beantworten.

Als Premiumkunde erhalten Sie heute exklusiv Informationen über aktuelle Marktentwicklungen, die Sie unbedingt im Rahmen Ihrer mittelfristigen Angebotsplanung beachten sollten.

Marktforschungen haben einen starken Trend hin zum Fitness-Biking festgestellt. Es handelt sich dabei um den Wunsch breiter Käuferschichten, etwas für die eigene Gesundheit und körperliche Fitness zu tun. Fitness-Biking ist dafür eine besonders geeignete, schonende und vielfach gewünschte Art des Fitnesstrainings. Genaue Angaben zur Marktforschungsstudie finden Sie unter „www.ziv-zweirad.de". Informieren Sie sich bitte.

Die Fly Bike Werke haben ausgehend von den veränderten Kundenwünschen ein neues Fitness-Bike entwickelt, das einfach zu handhaben ist und zu einem erstaunlich günstigen Preis angeboten werden kann.

Nutzen Sie diesen aktuellen Trend und erschließen Sie neue Kundenkreise für Ihr Biking-Geschäft. Runden Sie Ihr Angebot um eine innovative und vielversprechende Komponente ab. Zusammen mit den Fly Bike Werken als zuverlässigem und innovativem Partner geben Sie mit dem neuen Fitness-Bike Ihrem Geschäftsergebnis erfolgsversprechende Impulse. Nutzen Sie diese Chance!

Als Anlage erhalten Sie unsere ausführliche Informationsbroschüre zum neuen Fitness-Bike. Informieren Sie sich unbedingt.

Mit freundlichen Grüßen
Fly Bike Werke GmbH

Ganser
i. A. Ganser
Ganser – Verkauf

Anlage
Auftragsbestätigung Nr. 153
Informationsbroschüre zum neuen Fitness-Bike

P. S. Sie haben noch Fragen zum neuen Fitness-Bike? Wir beantworten gerne Ihre Fragen.
Rufen Sie uns einfach an: 0441885 - 11 (Frau Ganser)

Geschäftsführer	Bankverbindung	Telefon
Hans Peters	Landessparkasse Oldenburg	04 41 88 5-88
	BLZ 280 501 00	Fax
HR Oldenburg B 2134	Konto-Nr. 11 23 26 444	04 41 88 5-92 11

Aufgabe 8

Fly Bike Werke GmbH · Rostocker Straße 334 · 26121 Oldenburg

Radbauer GmbH
Augsburger Straße 2

80335 München

Kundennummer	40022
Ihre Bestellung Nr.	5
Ihr Bestelldatum	2004 – 02 –19
Unsere Lieferschein-Nr.	312
Unser Lieferdatum	2004 – 03 – 04
Ihr FBW-Ansprechpartner	Frau Ganser
Telefon	0441885 - 11

Rechnung-Nr. 312   **Rechnungsdatum 2004-03-04**

Artikel-Nr.	Artikelbezeichnung	Menge	Einzelpreis in €	Rabatt in %	Gesamtpreis in €
101	Trekkinrad Modell Light	50	299,25	5	14.214,37
102	Trekkingrad Modell Free	10	350,00	0	3.500,00
---	Versand DB b5-2	1	728,54	0	728,54

	Zwischensumme in €	18.442,91
(nur auf Artikel-Nr. 101 +102)	./. Kundenrabatt 30%	5.314,31
	Nettowert	13.128,60
	+ 16 % Umsatzsteuer in €	2.100,58
	Bruttorechnungsbetrag in €	15.229,18

Bitte überweisen Sie	Datum	Skonto in %	Skonto in €	Betrag in €
Innerhalb der Skontofrist bis:	14.03.2004	2 % Skonto	304,58	14.924,60
Innerhalb des Zahlungsziels bis:	03.04.2004	0 % Skonto	0,00	15.229,18

Geschäftsführer	Bankverbindung	Telefon
Hans Peters	Landessparkasse Oldenburg	04 41 88 5-88
	BLZ 280 501 00	Fax
HR Oldenburg B 2134	Konto-Nr. 11 23 26 444	04 41 88 5-92 11

Aufgabe 9

Fly Bike Werke GmbH · Rostocker Straße 334 · 26121 Oldenburg

Radbauer GmbH
Herrn Walter
Augsburger Straße 2

80335 München

Ihr Schreiben vom	Ihre Zeichen	Unsere Nachricht vom	Unsere Zeichen	26121 Oldenburg
---	Wa/EK	---	TA/Bu	2004-04-08

Zahlungserinnerung
Kundennummer: 40022, Rechnungsnummer 312 vom 4. März 2004

Sehr geehrter Herr Walter,

am 3. März 2004 lieferten wir Ihnen vertragsgemäß 50 „Trekkingräder Light" und 10 „Trekkingräder Free".

Wunschgemäß gewährten wir Ihnen ein Zahlungsziel von 30 Tagen. Die oben genannte Rechnung Nr. 312 wäre also spätestens am 3. April 2004 fällig gewesen.

Leider ist der Rechnungsbetrag in Höhe von

15.229,18 Euro

bis zum heutigen Tag noch nicht bei uns eingegangen.

Sicher liegt hier ein Versehen vor. Wir bitten Sie daher, den Rechnungsausgleich umgehend zu veranlassen.

Mit freundlichen Grüßen
Fly Bike Werke GmbH

Taubert

i. A. Taubert – Debitorenbuchhaltung

Anlage: Kopie der Rechnung Nr. 312

Geschäftsführer	Bankverbindung	Telefon
Hans Peters	Landessparkasse Oldenburg	04 41 88 5-88
	BLZ 280 501 00	Fax
HR Oldenburg B 2134	Konto-Nr. 11 23 26 444	04 41 88 5-92 11

Aufgabe 10

a) Jederzeit kann ein großer Benutzer- bzw. Kundenkreis erreicht werden, weltweit übergreifende Kommunikation besonders in Hinblick auf die Globalisierung, kostengünstige Übertragung, es können Dateien mitgeschickt werden, die beim Empfänger nicht nochmals erfasst werden müssen (computerlesbare Information).

b) Ein Autoresponder ist eine maschinell generierte Antwort. Der Vorteil liegt darin, dass er dem Absender signalisiert, dass seine Nachricht empfangen wurde und sich der Empfänger um das Anliegen kümmern wird. Die automatische Antwort ist häufig unpersönlich und stupide. Zudem belastet sie den E-Mail-Verkehr, da im Extremfall jede Mail eine automatische Antwort auslöst. Auf keinen Fall dürfen diese automatischen Antworten mit wirklichen Antworten verwechselt werden.

c) Ein Attachment ist ein Anhang in Form einer Datei (Text, Musik, Grafik usw.). Diese Dateien können jedoch Viren enthalten, die eine Gefährdungsquelle darstellen. Außerdem verfügen nicht alle Kunden über leistungsstarke Internetanbindungen, so dass große Anhänge schnell das Betriebsnetz überlasten können. Auch können Anhänge aufgrund von inkompatiblen Dateiformaten manchmal nicht geöffnet werden.

Aufgabe 11

a) *Datenschutz:* Es geht um den Schutz personenbezogener Daten eines Mitarbeiters oder eines Kunden. Insbesondere ist es nicht erlaubt, personenbezogene Daten, sofern die betreffende Person nicht zugestimmt hat, an Dritte weiterzugeben oder zu verkaufen. Grundlage ist das Bundesdatenschutzgesetz (BDSG). Unter den Datenschutz fallen jedoch nicht betriebliche Daten wie Konstruktionsgeheimnisse (keine persönlichen Daten!).

Datensicherung: Es geht um den Schutz aller betrieblichen Daten. Sie sollen vor Vernichtung, Manipulation oder Entwendung geschützt werden. Dies gilt für personenbezogene Daten ebenso wie für betriebliche nicht personenbezogene Daten. Der Begriff Datensicherung ist damit der weiter gehende Begriff.

b) Ein Computervirus ist eine Programmsequenz, die sich, wenn sie in das DV-System eingedrungen ist, in Programme oder Dateien einnistet. Der Computervirus verfügt über die Fähigkeit, sich zu reproduzieren (kopieren). Computer können entweder scherzhafte Befehle auslösen, z.B. Buchstaben fallen von der Zeile, bei der nächsten Mausbewegung ist aber alles wieder in Ordnung. Sie können aber auch Dateien beschädigen, löschen oder ganze IT-Systeme lahm legen.

Achtung: Computerviren können Hardware physisch nicht zerstören.

Als zusätzliche Information sei an dieser Stelle auf polymorphe Viren, Makro-Viren, Trojaner und Würmer hingewiesen.

Polymorpher Virus: Ein Virus, der seine Form mit jeder Datei, die er infiziert, ändert. Da diese Viren kein beständiges binäres Muster haben, sind sie sehr schwer zu erkennen.

Makro-Virus: Eine Virusform, die in einem Dokument als eingebettetes Makro verschlüsselt wird. Viele Anwendungen, wie Microsoft Word und Excel, unterstützen mächtige Makrosprachen. Diese Anwendungen ermöglichen das Einbetten eines Makros in ein Dokument, welches dann bei jedem Öffnen des Dokuments ausgeführt wird. Ein Makro ist eine Aufzeichnung des Ablaufs von Routineaufgaben innerhalb des makrofähigen Programms, das dann immer wieder verwendet werden kann.

Trojaner: Ein vernichtendes Programm, das sich als eine freundliche Anwendung tarnt und auftritt. Im Unterschied zu Viren vervielfältigen sich die Trojaner (auch „trojanische Pferde" genannt) nicht, aber sie können zerstörerisch sein. Einer der heimtückischsten Trojaner ist ein Programm, das behauptet, Ihren Rechner von Viren zu befreien, stattdessen aber den Rechner infiziert. Viele Trojaner öffnen den Rechner für den Zugriff von außen. Der Begriff entstammt einer Geschichte in Homers Ilias, in der die Griechen ihren Feinden, den Trojanern, angeblich als Sühnegabe ein hölzernes Pferd schenkten. Aber nachdem die Trojaner das Pferd innerhalb der Stadtmauern gebracht hatten, schlichen die Soldaten aus der Bauchhöhle des Pferdes, öffneten die Tore der Stadt und ermöglichten somit ihren Landsmännern, einzudringen und auf diese Weise Troja zu erobern.

Wurm: Ein Programm, das sich über ein Netzwerk verbreitet. Es kann sich nicht an andere Programme anhängen. Es kann sich auch nicht selbst reproduzieren, sondern braucht dafür den E-Mail-Verkehr. Würmer stellen insofern eine Gefährdung dar, als sie den E-Mail-Verkehr aufgrund eines massenhaften Auftretens lahm legen (Stau). Würmer sind einfacher zu programmieren und verbreiten sich wesentlich schneller als Viren. Deshalb nutzen Hacker Würmer heute lieber. So erreichen sie die in Hackerkreisen angestrebte Aufmerksamkeit unter Gleichgesinnten und schädigen viele ernsthafte E-Mail-Anwender in ihrer täglichen Arbeit.

c) Die Firewall ist eine Art Schutzwall zwischen dem Unternehmensnetz und dem Internet. Dieser Schutzwall muss nach fest definierten Regeln passiert werden. Jeder Nutzer, der den aufgestellten Regeln nicht entspricht, kann nicht in das Unternehmensnetz eintreten bzw. das Unternehmensnetz nicht verlassen.

Vgl. dazu die Abbildung, S. 54: Von außen kommen Anfragen der Außendienstmitarbeiter oder aus dem Internet (Kunden/Lieferanten). Die Firewall muss passiert werden. Im LAN (Local Area Network = Unternehmensnetz) können die Informationen dann als E-Mail auf dem Mail-Server gespeichert werden oder direkt an den Arbeitsplätzen (= Clients) weiterverarbeitet werden. Umgekehrt ist der Ablauf analog.

Achtung: Eine Firewall ersetzt keine Antivirensoftware. Die Firewall regelt lediglich den Zugang zum Unternehmensnetz. Die Antivirensoftware spürt dagegen Viren/Würmer/Trojaner auf. Meist ist das Antivirenprogramm mit der Firewall kombiniert.

Aufgabe 12

Der Programmablaufplan stellt folgenden Sachverhalt dar:
Die Programmfunktion prüft, ob der Auftraggeber bereits Kunde ist. Falls ja, wird überprüft, ob er die Rechnungen zuverlässig bezahlt. Falls ja, bekommt er die Ware per Rechnung, falls nicht, wird die Ware per Nachnahme versandt. Wenn der Auftraggeber Neukunde ist, wird eine Auskunft eingeholt (Bonitätsprüfung). Ist die Auskunft negativ, wird die Ware per Nachnahme verschickt; ist die Auskunft positiv, erhält er die Sendung auf Rechnung.

Die Funktion wird von den Mitarbeitern verlangt, da die Zahlungsmoral der Kunden zunehmend schlechter wird. Diese Funktion könnte als Bonitätsprüfung mit einbezogener Auswahl der Zahlungsform bezeichnet werden.

Abgezockte Handwerker

„Der Wirtschaftsinformationsdienst Creditreform rechnet in diesem Jahr trotz eines sich andeutenden Aufschwungs mit einem Pleiterekord von 40 000 Betriebsinsolvenzen. Das sind 8000 mehr als im Vorjahr. Zurzeit machen nur Großbetriebe Schlagzeilen, aber von der Insolvenz ist vor allem der Mittelstand betroffen, und der stirbt leise. Die Gründe: Wenig Eigenkapital und erschwerte Kreditverhandlungen führen zu Finanzierungsproblemen, die immer schwerer zu bewältigen sind. Allein im Handwerk führen Zahlungsausfälle schnell zum Ruin. Mehr als die Hälfte der bundesweit insgesamt 850 000 Baufirmen wartet nach Fertigstellung, Abnahme und Schlussrechnung mindestens drei Monate auf ihr Geld.

Ein Drittel muss sich bis zu acht Monaten in Geduld üben und sechs Prozent sogar noch länger, haben Inkassounternehmen erfahren. Ist die Durststrecke, bis das Geld kommt, zu lang, gehen sie Pleite. Durch Forderungsausfälle in Milliardenhöhe und sich anschließende Insolvenzen sind nach Schätzung des Bundesverbands deutscher Inkassounternehmen im Jahr 2000 rund 35 000 Arbeitsplätze verloren gegangen.

Durch die mangelnde Zahlungsmoral der Kunden ist laut einer bundesweiten Sonderumfrage von 1100 Betrieben jede zweite Existenz betroffen. Das Nichtzahlen von Rechnungen begründen dabei viele Privatkunden mit „Vorsatz". Gewerbliche Schuldner geben an, offene Rechnungen wegen schlechter Auftragslage und zu wenig Eigenkapital nicht zu bezahlen.

Auch hier häufen sich Aussagen, dass die Rechnungen „vorsätzlich" nicht beglichen werden. Vor allem Bau-, Ausbau- und Kfz-Handwerker leiden unter der schlechten Zahlungsmoral. Die überfälligen Zahlungen wirken bei kleineren Betrieben stärker existenzgefährdend als bei größeren Handwerksunternehmen.

Quelle: von *Uschi Müller*, www.wdr.de, Sendung vom 05. September 2002

Lösung Situation 12

Aufgabe 1
Es handelt sich um einen Mangel in der Beschaffenheit der Sache. Die Sache eignet sich nicht für die gewöhnliche Verwendung (§ 434 Abs. 1 Nr. 2 BGB).

Aufgabe 2
Der Fahrradhändler *Klein* ist Kaufmann, *Wolf* ist Privatmann, es liegt also ein einseitiger Handelskauf vor. *Wolf* muss die Sache weder unverzüglich prüfen noch unverzüglich rügen. Prüfung und Rüge können innerhalb der gesetzlichen Gewährleistungsfrist (zwei Jahre ab Ablieferung der Sache, § 438 BGB) vorgenommen werden. Rügt *Wolf* die Ware innerhalb der Gewährleistungsfrist nicht, verliert er die Gewährleistungsansprüche.

Aufgabe 3
a) Ein Verbrauchsgüterkauf liegt vor, wenn ein Unternehmer einem Verbraucher eine bewegliche Sache verkauft. Der Fahrradhändler (Verkäufer) *Klein* ist Kaufmann und gleichzeitig Unternehmer, der Privatmann *Wolf* (Käufer) ist Verbraucher.

b) *Beweislastumkehr:* Grundsätzlich muss der Käufer den im Regelfall nur schwer nachweisbaren Umstand beweisen, dass ein Mangel der Kaufsache bereits bei deren Übergabe vorlag. Beim Verbrauchsgüterkauf ist das anders. Die Beweislast bei Mängeln wird in den ersten sechs Monaten der zwei Jahre laufenden Gewährleistungsfrist auf den Verkäufer (hier: *Klein e. K.*) übertragen, d. h. es wird zu Gunsten des Verbrauchers (hier: *Wolf*) vermutet, dass ein Mangel, der innerhalb von sechs Monaten seit Gefahrübergang auftritt, bereits bei Gefahrübergang (hier: der Übergabe der Ware) vorhanden war.

Verbot abweichender Regelungen zum Nachteil des Verbrauchers: Wichtige Besonderheit des Verbrauchsgüterkaufs ist, dass die Ansprüche und Rechte des Käufers (hier: *Wolf*) insbesondere die Gewährleistungsrechte nicht ausgeschlossen oder einschränken werden können, weder durch Individualvereinbarung noch durch Allgemeine Geschäftsbedingungen.

c) Gewährt ein Unternehmer einem Verbraucher eine Garantie, muss diese einfach und verständlich abgefasst sein. Der Verbraucher soll vor Irreführung durch unklar formulierte Garantiebestimmungen des Unternehmers geschützt werden.

Die Garantie muss enthalten:
1. einen Hinweis auf die gesetzlichen Rechte des Verbrauchers sowie darauf, dass sie durch die Garantie nicht eingeschränkt werden,
2. den Inhalt der Garantie und alle wesentlichen Angaben, die für die Geltendmachung der Garantie erforderlich sind, insbesondere die Dauer, der räumliche Geltungsbereich des Garantieschutzes sowie Namen und Anschrift des Garantiegebers.

Erfüllt die Garantieerklärung diese Voraussetzungen nicht, ist die Garantieverpflichtung trotzdem wirksam, denn sonst könnte sich der Unternehmer (hier Hersteller) seinen Verpflichtungen gegenüber dem Verbraucher entziehen.

Aufgabe 4
a) Beim Kaufvertrag geht die Gefahr mit Übergabe der verkauften Sache auf den Käufers über (§ 446 I, S. 1 BGB).
b) Die generelle Haftung des Verkäufer für Mängel der von ihm verkauften Ware unabhängig von seinem Verschulden führt dazu, dass Leistungsstörungen schneller beseitigt werden können, da es zu Streitereien, wer den Mangel verursacht hat, nicht kommen kann. Vielmehr muss sich der Letztverkäufer im Rahmen des Lieferantenregresses an seinen Verkäufer halten.

Aufgabe 5
Damit *Klein* die von ihm aufgewendeten Kosten von der *Fly Bike Werke GmbH* ersetzt verlangen kann, müssen folgende Voraussetzungen erfüllt sein:

1. Am Ende der Lieferkette muss ein Verbrauchsgüterkauf im Sinne des § 474 BGB stehen und im Übrigen müssen lediglich Unternehmer beteiligt sein. Dies ist hier der Fall. *Wolf* ist Verbraucher und kauft vom Unternehmer *Klein* eine bewegliche Sache. Auch die *Fly Bike Werke GmbH* ist Unternehmer.

2. Die gesetzlichen Voraussetzungen für das vom Verbraucher jeweils geltend gemachte Recht müssen vorliegen. Dies sind bei der Nacherfüllung:
– das Vorliegen eines Mangels
– und das Vorhandensein des Mangels bei Gefahrübergang.

Das Beleuchtungssystem weist einen Mangel in der gewöhnlichen Beschaffenheit auf und ist daher mangelhaft i. S. d. § 434, Abs. 1 BGB. Gemäß § 476 BGB wird zugunsten von *Wolf* vermutet, dass der Mangel bereits bei Gefahrübergang (Übergabe der Sache) vorhanden war, denn der Mangel hat sich innerhalb von sechs Monaten nach Ablieferung der Sache gezeigt. Folglich ist ein Nachbesserungsanspruch des *Wolf* gegeben, da keine Anhaltspunkte für eine Widerlegung der Vermutung vorliegen. Ein Anspruch des *Klein* auf Ersatz der Reparaturkosten wäre danach gegeben.

Aufgabe 6
Die Aufwendungsansprüche verjähren innerhalb von zwei Jahren nach Ablieferung der Sache an den Unternehmer. Das Fahrrad wurde am 1. Februar 2002 an *Klein* geliefert, die Verjährungsfrist endet also am 1. Februar 2004 (24 Uhr). Am 2. Februar 2004 ist der Aufwendungsanspruch verjährt.

Damit könnte *Klein* nicht mehr gegen die *Fly Bike Werke GmbH* vorgehen, da der Aufwendungsanspruch erst nach Ablauf der Verjährungsfrist von *Wolf* in Anspruch genommen wird. Um zu verhindern, dass Rückgriffsansprüche in der Lieferkette bereits verjährt sind, wenn der Endabnehmer den Mangel geltend macht, wird der Ablauf der Verjährung dergestalt gehemmt, dass diese nicht vor Ablauf von zwei Monaten nach Erfüllung der Ansprüche des Verbrauchers durch den Letztverkäufer eintritt.

Fahrradhändler *Klein* (Letztverkäufer) hat die Ansprüche des *Wolf* (Verbraucher) am 5. Juni 2004 erfüllt, der Aufwendungsersatzanspruch des *Klein* gegenüber der *Fly Bike Werke GmbH* verjährt demnach erst am 6. August 2004.

Lösung Situation 13

Aufgabe 1
Da der Letztverkäufer in einer Lieferkette nicht immer die Mangelhaftigkeit der Kaufsache verursacht hat, für den Mangel an der Kaufsache aber haften muss, stellen ihm und allen weiteren Gliedern in der Vertriebskette die §§ 478, 479 BGB erleichterte Rückgriffsrechte gegenüber dem Lieferanten zur Seite. Hierdurch soll sichergestellt werden, dass die wirtschaftlichen Folgen einer mangelhaften Lieferung beim Verursacher des Mangels und nicht bei der letzten Handelsstufe landen. Dies wiederum nützt auch dem Verbraucher, da die Bereitschaft seines Verkäufers, aufgrund mangelhafter Lieferung entstehende Käuferrechte zu erfüllen, steigt, wenn der Letztverkäufer bei seinem Lieferanten Regress nehmen kann. Da im vorliegenden Fall der Verkäufer ein Unternehmer und der Käufer ein Verbraucher ist und es sich bei dem Kaufgegenstand um eine bewegliche Sache handelt, liegt ein Verbrauchsgüterkauf vor.

Aufgabe 2

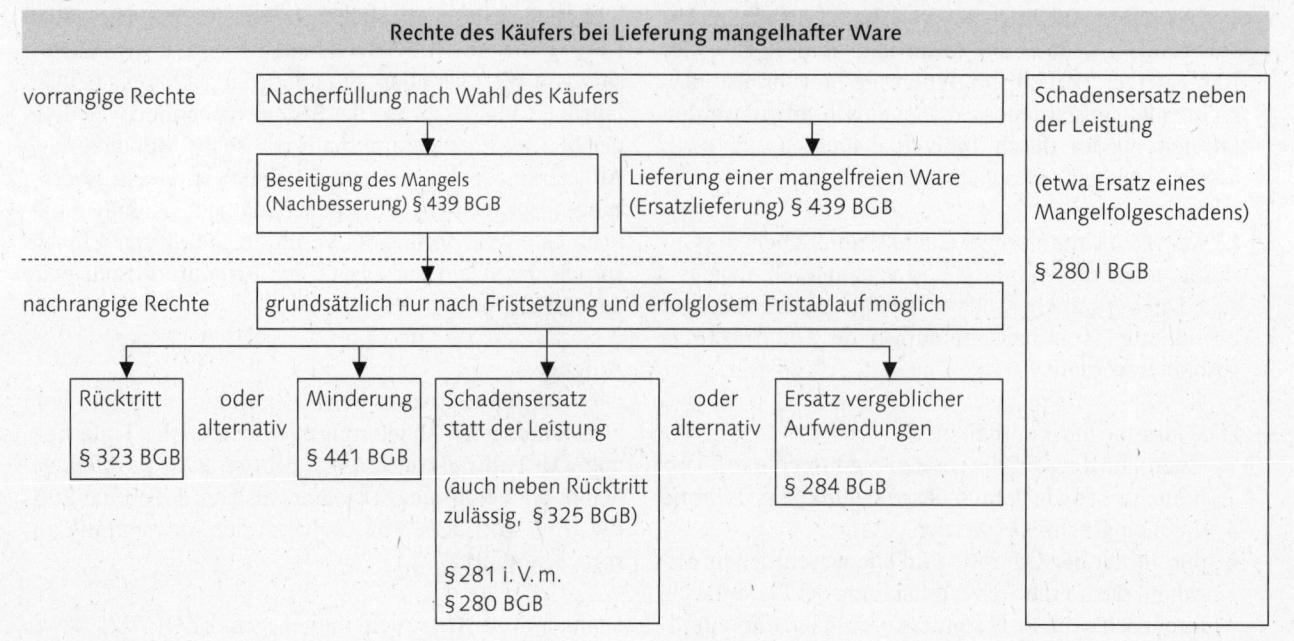

Rechte des Käufers bei Lieferung mangelhafter Ware

vorrangige Rechte: Nacherfüllung nach Wahl des Käufers
- Beseitigung des Mangels (Nachbesserung) § 439 BGB
- Lieferung einer mangelfreien Ware (Ersatzlieferung) § 439 BGB

Schadensersatz neben der Leistung (etwa Ersatz eines Mangelfolgeschadens) § 280 I BGB

nachrangige Rechte: grundsätzlich nur nach Fristsetzung und erfolglosem Fristablauf möglich

- Rücktritt § 323 BGB
- oder alternativ
- Minderung § 441 BGB
- Schadensersatz statt der Leistung (auch neben Rücktritt zulässig, § 325 BGB) § 281 i. V. m. § 280 BGB
- oder alternativ
- Ersatz vergeblicher Aufwendungen § 284 BGB

Aufgabe 3
Vgl. Formular auf S. 73

Aufgabe 4
Nacherfüllung nach Wahl des Käufers: Beseitigung des Mangels oder Lieferung einer mangelfreien Ware (§ 439 BGB)

Hinweise auf weiterführende Informationen zu den Fragekomplexen:
- Neues Schuldrecht beim Kauf (Gewährleistung): http://www.ratgeberrecht.de/sendung/beitrag/rs2002092901.html
- Definitionen der Begriffe Verbraucher, Unternehmer, Verbrauchsgüterkauf: http://www.net-lexikon.de/Unternehmer.html

Lösung Situation 14

Aufgabe 1
Gründe, die als Ursache für die Nichtzahlung in Frage kommen könnten:
- Vergesslichkeit
- Liquiditätsengpass
- schlechte Zahlungsmoral
- schlechte Auftragslage

Aufgabe 2
Gründe, warum Unternehmen auf eine pünktliche Bezahlung ihrer Ausgangsrechnungen angewiesen sind:
- Zahlungsunfähigkeit kann eintreten
- Überschuldung kann eintreten
- Vorfinanzierung der Forderung kostet Geld

Aufgabe 3
Vgl. Formular auf S. 74

Aufgabe 4
Der Verzugseintritt setzt nach § 286 BGB voraus:
1. Nichtleistung
2. Fälligkeit
3. Mahnung (aber: evt. entbehrlich nach § 286 II Nr. 1 bis 4 BGB oder nach § 286 III BGB)
4. Vertretenmüssen des Schuldners

Die *Zweiradhandelsgesellschaft* hat nicht gezahlt, obwohl die Leistung möglich war und sie kein Leistungsverweigerungsrecht (z. B. nach § 320 oder 214 BGB) hat. Die Kaufpreisforderung ist spätestens Zug um Zug gegen Erfüllung der Verpflichtung der *Fly Bike Werke GmbH* fällig. Eine Mahnung ist erforderlich, diese ist am 24. Juli der *Zweiradhandelsgesellschaft* zugegangen. Die *Zweiradhandelsgesellschaft* hat die Leistungsverzögerung zu vertreten, da für Geldschulden gilt, dass der Schuldner jede Leistungsverzögerung zu vertreten hat. Somit sind alle Voraussetzungen erfüllt, die *Zweiradhandelsgesellschaft* befindet sich seit dem 24. Juli in Verzug. Der automatische Verzugseintritt würde erst am 14. August eintreten.

Aufgabe 5
a) Anspruchsgrundlage für die Zahlung von Verzugszinsen ist § 288. Danach ist eine Geldschuld während des Verzugs zu verzinsen. Im vorliegenden Fall handelt es sich um eine Geldschuld – genauer um eine Entgeltforderung. Die *Zweiradhandelsgesellschaft* befindet sich zudem seit dem 24. Juli in Verzug. Der Zinslauf für die Zahlung von Verzugszinsen beginnt an dem Tag, der dem Tag des Zugangs der Mahnung folgt, also am 25. Juli.

Aufgabe 3, Situation 13 (abweichende Lösungen sind möglich)

Peter Krause
Düsseldorferstr. 126
45488 Essen
Tel. 02 01 / 462 75 31

Matro AG
z. Hd. Herrn Lepom
Altessener Straße 611

45472 Essen

15. März 2004
Lieferung mangelhafter Ware: Tekkingrad Modell Light
Defekte Bremsen

Sehr geehrter Herr Lepom,

vor einer Woche habe ich bei Ihnen ein Trekkingrad Modell Light erworben. Beachten Sie dazu bitte die Kopie des Kassenzettels als Anlage.

Bereits bei meiner ersten Probefahrt musste ich jedoch feststellen, dass die Rücktrittbremsen nicht wie gewünscht funktionieren. Trotz vorschriftsmäßiger Bedienung tritt die Bremswirkung nur anfänglich für einen kurzen Moment ein, lässt dann aber ruckartig nach. Das Fahrrad läuft dann fast ungebremst weiter, so dass es erst deutlich später als vorgesehen zum Stehen zu bringen ist. Ein sicheres Fahren im Straßenverkehr ist so natürlich nicht möglich.

Ich bitte Sie, diesen Mangel an der Rücktrittbremse zu beseitigen bzw. mir ein neues mangelfreies Fahrrad zu liefern.

Teilen Sie mir mit, wie die Abwicklung der Mängelbeseitigung organisatorisch realisiert werden soll (z. B. Transport des mangelhaften Fahrrades, Mängelbeseitigung bzw. Lieferung eines neuen Fahrrades). Ich erwarte Ihre schriftliche Antwort spätestens am 22. März 2004.

Mit freundlichen Grüßen

Peter Krause

Anlage: Kopie des Kassenzettels

Aufgabe 3, Situation 14 (abweichende Lösungen sind möglich)

Fly Bike Werke GmbH · Rostocker Straße 334 · 26121 Oldenburg

Zweiradhandelsgesellschaft GmbH
Zentralverwaltung/Einkauf
Hr. Solveig
Unter den Linden 42

10178 Berlin

hr Schreiben vom	Ihre Zeichen	Unsere Nachricht vom	Unsere Zeichen	26121 Oldenburg
2004-07-07	sov	2004-07-14	nem	2004-07-23

Mahnung Rechnung Nr. 478

Sehr geehrter Herr Solveig,

wir erinnern Sie an die Fälligkeit unserer Rechnung vom 14. Juli 20.. in Höhe von 89 314,50 €.
Bitte überweisen Sie den Betrag bis zum 30. Juli 20…
Wenn sich Ihre Zahlung mit diesem Schreiben überschnitten haben sollte, betrachten Sie dieses Schreiben bitte als gegenstandslos.

Mit freundlichen Grüßen
Fly Bike Werke GmbH

Nemitz-Müller

i. A. Nehmitz-Müller

Geschäftsführer	Bankverbindung	Telefon
Hans Peters	Landessparkasse Oldenburg	04 41 88 5-88
	BLZ 280 501 00	Fax
HR Oldenburg B 2134	Konto-Nr. 11 23 26 444	04 41 88 5-92 11

Anspruchsgrundlage für den Ersatz der Mahnkosten ist § 280 I i. V. m. 286 BGB.
Danach müssen die Voraussetzungen des § 280 I BGB vorliegen. Dies sind:
- Das Bestehen eines Schuldverhältnisses (hier: Kaufvertrag zwischen der *Fly Bike Werke GmbH* und der *Zweiradhandelsgesellschaft*)
- eine Pflichtverletzung des Schuldners (hier: Nichtzahlung der *Zweiradhandelsgesellschaft*)
- Durch die Pflichtverletzung des Schuldners muss ein Schaden entstanden sein (hier: Entstehen von Mahnkosten).
- Vertretenmüssen des Schuldners (die *Zweiradhandelsgesellschaft* hat die Leistungsverzögerung bei Geldschulden immer zu vertreten)
- Zusätzlich müssen nach § 280 II BGB die Voraussetzungen für den Eintritt des Verzugs nach § 286 vorliegen. Dies ist hier ebenso der Fall, so dass die *Fly Bike Werke GmbH* den Ersatz der Mahnkosten verlangen kann.

b) Bei Rechtsgeschäften, an denen ein Verbraucher nicht beteiligt ist, beträgt der Zinssatz für Entgeltforderungen acht Prozentpunkte über dem Basiszinssatz (§ 288 II BGB). Beide Vertragspartner sind Unternehmer und gleichzeitig Kaufleute, und es handelt sich bei der Forderung um eine Entgeltforderung, so dass die *Fly Bike Werke GmbH* von der *Zweiradhandelsgesellschaft* 8 % + 1,14 % = 9,14 % Zinsen verlangen kann.

Aufgabe 6
Es gibt keine gesetzlich vorgeschriebene Form für das kaufmännische Mahnverfahren. In der Praxis erfolgt es im Allgemeinen in vier Stufen:
1. Mahnung: Rechnungskopie oder freundliche Zahlungserinnerung
2. Mahnung: Bestimmtes Mahnschreiben mit Zahlungstermin
3. Mahnung: Verschärftes Mahnschreiben mit Androhung der Übergabe an einen Rechtsanwalt oder an ein Inkassobüro oder der Einleitung des gerichtlichen Mahnverfahrens
4. Mahnung: I. d. R. anwaltliches Aufforderungsschreiben

Aufgabe 7
a) Mit dem gerichtlichen Mahnverfahren hat der Gläubiger die Möglichkeit, seine Forderung(en) schnell und Kosten sparend einzutreiben.
b) Der Antrag auf Erlass eines Mahnbescheids ist beim Amtsgericht zu stellen, bei dem der Antragsteller seinen allgemeinen Gerichtsstand, also seinen Geschäfts- oder Wohnsitz hat (§ 689 ZPO).
c) Zur Einleitung des gerichtlichen Mahnverfahrens ist es erforderlich, dass der Gläubiger den Erlass eines Mahnbescheides beantragt, durch den der Schuldner zur Zahlung aufgefordert wird. Der Mahnbescheid enthält die Aufforderung an den Schuldner, innerhalb von zwei Wochen zu zahlen oder Widerspruch einzulegen.

Zahlt der Schuldner, ist das Verfahren beendet, erhebt er rechtzeitig Widerspruch, so kann ein Verfahren durchgeführt werden. Wird nicht rechtzeitig Widerspruch erhoben, erlässt das Gericht auf Antrag des Gläubigers einen Vollstreckungsbescheid. Gegen den Vollstreckungsbescheid kann wie gegen ein Versäumnisurteil Einspruch erhoben werden. Wird Einspruch erhoben, so wird ein streitiges Verfahren durchgeführt.

Aufgabe 8
a) Der Zinslauf beginnt mit dem Tag, der dem Zugang der Mahnung folgt, also am 25. Juli. Die Frist endet mit Ablauf des Tages der Vornahme der Zahlung durch den Schuldner. Der Zahlungstag – der 10. September – ist also noch vollständig in den Zinszeitraum einzubeziehen. Legt man bei der Berechnung der Zinstage reale Tage und Monate zugrunde, muss die *Zweiradhandelsgesellschaft* die Schuld i. H. v. 89 314,50 € 48 Tage (vom 25. Juli bis 10. September) zu einem Zinssatz von 9,14 % verzinsen. Das entspricht einer Zinszahlung i. H. v. 1 073,54 €. Die *Zweiradhandelsgesellschaft* hat also die Verzugszinsberechnung korrekt vorgenommen.

b) Die Schuld erlischt mit Gutschrift auf dem Konto der *Fly Bike Werke GmbH*.

3 Prüfungsgebiet: Beschaffung und Bevorratung

Situation 15

Die folgenden Aufgaben betreffen die Fragenkomplexe:
– Bedarf an Produkten und Dienstleistungen ermitteln
– Dispositionsverfahren anwenden

Beispiele für betriebliche Handlungen*
– D Bedarf an Roh-, Hilfs- und Betriebsstoffen ermitteln
– D Absatzstatistiken auswerten
– P Bestellungen termingerecht planen
– D Meldebestand berechnen
– D Beschaffungszeit ermitteln
– D Optimale Bestellmenge ermitteln
– K Folgen unterschiedlicher Bestellmengen analysieren

* Handlungsarten: P = Planen, D = Durchführen, K = Kontrollieren

Herr Peters, der Geschäftsführer der *Fly Bike Werke*, hat in Abstimmung mit den Bereichsleitern eine Entscheidung darüber getroffen, das Fitness-Bike in das Produktionsprogramm des Unternehmens aufzunehmen. Im laufenden Geschäftsjahr sollen vorerst 1 000 Stück des Modells Fitness-Bike produziert werden.
Herr Thüne beauftragt deshalb *Frau Nemitz-Müller* mit der Disposition der zur Herstellung der Fahrräder erforderlichen Werkstoffe, fremd bezogenen Teile und Baugruppen.
Der Strukturaufbau des Fahrrades ergibt sich aus dem nachstehenden Schaubild:

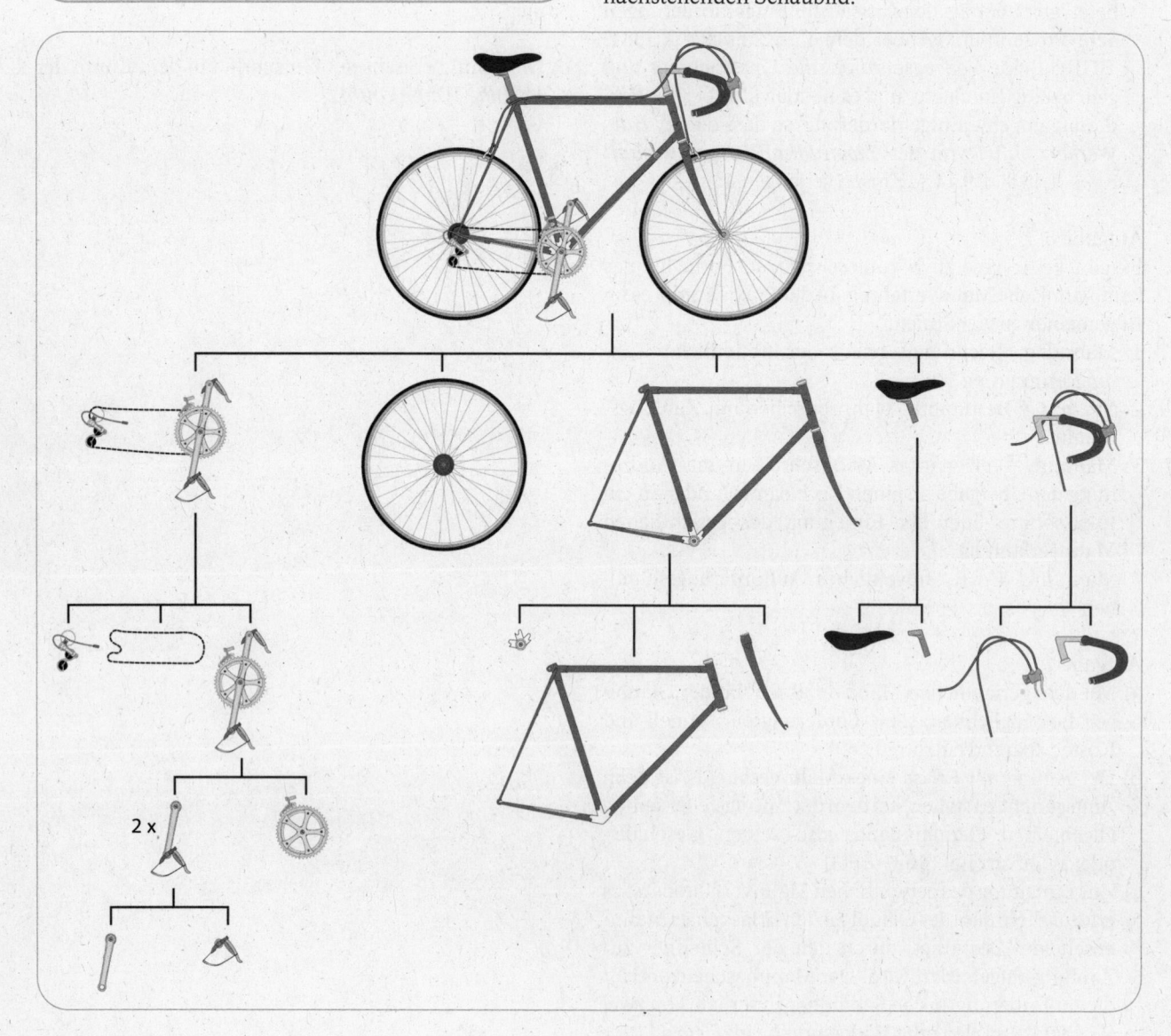

Aufgabe 1
Welche Hilfe kann die Kenntnis der Erzeugnisstruktur für die Materialdisposition leisten?

Aufgabe 2
Die Sättel für das Fitness-Bike werden fremdbezogen. Verwendung finden soll der Sattel „Trek TR-Sattelzug D". Dieser Sattel wird auch bei anderen Modellen verwendet. Berechnen Sie für diese Komponente den Nettosekundärbedarf bezogen auf die geplante Produktionsmenge an Fitness-Bikes unter Berücksichtigung der bereits im ERP-System gespeicherten Daten (vgl. dazu nachstehend abgebildete Maske des ERP-Systems Microsoft Navision Attain):

Ermitteln Sie die Werte, die das System in den Feldern (vgl. Symbol → in unten stehender Abbildung)
- Meldebestand,
- Bestellmenge und
- Bestellzyklus (Tage) ausweisen würde.

Aufgabe 5
Erstellen Sie eine Grafik, aus der der Verlauf der folgenden Kurven hervorgeht:
- durchschnittlicher Verbrauch im Zeitablauf
- Sicherheitsbestand.
Der Anfangsbestand soll 600 Sättel betragen.

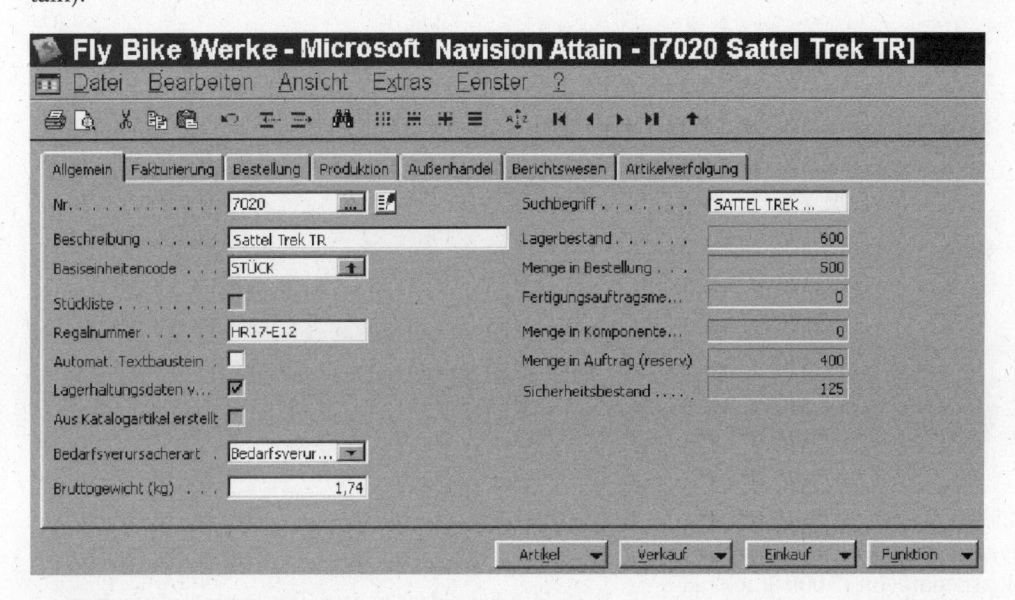

Aufgabe 3
Die Sättel werden in den *Fly Bike Werken* zur Zeit verbrauchsgesteuert disponiert. Erläutern Sie den Vorteil dieses Dispositionsverfahrens.

Aufgabe 4
Bezogen auf das Teil 7020 „Sattel Trek TR" weist das ERP-System Microsoft Navision Attain folgende Bestelldaten aus:

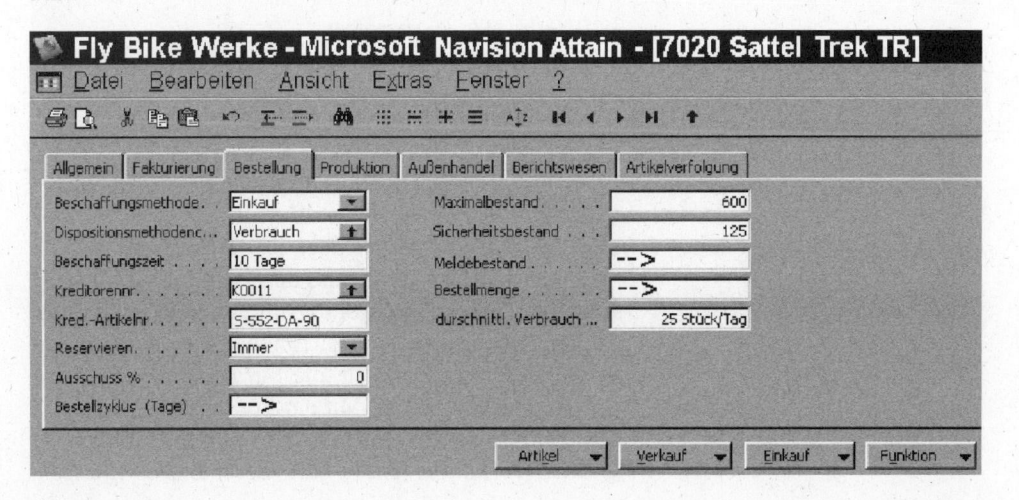

Aufgabe 6

Für den Artikel „4020 Beleuchtung" möchte die Geschäftsleitung der *Fly Bike Werke* Möglichkeiten zur Kostensenkung im Beschaffungsbereich prüfen. In diesem Zusammenhang soll geprüft werden, ob durch die Beschaffung nach dem Modell der optimalen Bestellmenge Kosten gesenkt werden können.

Folgende Daten wurden dazu von der Controllingabteilung zusammengestellt.

```
Controlling - Kostenreport - Produkte        Control - One ®   [X]

Kostenreport
  Produkt   [ 4020 - Beleuchtung              ▼]
  Bericht   [ Kosteninformation allgemein     ▼]

  ┌ Kosten - allg. │ Kostenschlüssel │ Zusatzangaben │ Maschine ◀▶ ┐
  │                                                                │
  │   • Bestellkosten:              300,00  Euro/Vorgang           │
  │   • Einstandspreis:               7,40  Euro/Stück             │
  │   • Fertigungsgemeinkosten:     128,00  %                      │
  │   • Lagerkosten:                 20,00  %                      │
  │                                                                │
  │                          Ausgabe in alphabetischer Reihenfolge │
  └────────────────────────────────────────────────────────────────┘

  [Kalkulation]   [Verteilung]   [Kostenarten]   [Kostenstellen]
```

In Rücksprache mit dem Lieferanten *Cycle Tools International Union* können folgende Bestellhäufigkeiten bezogen auf den benötigten Jahresbedarf von 15 000 Stück realisiert werden: 1 Bestellung/Jahr, 3 Bestellungen/Jahr, 8 Bestellungen/Jahr, 12 Bestellungen/Jahr, 17 Bestellungen/Jahr, 20 Bestellungen/Jahr.

a) Entwerfen Sie eine Tabelle zur Berechnung der optimalen Bestellmenge.
b) Berechnen Sie die optimale Bestellmenge mit Hilfe der Tabelle.
c) Erstellen Sie eine Grafik mit folgenden Kurven:
   – Bestellkosten
   – Lagerkosten
   – Gesamtkosten
d) Beurteilen Sie abschließend das verwendete Modell der optimalen Bestellmenge kritisch.

Situation 16

> Die folgenden Aufgaben betreffen die Fragenkomplexe:
> – Bestellungen bei Lieferanten vorbereiten, durchführen und nachbereiten
> – Vertragserfüllung überwachen und Maßnahmen zur Vertragserfüllung einleiten
>
> Beispiele für betriebliche Handlungen*
> – D Bestellungen ausführen
> – D AGB beachten
> – K Bestellung mit Auftragsbestätigung vergleichen
> – D Auf Vertragsstörungen reagieren
> – D Verzugszinsen berechnen
> – K Rechtslage bei Vertragsstörungen prüfen
>
> * Handlungsarten: P = Planen, D = Durchführen, K = Kontrollieren

Im Rahmen der Disposition des Auftrags der *Zweiradhandelsgesellschaft mbH* über 170 Trekkingräder stellt *Frau Nemitz-Müller* fest, dass der Meldebestand für die zur Fertigung benötigten Stahlrohre erreicht ist. Als zuständige Sachbearbeiterin im Einkauf hat sie insgesamt vier Unternehmen ermittelt, die für die Lieferung dieser Rohre in Frage kommen: Mit der *Stahlwerke Tissen AG* in Düsseldorf und der *Mannes AG* in Bochum haben die *Fly Bike Werke* seit Jahren gute Geschäftsbeziehungen.

Fly Bike Werke GmbH · Rostocker Straße 334 · 26121 Oldenburg

Stahlwerke Tissen AG
Verwaltung
Karl-Kleppe-Str. 19

40474 Düsseldorf

Ihre Zeichen sgr	Unsere Zeichen rem	☎ 04 41 88 5-77	26121 Oldenburg
Ihr Schreiben vom 20..-05-28	Unsere Nachricht vom 20..-05-27		20..-05-30

Bestellung Nr. 146 über Stahlrohr, 34 mm x 2 mm
Art.-Nr. 1034020: Rundrohr CrMoB

Sehr geehrte Damen und Herren,

wir beziehen uns auf Ihr Angebot vom 20..-05-28 und bestellen:

4 000 m Stahlrohr der o.a. Spezifikation

Ihre Zahlungs- und Lieferungsbedingungen haben wir zur Kenntnis genommen. Auch mit den Bestandteilen Ihrer Allgemeinen Geschäftsbedingungen sind wir einverstanden. Bitte legen Sie Ihrer Lieferung das entsprechende Qualitätszertifikat nach ISO 9001 bei. Wir bitten Sie, die Lieferzeit von vier Tagen einzuhalten, und hoffen auf weiterhin gute Geschäftsbeziehungen.

Mit freundlichen Grüßen
Fly Bike Werke GmbH

Nemitz-Müller
i. A. Nemitz-Müller

Geschäftsführer	Bankverbindung	Telefon
Hans Peters	Landessparkasse Oldenburg	04 41 88 5-88
	BLZ 280 501 00	Fax
HR Oldenburg B 2134	Konto-Nr. 11 23 26.444	04 41 88 5-92 11

Die Allgemeinen Geschäftsbedingungen der Tissen AG enthalten folgende Angaben:

– Allgemeine Geschäftsbedingungen –

Stahlwerke Tissen AG

I. Vertragsabschluss

1. Alle Abschlüsse und Vereinbarungen bedürfen zu ihrer Wirksamkeit der Schriftform, mündliche Nebenabreden werden nur durch schriftliche Bestätigung für uns verbindlich.

Mit der widerspruchslosen Entgegennahme unserer Auftragsbestätigung gelten der Kaufvertrag als abgeschlossen und diese Bedingungen als angenommen, auch wenn der Käufer seine Unterschrift nicht geleistet hat. Mehrere Besteller bevollmächtigen sich gegenseitig uns gegenüber zur Abgabe und Empfangnahme aller Erklärungen, die mit der Bestellung in Zusammenhang stehen.

II. Abnahme und Zahlung

1. Werden unsere Bedingungen von dem Besteller nicht erfüllt, gerät er insbesondere in Zahlungsverzug oder fällt bei Kreditgeschäften die Auskunft über die Person des Bestellers oder des Bürgen unbefriedigend aus, sind wir berechtigt, nach unserer Wahl

a) vom Vertrag zurückzutreten,

b) bei geleisteter Anzahlung unserer vertraglichen Verpflichtung dadurch zu genügen, dass wir Waren in Höhe des Anzahlungsbetrages liefern; geleistete Anzahlungsbeträge werden nicht verzinst.

2. Wir sind befugt, mindestens 25 vom Hundert des Bestellpreises als Schadenersatz zu fordern:

a) wenn wir gemäß Artikel II 1.a) dieser Bedingungen vom Vertrag zurückgetreten sind,

b) wenn der Besteller die Abnahme der Ware verweigert und wir auf Lieferung verzichten.

Es ist nicht erforderlich, eine Nachfrist zu setzen.

III. Preise und Zahlung

1. Unsere Angebote sind frei bleibend.

2. Unsere Rechnungen – auch über Teillieferungen – sind sofort nach erfolgter Lieferung zahlbar. Mängelrügen berechtigen nicht zur Geltendmachung von Aufrechnungs- und Zurückbehaltungsrechten. Bei nicht pünktlicher Zahlung sind wir berechtigt, ohne Inverzugsetzung als Verzugsschaden monatlich mindestens 1 vom Hundert des gesamten ausstehenden Betrages zu berechnen. Bei Zahlungsrückstand des Bestellers entfallen für uns Termine, Garantieverpflichtungen, Skontibeträge, Rabatte und Zahlungsnachlass.

3. Machen wir bei Zahlungsverzug von unserem Rücktrittsrecht Gebrauch, so sind wir berechtigt, folgende Ansprüche für Aufwendungen und Entschädigung für Benutzung und Wertminderung geltend zu machen:

a) für die infolge des Vertrages erbrachten Aufwendungen, insbesondere anteilige Geschäftskosten, Transport- und Versicherungskosten: mindestens 10 vom Hundert des Bestellpreises,

b) für Benutzung und Wertminderung bei Rückgabe und Rücktritt innerhalb des ersten Halbjahres nach Lieferung 25 % des Bestellpreises und für jedes weitere Halbjahr nach Lieferung bis zum Ablauf von 2 Jahren weitere 10 % für jedes Halbjahr.

IV. Liefertermine

1. Von uns angegebene Liefer- und Abholzeiten sind annähernd und unverbindlich. Fest vereinbarte Fristen beginnen mit dem Tage der Vertragsunterzeichnung. Vereinbarte Fristen verlängern sich um den Zeitraum, während dessen der Besteller mit seinen Verpflichtungen, auch aus anderen Geschäften mit uns, im Rückstand ist. Wird ein vereinbarter Termin von uns schuldhaft um mehr als vier Wochen überschritten, kann der Besteller uns eine angemessene Nachfrist setzen und, halten wir die Nachfrist nicht ein, durch schriftliche Erklärung vom Vertrage zurücktreten. Schadenersatzansprüche, gleich welcher Art, sind ausgeschlossen.

2. Falls die Lieferung durch von uns nicht verschuldete Umstände erschwert oder unmöglich gemacht wird, insbesondere durch Unfälle, Feuer, Verkehrssperre, Rohstoffmangel, Störungen des Betriebes oder des Transportes, können wir die Lieferung um die Dauer der Behinderung hinausschieben oder ganz oder wegen des noch nicht erfüllten Teils vom Vertrage zurücktreten.

Mögliche neue Lieferer für Stahlrohre sind die *Metallwerke GmbH* in Leipzig und die *Frankenstahl GmbH & Co. KG* in Nürnberg. *Frau Nemitz-Müller* hat an alle vier Anbieter eine Anfrage verschickt und entsprechende Angebote erhalten. Nach einem ausführlichen Angebotsvergleich entscheidet sie sich für die *Stahlwerke Tissen AG* und versendet die auf S. 79 abgedruckte Bestellung.

Aufgabe 1
Erläutern Sie, ob im vorliegenden Fall ein Kaufvertrag zustande gekommen ist.

Aufgabe 2
Definieren Sie den Begriff der Allgemeinen Geschäftsbedingungen.

Aufgabe 3
Erläutern Sie, auf welche Weise die *Fly Bike Werke GmbH* Eigentum an den Stahlrohren erwerben kann.

Aufgabe 4
Frau Nemitz-Müller bestellt im Rahmen Ihrer Tätigkeit als Einkäuferin der *Fly Bike Werke GmbH* die benötigten Stahlrohre bei der *Stahlwerke Tissen AG*. Sie handelt im Rahmen der gesetzlichen Stellvertretung. Erläutern Sie, was darunter zu verstehen ist.

Situation 17*

> **Die folgenden Aufgaben betreffen die Fragenkomplexe:**
> – Bestellungen bei Lieferanten vorbereiten, durchführen und nachbereiten
> – Vertragserfüllung überwachen und Maßnahmen zur Vertragserfüllung einleiten
>
> **Beispiele für betriebliche Handlungen***
> – D Bestellungen ausführen
> – D AGB beachten
> – K Bestellung mit Auftragsbestätigung vergleichen
> – D Auf Vertragsstörungen reagieren
> – K Rechtslage bei Vertragsstörungen prüfen
>
> * Handlungsarten: P = Planen, D = Durchführen, K = Kontrollieren

Im Rahmen der Disposition eines Auftrags über Trekkingräder stellt die zuständige Sachbearbeiterin im Einkauf, *Frau Nemitz-Müller*, fest, dass der Meldebestand für die zur Fertigung benötigten Stahlrohre erreicht ist. Sie schickt an vier Anbieter Anfragen.

Aufgabe 1
Aus welchen Gründen stellen Unternehmen Anfragen?

Aufgabe 2
Die *Stahlwerke Tissen AG* unterbreitet der *Fly Bike Werke GmbH* am 28. Mai 20.. ein Angebot über die benötigten 4 000 m Stahlrohr. Da *Frau Nemitz-Müller* auf den Empfang der anderen Angebote noch wartet, reagiert sie auf dieses Angebot zunächst nicht.
a) Welche Voraussetzungen müssen erfüllt sein, damit ein Angebot i. S. d. § 145 BGB vorliegt?
b) Wie lange ist die *Stahlwerke Tissen AG* an ihren Antrag gebunden?
c) Durch welche Zusätze könnte die *Stahlwerke Tissen AG* die Bindung an ihren Antrag rechtlich einschränken oder gänzlich ausschließen?
d) Die *Stahlwerke Tissen AG* bietet die Lieferung „frei Lager" und ein „Zahlungsziel" von acht Tagen an.
Erläutern Sie, was diese Lieferungs- und Zahlungsbedingungen für die *Fly Bike Werke GmbH* bedeuten.

Aufgabe 3
Frau Nemitz-Müller hat inzwischen Angebote der anderen Anbieter erhalten und führt einen Angebotsvergleich durch.
a) Welche betriebswirtschaftliche Aufgabe erfüllt ein Angebotsvergleich?
b) Welche Kriterien werden bei einem Angebotsvergleich miteinander verglichen?

Aufgabe 4
Nachdem *Frau Nemitz-Müller* einen Angebotsvergleich durchgeführt hat, fällt sie die Entscheidung zu Gunsten der *Stahlwerke Tissen AG*, die zwar einen höheren Bezugspreis als der günstigste Anbieter aufweist, aber bereits nach vier Tagen liefern kann. Sie bestellt am 15. Juni 20.. und erhält am 22. Juni 20.. die Auftragsbestätigung.
a) Wodurch kommt der Kaufvertrag zustande?
b) Hat *Frau Nemitz-Müller* die *Fly Bike Werke GmbH* wirksam vertreten?
c) Welche Pflichten haben die *Stahlwerke Tissen AG* und die *Fly Bike Werke GmbH* aus dem Kaufvertrag?
d) Zur Sicherung ihrer Forderung liefert die *Stahlwerke Tissen AG* die Stahlrohre unter Eigentumsvorbehalt. Warum reicht die Vereinbarung eines einfachen Eigentumsvorbehalts in diesem Fall nicht aus?
e) Welche Art des Eigentumsvorbehalts muss stattdessen vereinbart werden?
f) Formulieren Sie eine entsprechende Klausel.

Aufgabe 5
Wodurch kann es zu Störungen bei der Erfüllung des Vertrages seitens der *Stahlwerke Tissen AG* kommen?

---

*Unterstellen Sie in Situation 17, dass *Frau Nemitz-Müller* auf den Empfang der anderen Angebote noch wartet und nicht auf das Angebot der *Stahlwerke Tissen AG* reagiert.

Situation 18

> Die folgenden Aufgaben betreffen die Fragenkomplexe:
> – System der Vorratshaltung des Ausbildungsbetriebes auftragsbezogen berücksichtigen
> – Bestände erfassen, kontrollieren und bewerten
>
> Beispiele für betriebliche Handlungen*
> – P Lagerordnung bestimmen
> – D Lagerfunktionen beschreiben
> – D Lagerbestände berechnen
> – D Nachbestellungen veranlassen
> – D Bestände erfassen
> – D ABC-Analyse durchführen
> – D Lagerkennzahlen berechnen
> – K Lagerkennzahlen auswerten
> – K Lagerbestände kontrollieren
> – K Inventurlisten auswerten
>
> * Handlungsarten: P = Planen, D = Durchführen, K = Kontrollieren

Herr Schneider ist in den *Fly Bike Werken* zuständig für die Lagerverwaltung. Er muss u. a. dafür sorgen, dass das Lager wirtschaftlich geführt wird. (Dabei orientiert er sich an den Vorgaben des Controlling.) Die Aufnahme des Fitness-Bikes in das Produktionsprogramm der *Fly Bike Werke* stellt auch erhöhte Anforderungen an das Lager, denn für einen erheblichen Teil der Komponenten, die zur Herstellung der 1.000 Bikes benötigt werden, muss Lagerhaltung betrieben werden.

Aufgabe 1
Ermitteln Sie aufgrund der Angaben in der rechten Spalte im Auftrag von *Herrn Schneider* folgende Lagerkennzahlen:
a) den durchschnittlichen Verbrauch/Kalenderwoche
b) den durchschnittlichen Lagerbestandswert
c) die Lagerdauer
d) die Zinsen für das durchschnittlich im Lager gebundene Kapital.

Aufgabe 2
Der durchschnittliche Lagerbestand zählt zu den zentralen Kennzahlen einer wirtschaftlichen Lagerhaltung. Erläutern Sie drei Maßnahmen, durch die der durchschnittliche Lagerbestand gesenkt werden kann.

Aufgabe 3
Erläutern Sie die Bedeutung von Kennzahlen für eine wirtschaftliche Betriebsführung.

Aufgabe 4
Beschreiben Sie drei wichtige Anforderungen, die Kennzahlen erfüllen sollten.

Aufgabe 5
In den *Fly Bike Werken* wird bei der Lagerhaltung u. a. das Festplatzsystem angewendet. Erläutern Sie dieses System. Nennen Sie im Anschluss an Ihre Erläuterungen ein weiteres System der Lagerhaltung, das alternativ zum Einsatz kommen könnte, und beurteilen Sie kurz dieses Lagerhaltungssystem.

Die ERP-Software Microsoft Navision Attain gibt folgende Lagerbestandsentwicklung für das Jahr 2003 aus:

- **Artikel:** 7020 – Sattel Trek TR, Sattelzug D
- **Höchstbestand:** 4 500 Stück
- **Meldebestand:** 2 500 Stück
- **Einstandspreis:** 5,36 €/Stück

Bericht Nr. 22391
MS Navision Attain
Seite –1–

Tag	Eingang (Stück)	Ausgang (Stück)	Bestand (Stück)
01.01.			3 200
19.01.		600	2 600
10.02.		700	1 900
05.03.		850	1 050
25.03.	2 400		3 450
28.03.		800	2 650
20.04.		750	1 900
15.05.		600	1 300
01.06.	2 400		3 700
04.06.		550	3 150
26.06.		700	2 450
18.07.		800	1 650
06.08.	2 400		4 050
10.08.		900	3 150
05.09.		800	2 350
27.09.		800	1 550
19.10.	2 400		3 950
20.10.		850	3 100
08.11.		700	2 400
23.11.		750	1 650
10.12.		900	750
18.12.	2 400		3 150
31.12.			3 150

Das Controlling hat in diesem Zusammenhang auf Anforderung folgende Daten ermittelt:

Kostenreport Nr. 2231

- **Artikel:** 7020 – Sattel Trek TR
- **Kalkulatorischer Zinssatz für gebundenes Kapital:** 12 %
- **Verbrauchsperioden:** 48 Wochen/Jahr

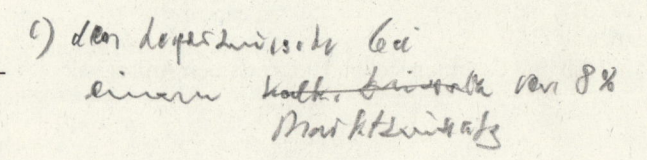

IV Ausgewählte Aufgaben zum Prüfungsbereich „Geschäftsprozesse"

Aufgabe 6
Im Rahmen der Neueinführung des Fitness-Bikes möchte die Geschäftsleitung Kostensenkungspotenziale im Lager prüfen lassen. Die Controllingabteilung soll deshalb auf Basis der letzten Bestandsaufnahme am 31.01.20.. eine ABC-Analyse durchführen.

Der zuständige Controller *Herr Steffes* exportiert für die gewünschte ABC-Analyse zunächst entsprechende Datenbestände aus dem ERP-System Microsoft Navision Attain:

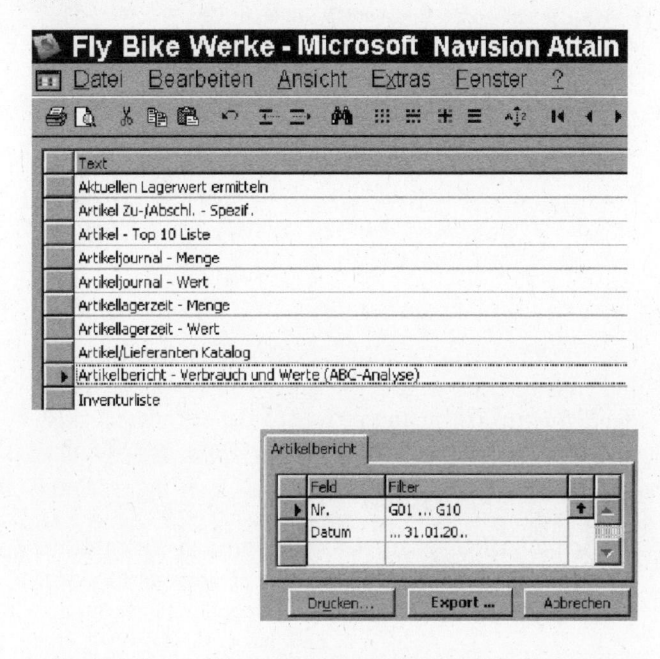

Fly Bike Werke - Microsoft Navision Attain

- Aktuellen Lagerwert ermitteln
- Artikel Zu-/Abschl. - Spezif.
- Artikel - Top 10 Liste
- Artikeljournal - Menge
- Artikeljournal - Wert
- Artikellagerzeit - Menge
- Artikellagerzeit - Wert
- Artikel/Lieferanten Katalog
- ▶ Artikelbericht - Verbrauch und Werte (ABC-Analyse)
- Inventurliste

Artikelbericht

Feld	Filter
Nr.	G01 ... G10
Datum	... 31.01.20..

[Drucken...] [Export ...] [Abbrechen]

Das Ergebnis des Datenexports lädt *Herr Steffes* in ein Tabellenkalkulationsprogramm. Er gestaltet anschließend eine Tabelle zur Ermittlung der ABC-Analyse (vgl. folgende Abbildung).

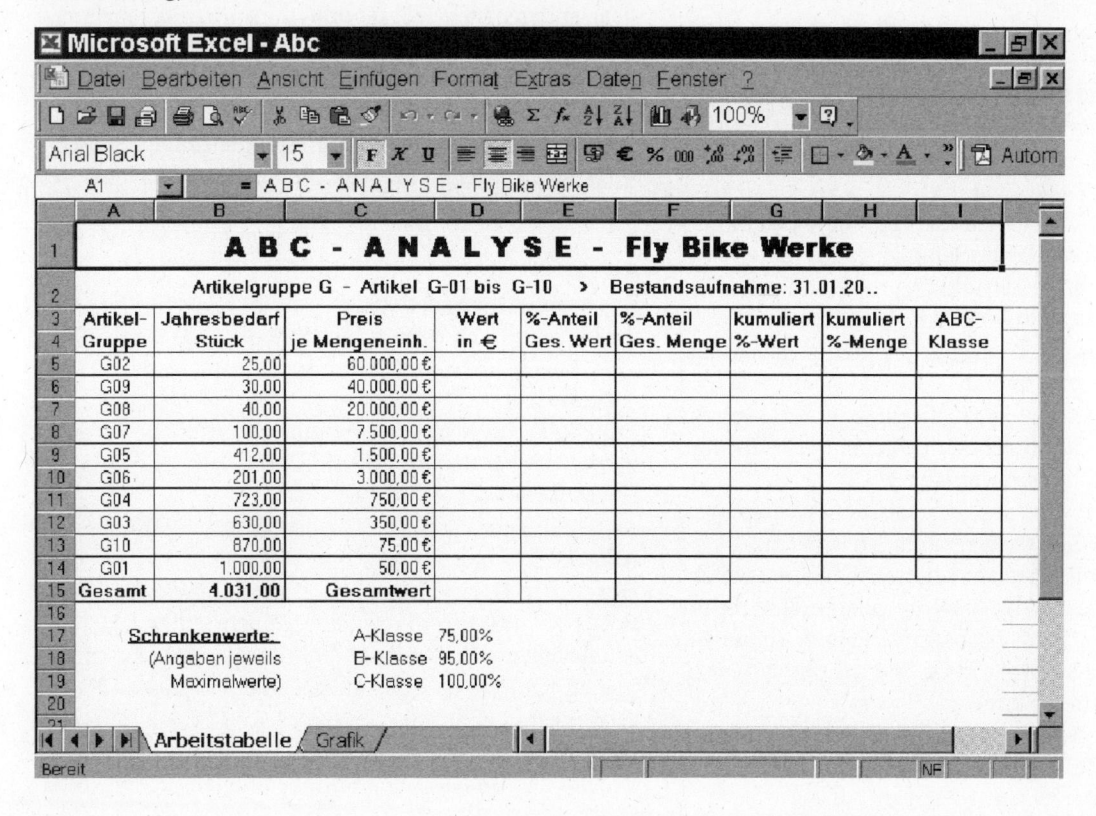

Microsoft Excel - Abc

A1 = ABC - ANALYSE - Fly Bike Werke

ABC - ANALYSE - Fly Bike Werke

Artikelgruppe G - Artikel G-01 bis G-10 > Bestandsaufnahme: 31.01.20..

Artikel-Gruppe	Jahresbedarf Stück	Preis je Mengeneinh.	Wert in €	%-Anteil Ges. Wert	%-Anteil Ges. Menge	kumuliert %-Wert	kumuliert %-Menge	ABC-Klasse
G02	25,00	60.000,00 €						
G09	30,00	40.000,00 €						
G08	40,00	20.000,00 €						
G07	100,00	7.500,00 €						
G05	412,00	1.500,00 €						
G06	201,00	3.000,00 €						
G04	723,00	750,00 €						
G03	630,00	350,00 €						
G10	870,00	75,00 €						
G01	1.000,00	50,00 €						
Gesamt	4.031,00	Gesamtwert						

Schrankenwerte: A-Klasse 75,00%
(Angaben jeweils   B-Klasse 95,00%
Maximalwerte)   C-Klasse 100,00%

\Arbeitstabelle / Grafik /

a) Um die Daten aus dem ERP-Programm in das Tabellenkalkulationsprogramm übernehmen zu können, sollte *Herr Steffes* beim Datenexport ein möglichst weit verbreitetes kompatibles Datenformat verwenden.
Erläutern Sie kurz zwei mögliche Probleme, die beim Datenexport aufgrund von Formatinkompatibilitäten entstehen können, und geben Sie das Datenformat an, das sich für einen möglichst reibungslosen Datenexport über Programmgrenzen hinweg besonders eignet.

b) Identifizieren Sie in dem abgebildeten Arbeitsblatt auf S. 83 jeweils eine Eingabezelle, eine Formelzelle und eine Zelle zur Bezeichnung bzw. Tabellenbeschriftung.

c) Erstellen Sie für *Herrn Steffes* die notwendigen Formeln, die er in die nachfolgend genannten Zellen des Arbeitsblattes eintragen muss.
Beachten Sie: In den Zellen der Spalte „I" soll je nach dem Ergebnis der zugehörigen entscheidungsrelevanten Spalte automatisch die Angabe „A-Klasse", „B-Klasse" oder „C-Klasse" erscheinen.
Achten Sie bei der Formelerstellung auf eine *programmgerechte Schreibweise* und die *Kopierfähigkeit* der Formeln.

Zelle	Notwendige Formel
D6	
D15	
E8	
F11	
G7	
H5	
H12	
I11	

d) Nach dem Datenexport wurden die Daten in der Reihenfolge G01 bis G10 in das Arbeitsblatt der Tabellenkalkulation eingelesen. Erläutern Sie kurz, welche Arbeitsschritte *Herr Steffes* zunächst vornehmen musste, damit eine ABC-Analyse aussagekräftig durchgeführt werden kann.

e) *Herr Steffes* wendet im Rahmen von Analysen umfangreicher Datenbestände die Selektion an. Erläutern Sie, was man unter einer Selektion versteht und geben Sie den entscheidenden Vorteil einer Selektion an.

f) Erstellen Sie abschließend eine komplette ABC-Analyse mit allen entsprechenden Werten nach dem von *Herrn Steffes* gewählten Tabellenaufbau. Erstellen Sie die Werte dabei entweder manuell oder mit Hilfe eines Tabellenkalkulationsprogramms.

g) *Herr Steffes* möchte das Ergebnis der ABC-Analyse grafisch mit Hilfe eines Diagrammes darstellen.
Skizzieren Sie das Diagramm und geben Sie an, welche Aussage man der Grafik entnehmen kann. Ihre Skizze braucht dabei nicht maßstabsgetreu zu sein. Achten Sie jedoch auf eine sinnvolle Diagrammart und eine vollständig beschriftete Skizze.

h) Leiten Sie relevante Aussagen für die Materialdisposition aus der ABC-Analyse ab.

Situation 19

Die folgenden Aufgaben betreffen die Fragenkomplexe:
- Störungen bei der Vertragserfüllung
- Rechte und Pflichten aus Vertragsstörungen
- Allgemeine Geschäftsbedingungen

Beispiele für betriebliche Handlungen*
- D Auf Vertragsstörungen reagieren
- D Verzugszinsen berechnen
- K Rechtslage bei Vertragsstörungen prüfen

* Handlungsarten: P = Planen, D = Durchführen, K = Kontrollieren

Zwischen der *Fly Bike Werke GmbH* und der *Schwalle KG* wurde am 30. Januar 20.. ein Kaufvertrag über 500 Reifen geschlossen. Vereinbart wurde, dass die Lieferung am 5. März 20.. während der üblichen Geschäftszeiten erfolgen sollte.

Am Nachmittag des 4. März 20.. neigt sich der Vorrat an Reifen dem Ende zu. Die *Fly Bike Werke GmbH* ruft bei der *Schwalle KG* an und verweist auf die Notwendigkeit, unter diesen Umständen den Liefertermin genau einzuhalten.

Die *Schwalle KG* bedauert, nicht liefern zu können, da die versehentlich zu spät vorgenommene Produktion dazu führen wird, dass sie erst in zwei Wochen liefern könne.

Für die *Fly Bike Werke GmbH* ergeben sich nun folgende wirtschaftliche Konsequenzen:
- Die Produktion der Fahrräder kann nicht wie geplant fortgeführt werden. Arbeitnehmer können nur begrenzt an anderen Stellen des Produktionsprozesses eingesetzt werden. Hierdurch entsteht ein Schaden aufgrund fehlender Arbeitsmöglichkeiten i.H.v. 1 500,00 €.
- Die *Fly Bike Werke* werden eine Konventionalstrafe i. H. v. 500,00 € an einen Großkunden zahlen müssen, da sie die eigene Lieferverpflichtungen nicht einhalten können.

Aufgabe 1
Wie hoch ist der Schaden, der den *Fly Bike Werken* durch die Lieferungsverzögerung der *Schwalle KG* entsteht?

Aufgabe 2
Prüfen Sie, unter welchen Voraussetzungen die *Fly Bike Werke GmbH* den Verzögerungsschaden gegenüber der *Schwalle KG* geltend machen kann.

Aufgabe 3
Wegen der Dringlichkeit des Bedarfs beschafft die *Fly Bike Werke GmbH* die Reifen bei einem anderen Hersteller. Sie teilt der *Schwalle KG* mit, dass sie daher vom Vertrag zurücktrete und die Annahme der bestellten Reifen verweigere.
Kann die *Fly Bike Werke GmbH* vom Vertrag zurücktreten und die Annahme der bestellten Reifen verweigern?

Aufgabe 4

Am Freitag, den 19. März 20.. treffen die bestellten Reifen kurz vor Geschäftsschluss bei der *Fly Bike Werke GmbH* ein. Die erst am Montag, den 22. März 20.. vorgenommene Prüfung ergibt, dass nur 400 Reifen geliefert wurden und davon 10 % porös sind.

a) Um welche Art von Mängeln handelt es sich?
b) Überprüfen Sie, ob die *Fly Bike Werke GmbH* ihrer gesetzlichen Prüfungs- und Rügeobliegenheit ordnungsgemäß nachgekommen ist.
c) Schreiben Sie einen Brief an die *Schwalle KG*, in dem Sie die Schlechtleistung reklamieren und Ihr Recht gegenüber dem Lieferanten geltend machen. Achten Sie auf die Einhaltung der DIN 5008. Briefdatum: 22. März 20.., Adresse der *Schwalle KG*: Märkische Str. 36, 44135 Dortmund.

Aufgabe 5

Bei Abschluss des Kaufvertrages wurde die *Fly Bike Werke GmbH* auf folgende Allgemeine Geschäftsbedingungen (AGB) der *Schwalle KG* hingewiesen:

Allgemeine Geschäftsbedingungen (AGB)
der Schwalle KG, Dortmund

1. Gültigkeit der AGB
Die nachstehenden Geschäftsbedingungen werden Vertragsbestandteil bei sämtlichen Verträgen.

2. Preise und Zahlungsbedingungen
Die vereinbarten Preise beinhalten die gesetzliche Umsatzsteuer. Skonto gewähren wir nur aufgrund besonderer Vereinbarungen.

Während der Lieferzeit entstehende Preiserhöhungen unserer Hersteller berechtigen uns jederzeit zur Weitergabe an die Kunden.

Die Rechnungen sind innerhalb von 10 Tagen ohne Abzug zahlbar.

3. Gewährleistung
Die Gewährleistungsfrist beträgt 3 Monate ab Übergabe der Ware.

Der Käufer einer mangelhaften Ware kann als Nacherfüllung zunächst nur die Beseitigung des Mangels oder die Lieferung einer mangelfreien Sache verlangen.

Die zum Zwecke der Nacherfüllung erforderlichen Aufwendungen (Transport-, Wege-, Arbeits- und Materialkosten) sind vom Käufer zu tragen.

4. Eigentumsvorbehalt
Bis zur vollständigen Bezahlung bleibt die Ware unser Eigentum.

---

a) Prüfen Sie, ob die Allgemeinen Geschäftsbedingungen (AGB) der *Schwalle KG* Vertragsbestandteil geworden sind.
b) Prüfen Sie, ob die Klauseln der Allgemeinen Geschäftsbedingungen wirksam geworden sind.
c) Auf der Vorderseite des Vertrages steht die zwischen der *Fly Bike Werke GmbH* und der *Schwalle KG* ausgehandelte Vertragsbedingung „Zahlbar innerhalb von 14 Tagen abzüglich 2 % Skonto". Kann die *Fly Bike Werke GmbH* die Rechnung mit Skontoabzug bezahlen?

Situation 20

> Die folgenden Aufgaben betreffen die Fragenkomplexe:
> - Störungen bei der Vertragserfüllung
> - Rechte und Pflichten aus Vertragsstörungen
>
> Beispiele für betriebliche Handlungen*
> - D Auf Vertragsstörungen reagieren
> - D Verzugszinsen berechnen
> - K Rechtslage bei Vertragsstörungen prüfen
>
> * Handlungsarten: P = Planen, D = Durchführen, K = Kontrollieren

Die *Fly Bike Werke GmbH* hat bei der *Maschinenhersteller KG* eine Produktionsmaschine gekauft. Die am 1. August 20.. gelieferte Maschine arbeitet sehr unregelmäßig. Der Geschäftsführer, *Herr Peters*, teilt dies am 5. August 20.. dem Maschinenhersteller mit. Dieser schickt einen Kundendienstingenieur vorbei, der jedoch die Ursache nicht findet.

Die *Fly Bike Werke GmbH* erleidet durch die schlechte Arbeitsweise der Maschine erhebliche Produktionsausfälle. *Herr Peters* fordert deshalb die *Maschinenhersteller KG* schriftlich auf, endlich den Mangel zu beseitigen, sonst sei die Einleitung gerichtlicher Schritte unvermeidlich. Dieses Schreiben geht am 1. September 20.. bei der *Maschinenhersteller KG* ein. Die *Maschinenhersteller KG* schickt in der Folgezeit mehrfach Mechaniker und Ingenieure vorbei, bis schließlich am 1. Oktober die Ursache festgestellt wird. Nach erfolgter Reparatur der Maschine arbeitet diese einwandfrei.

Aufgabe 1
Wie lange hat die *Fly Bike Werke GmbH* Zeit, den Mangel bei der *Maschinenhersteller KG* zu rügen?

Aufgabe 2
Wie oft hätte sich die *Fly Bike Werke GmbH* eine Nachbesserung gefallen lassen müssen?

Aufgabe 3
Herr Peters verlangt für die Zeit vom 1. August bis zum 1. Oktober monatlich je 2 000,00 € Schadenersatz. Der Maschinenhersteller lehnt dies ab.
Ist die *Fly Bike Werke GmbH* berechtigt, 4 000,00 € Schadenersatz zu verlangen?

Aufgabe 4
Gehen Sie davon aus, dass ein Schadenersatzanspruch zu Recht besteht und die Zahlung bis zum 30. Oktober geleistet werden sollte.
Der Maschinenhersteller hat bis zum 30. November die Zahlung noch nicht geleistet. Die *Fly Bike Werke GmbH* mahnt daraufhin und berechnet 12 % Verzugszinsen ab dem 31. Oktober 20..
a) Ab wann befindet sich der Maschinenhersteller mit der Zahlung in Verzug?
b) Kann die *Fly Bike Werke GmbH* Verzugszinsen in Höhe von 12 % in Rechnung stellen?

Lösungen zum Prüfungsgebiet: Beschaffung und Bevorratung

Lösungen zur Situation 15

Aufgabe 1
Die Erzeugnisstruktur zeigt den Aufbau des Erzeugnisses in den einzelnen Fertigungsstufen. Der Disponent kann sich bei der Mengen- und Terminplanung daran orientieren.

Aufgabe 2
Primärbedarf × Bedarf lt. Stückliste/Komponentenliste =

Bruttosekundärbedarf $\quad 1\,000 \times 1 =$	1 000 Stück
– Lagerbestände	600 Stück
+ Sicherheitsbestand	125 Stück
– offene Bestellungen	500 Stück
+ Reservierungen	400 Stück
Nettosekundärbedarf	425 Stück

Aufgabe 3
Der Vorteil der verbrauchsgesteuerten Disposition liegt in einem geringen Dispositionsaufwand, wobei Unsicherheiten durch Sicherheitsbestände kompensiert werden können. Die Voraussetzungen für den erfolgreichen Einsatz sind eine stets aktuelle und korrekte Lagerbestandsfortschreibung und eine enge Kopplung zwischen Disposition und Lagerbestandsführung.

Aufgabe 4
- Feld **Meldebestand**:

  = durchschnittl. Verbrauch × Beschaffungszeit + Sicherheitsbestand
  = 25 Stück/Tag × 10 Tage + 5 Tage × 25 Stück/Tag
  = 250 Stück + 125 Stück
  = **375 Stück**

- Feld **Bestellmenge**:

  = Maximalbestand – Minimalbestand
  = 600 – 125 = **475 Stück**

- Feld **Bestellzyklus** (Tage):

  = ((Maximalbestand – Meldebestand) ÷ Tagesverbrauch) + Lieferzeit
  = ((600 – 375) ÷ 25) + 10 = **19 Tage**,

  d. h. alle 19 Tage wird bestellt, vorausgesetzt der Verbrauch bleibt konstant und linear.

Aufgabe 5

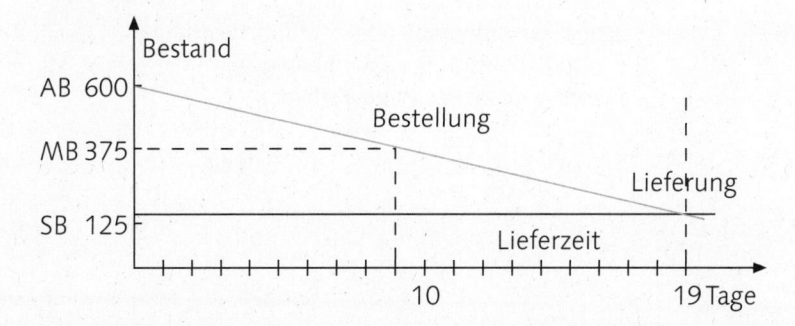

Aufgabe 6

a) und b) werden zusammen gelöst:

Ermittlung der optimalen Bestellmenge – Artikel 4020	
Jahresbedarf in Stück	15 000 Stück
Kosten je Bestellung in €	300 €
Lagerhaltungskostensatz	20 Prozent
Einstandspreis in €/Stück	7,40 €

Bestellhäufigkeit	Bestellmenge	ø Lagerbestand	Bestellkosten	Lagerkosten	Gesamtkosten
1	15 000,00	7 500,00	300,00	11 100,00	11 400,00
3	5 000,00	2 500,00	900,00	3 700,00	4 600,00
8	1 875,00	937,50	2 400,00	1 387,50	3 787,50
12	1 250,00	625,00	3 600,00	925,00	4 525,00
17	882,00	441,00	5 100,00	652,68	5 752,68
20	750,00	375,00	6 000,00	555,00	6 555,00

Hinweis: Bei der Berechnung der Bestellmenge müssen Ergebnisse, die zu Nachkommastellen führen, als Ganzzahl behandelt werden, d. h. die Nachkommastellen entfallen komplett.

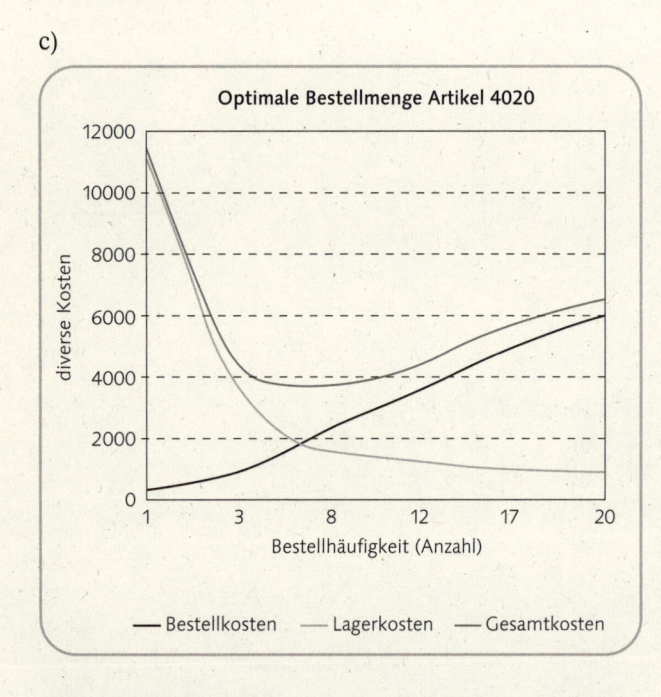

c)

Hinweis: Sollte auf der X-Achse die Bestellmenge abgetragen sein, vertauschen sich die Kostenkurven „Bestellkosten" und „Lagerkosten", siehe Grafik in der rechten Spalte. In beiden grafischen Darstellungen wurde auf eine gleichmäßige Skalierung der x-Achse zugunsten besser erkennbarer Kurvenverläufe verzichtet.

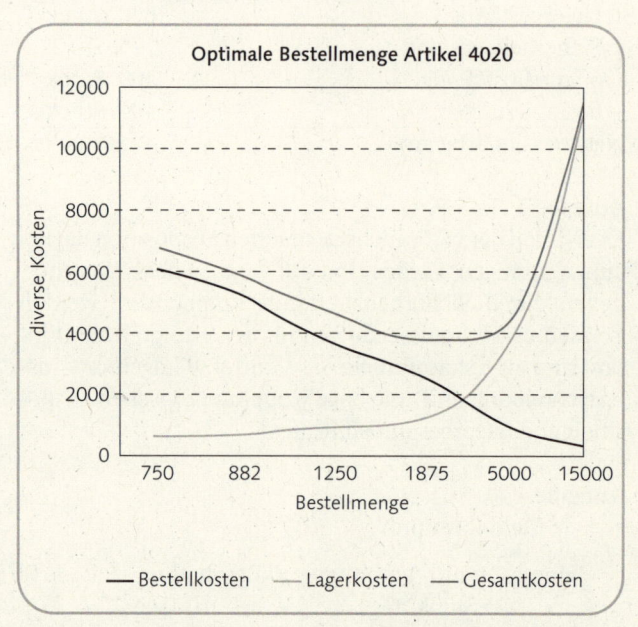

d) Die Anwendung des Modells der optimalen Bestellmenge in der Praxis scheitert häufig daran, dass von einer Reihe von Voraussetzungen ausgegangen wird, die in der betrieblichen Realität so nicht gegeben sind, z. B. ein konstanter Verbrauch, ein konstanter Lagerungs- und Marktzinssatz sowie mengenunabhängige Preise und fixe Bestellkosten.

Hinweise auf weiterführende Informationen zu den Fragekomplexen:
– Industrielle Geschäftsprozesse, Cornelsen Verlag, 1. Auflage, Bestellnummer 460126, S. 241 ff.
– Material- und Fertigungswirtschaft: http://www.bw.fh-deggendorf.de/itk/gast/kurs44.html (virtueller Lehrgang zur programm- und verbrauchsorientierten Materialdisposition der Fachhochschule Deggendorf, als Word- und Power-Point-Dateien)

Lösungen zur Situation 16

Aufgabe 1
Der Kaufvertrag ist – wie jeder andere Vertrag auch – eine Vereinbarung, durch die sich die am Vertrag beteiligten Personen zum Austausch von Leistung und Gegenleistung rechtlich verpflichten; z.B. verpflichtet sich die *Stahlwerke Tissen AG* (Verkäufer), dem Käufer Stahlrohre zu einem bestimmten Preis zu liefern und ihm das Eigentum daran zu verschaffen, während die *Fly Bike Werke GmbH* (Käufer) den Preis vollständig und pünktlich zu zahlen und die Stahlrohre abzunehmen hat.

Das Zustandekommen von Verträgen – und damit auch von Kaufverträgen – wird im § 151 S 1 BGB wie folgt beschrieben:

„Der Vertrag kommt durch die Annahme des Antrags zustande [...]."

Antrag und Annahme sind Willensäußerungen – auch Willenserklärungen genannt –, die auf die Herbeiführung einer Rechtsfolge gerichtet sind. Ein Vertrag besteht aus übereinstimmenden wechselseitigen Willenserklärungen zweier (oder mehrerer) Personen. Die zeitlich zuerst abgegebene Willenserklärung, die zum Vertragsschluss führen kann, bezeichnet man als „Antrag", die zeitlich später abgegebene und auf den Antrag bezogene als „Annahme".

Das Angebot der *Stahlwerke Tissen AG* war freibleibend, d. h. mit einer Freizeichnungsklausel versehen, so dass der Kaufvertrag im vorliegenden Fall (s. Allgemeine Geschäftsbedingungen) erst durch die Auftragsbestätigung der *Stahlwerke Tissen AG* zustande kommt.

Aufgabe 2
Eine besondere Bedeutung haben im Rahmen der Abwicklung von Kaufverträgen die Allgemeinen Geschäftsbedingungen (AGB). Hierunter versteht man „alle für eine Vielzahl von Verträgen vorformulierten Vertragsbedingungen", die eine Vertragspartei (man bezeichnet diese als Verwender) der anderen Vertragspartei bei Abschluss des Vertrages stellt (§ 305 I 1 BGB). Dabei ist es gleichgültig, ob die Bestimmungen einen gesonderten Bestandteil des Vertrages bilden oder als sog. „Kleingedrucktes" in die Vertragsurkunde selbst aufgenommen werden. Entscheidend ist, ob die Vertragsbestimmungen immer wieder inhaltlich unverändert und dem Vertragspartner einseitig vorgegeben werden, ohne dass dieser auf den Inhalt Einfluss nehmen kann. Daraus ergibt sich, dass keine AGB vorliegen, wenn die Vertragsbedingungen zwischen den Vertragsparteien im Einzelnen ausgehandelt worden sind (§ 305 I 3 BGB).

Aufgabe 3
Im Normalfall befindet sich die Sache im Besitz des Eigentümers, er ist unmittelbarer Besitzer. Der Erwerber erwirbt in diesem Fall das Eigentum durch Einigung über den Eigentumswechsel und Übergabe der Sache (§ 929 S. 1 BGB).

Aufgabe 4
Die Stellvertretung setzt drei Beteiligte voraus: Den *Vertreter*, der für einen anderen handelt; den *Vertretenen*, für den der Vertreter Erklärungen abgibt, sowie den *Dritten*, mit dem der Vertreter für den Vertretenen Rechtsgeschäfte tätigt. Das Rechtsgeschäft kommt aufgrund der Stellvertretung nicht zwischen dem Vertreter und dem Dritten, sondern zwischen dem Vertretenen und dem Dritten zustande.

Lösungen zur Situation 17

Aufgabe 1
Durch die Anfrage soll der Lieferer i. d. R. zur Abgabe eines Angebots aufgefordert werden. Die Anfrage ist rechtlich unverbindlich, man kann daher auch gleichzeitig bei mehreren möglichen Lieferanten anfragen.

Aufgabe 2
a) Ein Antrag (hier: Angebot) ist
- eine an eine bestimmte Person gerichtete Willenserklärung, die
- auf einen Vertragsschluss gerichtet ist und
- hinreichend bestimmt bzw. bestimmbar ist, dass die Annahme des Antrags durch bloßes „Ja" erfolgen kann.

Anzeigen in Zeitungen, Prospekte, Preislisten sind keine Angebote, sondern Aufforderungen an andere, ihrerseits Angebote zu unterbreiten (sog. „invitatio ad offerendum").

b) Die *Stahlwerke Tissen AG* ist bis zu dem Zeitpunkt gebunden, in welchem sie den Eingang der Antwort (z. B. Bestellung) unter regelmäßigen Umständen erwarten kann (§ 147 II BGB). Dabei ist die gesetzliche Annahmefrist abhängig von der gewählten Übermittlungsform (hier: Brief), einer angemessenen Überlegungszeit und der Übermittlungszeit der Annahme. Dabei muss der Antrag mindestens mit einem gleich schnellen Nachrichtenmittel angenommen werden, wie er abgegeben wurde. In diesem Fall wäre eine Frist von drei Tagen sicherlich angemessen.

c) Der Antragende kann die Bindung an seinen Antrag durch sog. „Freizeichnungsklauseln" (wie z. B. „solange der Vorrat reicht", „Angebot freibleibend", „ohne obligo", „unverbindliches Angebot") ausschließen oder einschränken.

d) Nach den gesetzlichen Regelungen kann der Lieferant die sofortige Zahlung bei Lieferung der Ware verlangen (Ware gegen Geld, Zug um Zug). Dadurch, dass der Verkäufer seinem Kunden ein Zahlungsziel einräumt, kann der Käufer den Zahlungstermin um das vereinbarte Zahlungsziel hinausschieben. In diesem Fall kann die *Fly Bike Werke GmbH* sich mit der Bezahlung noch acht Tage Zeit lassen. Die *Stahlwerke Tissen AG* gewährt der *Fly Bike Werke GmbH* einen Lieferantenkredit.

Die Vertragsklausel „frei Lager" bedeutet für die *Fly Bike Werke GmbH*, dass die *Stahlwerke Tissen AG* sämtliche Beförderungskosten trägt.

Aufgabe 3

a) Die Realisierung von „Einkaufsgewinnen" erfordert ein genaues Prüfen und Vergleichen aller eingeholten Angebote im Rahmen eines Angebotsvergleichs. Nur so lassen sich optimale Einkaufsentscheidungen treffen.

b) Bei einem Angebotsvergleich werden die verschiedenen vorliegenden Angebote nach quantitativen und qualitativen Kriterien miteinander verglichen. Grundsätzlich ist der Bezugspreis als quantitatives Kriterium der zentrale Entscheidungsfaktor für oder gegen ein Angebot. Zu diesem Zweck ist eine Bezugspreiskalkulation durchzuführen. Daneben existieren noch qualitative Kriterien wie z. B. schnelle und zuverlässige Lieferzeiten, Zahlungsbedingungen, Zuverlässigkeit des Lieferers, die als Entscheidungshilfen (oft sind diese sogar entscheidend) bei der Auftragsvergabe herangezogen werden.

Aufgabe 4

a) Ein Kaufvertrag kommt durch mindestens zwei inhaltlich übereinstimmende und rechtzeitig aufeinander folgende Willenserklärungen zustande. Die zeitlich zuerst abgegebene Willenserklärung ist der Antrag, die auf den Antrag folgende (zweite) Willenserklärung ist die Annahme. Das der *Fly Bike Werke* am 28. Mai 20.. zugehende Angebot ist der Antrag. Da die Annahme des Antrags jedoch erst am 15. Juni – also verspätet – erfolgt, gilt die Bestellung der *Fly Bike Werke* als neuer Antrag (§ 150 I BGB). Die Auftragsbestätigung der *Stahlwerke Tissen AG* ist die Annahme.

b) Damit die Stellvertretung von *Frau Nemitz-Müller* wirksam ist, müssen folgende Voraussetzungen erfüllt sein:

– Die Stellvertretung muss zulässig sein.
– Der Vertreter muss seinen eigenen Willen äußern, die bloße Übermittlung einer fremden Willenserklärung reicht nicht aus.
– Der Vertreter muss nach außen erkennbar im Namen des Vertretenen auftreten.
– Der Vertreter muss Vertretungsmacht besitzen.

Frau Nemitz-Müller erfüllt alle diese Voraussetzungen, die Stellvertretung ist damit wirksam.

c) Die *Stahlwerke Tissen AG* (Verkäufer) ist nach § 433 I BGB verpflichtet, der *Fly Bike Werke GmbH* die Stahlrohre frei von Sach- und Rechtsmängeln zu übergeben und das Eigentum daran zu verschaffen.

Die *Fly Bike Werke GmbH* (Käufer) ist nach § 433 II verpflichtet, der *Stahlwerke Tissen AG* den vereinbarten Kaufpreis zu zahlen und die Stahlrohre abzunehmen.

d) Durch den einfachen Eigentumsvorbehalt bleibt der Verkäufer bis zur vollständigen Zahlung des Kaufpreises Eigentümer der Kaufsache. Die Einigung über den Eigentumswechsel geschieht in diesem Fall unter der aufschiebenden Bedingung „vollständige Bezahlung des Kaufpreises". Eine solche Vereinbarung schützt den Verkäufer jedoch nicht vor dem „Eigentumsverlust", wenn die Ware vom Käufer verarbeitet (§ 950 BGB) oder weiterveräußert (932 BGB) wird, da in diesen Fällen der Käufer bzw. ein Dritter Eigentum an der Ware erwirbt. Der Eigentumsvorbehalt muss also ausgeweitet werden.

e) Es sollte ein verlängerter Eigentumsvorbehalt vereinbart werden. Der verlängerte Eigentumsvorbehalt erweitert den einfachen Eigentumsvorbehalt, damit der Käufer die Sache im üblichen Geschäftsgang verarbeiten oder weiterverkaufen kann.

f) Die Formulierung für einen verlängerten Eigentumsvorbehalt könnte wie folgt lauten:

„Die Be- und Verarbeitung der gelieferten Ware erfolgt stets in unserem Namen und in unserem Auftrag. Erfolgt eine Verarbeitung mit uns nicht gehörenden Gegenständen, so erwerben wir an der neuen Sache das Miteigentum im Wert der von uns gelieferten Ware zu den sonstigen verarbeiteten Gegenständen.

Der Käufer ist berechtigt, die gelieferte Sache weiterzuveräußern. Er tritt bereits jetzt alle Forderungen in Höhe des Rechnungswertes unserer Forderung bzw. des Wertes der gelieferten Vorbehaltsware ab, die ihm durch die Weiterveräußerung gegen einen Dritten erwachsen."

Aufgabe 5

- Die *Stahlwerke Tissen AG* erfüllt zu spät: Nicht-Rechtzeitig-Lieferung.
- Die *Stahlwerke Tissen AG* liefert schlecht: Schlechtleistung.
- Die *Stahlwerke Tissen AG* kann oder will nicht erfüllen: Unmöglichkeit.
- Die *Stahlwerke Tissen AG* verletzt vertragliche Nebenpflichten: positive Vertragsverletzung (pVV).

Lösung zur Situation 18

Aufgabe 1

a) durchschnittl. Verbrauch/KW = $\dfrac{\text{Jahresverbrauch}}{48 \text{ KW}} = \dfrac{12\,050 \text{ Stück}}{48 \text{ KW}} = 251{,}04$ Stück/KW

b) – durchschnittl. Lagerbestandswert = $\dfrac{(AB + SB) \times \text{Einstandspreis}}{2}$ oder

– durchschnittl. Lagerbestandswert = $\dfrac{(AB + 12 \text{ Monatsendbestände}) \times \text{Einstandspreis}}{13}$ oder

– durchschnittl. Lagerbestandswert = $\dfrac{(\text{AB-Wert} + \text{Bestandswerte})}{\text{Anzahl der Bestandszählungen} + 1}$

Es wird mit dem genaueren Wert gerechnet:
durchschnittl. Lagerbestandswert = (3 200 + 2 600 + 1 900 + 2 650 + 1 900 + 1 300 + 2 450 + 1 650 + 3 150 + 1 550 + 3 100 + 1 650 + 3 150) × 5,36 € ÷ 13 = 30 250 Stück × 5,36 €/Stück ÷ 13
= 162 140 € ÷ 13 = 12 472,31 €

c) Lagerdauer = 360/LUH = $\dfrac{360}{5{,}18}$ = 69,50 Tage

Umschlagshäufigkeit = $\dfrac{\text{Jahresverbrauch (Stück)}}{\text{durchschnittl. Lagerbestand (Stück)}} = \dfrac{12\,050}{2\,326{,}92} = 5{,}18$

durchschnittl. Lagerbestand = (3 200 + 2 600 + 1 900 + 2 650 + 1 900 + 1 300 + 2 450 + 1 650 + 3 150 + 1 550 + 3 100 + 1 650 + 3 150) ÷ 13 = 30 250 ÷ 13 = 2 326,92 Stück

d) Zinsen für das durchschnittlich im Lager gebundene Kapital:

$Z = \dfrac{(K \times p \times t)}{(100 \times 360)} = \dfrac{(12\,472{,}31\, € \times 12 \times 69{,}5 \text{ Tage})}{(100 \times 360)} = 288{,}94\, €$

Aufgabe 2
Der durchschnittliche Lagerbestand kann durch folgende Maßnahmen gesenkt werden:
– Die Anzahl der Bestellungen wird erhöht, d. h. die Menge je Bestellung wird gesenkt (beachte: die bestellfixen Kosten erhöhen sich).
– Die Lieferer werden zu einer höheren Zuverlässigkeit verpflichtet; dadurch kann der Sicherheitsbestand gesenkt werden.
– Wenn möglich, wird eine Just-In-Time-Vereinbarung getroffen, so dass kaum Bestände im Lager gehalten werden müssen.

Aufgabe 3
Mithilfe von Kennzahlen können die unternehmensbezogenen und unternehmensübergreifenden Geschäftsprozesse besser aufeinander abgestimmt werden. Dies beinhaltet zum einen eine bessere Koordination zwischen Kunden, Lieferern und Unternehmen (horizontale Koordination), zum anderen eine bessere Koordination zwischen allen Unternehmensebenen, angefangen bei den Steuerungsebenen bis hin zu den Durchführungs- und Kontrollebenen (vertikale Koordination). Ausgehend von einem Kennzahlensystem übernimmt das Controlling dabei die Aufgaben der Planung, Steuerung und Kontrolle der betrieblichen Kernprozesse und deren Koordination. Ferner besteht die Aufgabe des Controlling darin, die Wirtschaftlichkeit und Qualität der von einem Unternehmen zu erbringenden Leistungen richtig beurteilen zu können.

Aufgabe 4
Kennzahlen sollten folgende Anforderungen erfüllen:
– Sie sollten vor dem Hintergrund der Zielvorgaben Aussagekraft besitzen.
– Sie sollten aktuell sein.
– Sie sollten eindeutig formuliert sein.
– Sie sollten vergleichbar mit anderen Unternehmen sein (Benchmarking).

Aufgabe 5
Bei der festen Zuordnung wird jedes Teil nach einem vorgegebenen System immer am gleichen Platz eingelagert (*Festplatzsystem*). Für jeden Lagerplatz wird eine feste Lageradresse vergeben. Durch dieses System ist gewährleistet, dass die Lagergüter schnell aufgefunden werden können.
Nachteilig wirkt sich aus, dass für jede Materialart immer die maximal einzulagernde Menge an Platz reserviert werden muss. Um das Auffinden der Lagergüter zu erleichtern, werden diese mit *Balkencodes* versehen, so dass sie mit Hilfe eines Barcodelesers erfasst werden können.
Als alternatives Lagerhaltungssystem könnte das *System der chaotischen Lagerhaltung* angeführt werden. Bei diesem System wird jeder freie Lagerplatz belegt, sofern er für die Lagerung des Gutes ausreicht. Damit nutzt man die gesamte Lagerfläche aus und benötigt i. d. R. weniger Lagerfläche als beim Festplatzsystem. Grundvoraussetzung ist jedoch die genaue Erfassung aller Zu- und Abgänge mit Hilfe einer DV-gestützten Lagerverwaltung. Nur mit Hilfe der EDV lassen sich auch die jeweiligen Lagerplätze wiederfinden. Die Zuordnung übernimmt dabei häufig das EDV-Programm. Lagerhaltungsprogramme sind häufig in ERP-Programme wie Microsoft Navision Attain integriert. Navision Attain ist z. B. in der Lage, je nach Wunsch ein Festplatzsystem oder eine chaotische Lagerhaltung zu realisieren.

Aufgabe 6

a) Jedes EDV-Programm speichert die mit ihm erfassten Daten in einem bestimmten Datenformat, also quasi in einer eigenen „Sprache". Beim Export der Daten von einem Programm (z. B. ERP-Programm) in ein anderes Programm (z. B. Tabellenkalkulation) können aufgrund unterschiedlicher Speicherformate Daten häufiger nicht richtig in das Zielprogramm übernommen werden. Das empfangende Zielprogramm „versteht" das Format bzw. die „Sprache" des exportierenden Quellprogrammes nur teilweise oder auch gar nicht. Insofern stellt sich der Datenexport ähnlich dar wie Menschen, die unterschiedliche Sprachen sprechen und die Sprache des jeweils anderen nicht beherrschen. Eine Kommunikation ist kaum möglich. Menschen können sich nun jedoch mit Gebärden, Händen und Füßen verständigen. Computer haben diese Möglichkeit nicht.

Beim Export können folgende Probleme auftauchen (Auswahl):
- Daten werden gar nicht ins Zielprogramm übernommen, fehlen also bei der Analyse und verfälschen diese damit.
- Daten werden anders in das Programm übernommen, z. B. erscheinen keine Umlaute oder die Tausenderpunkte werden in andere Zeichen umgewandelt.
- Daten erscheinen nicht in der gewünschten Form, z. B. stehen die Mengen, Werte und Bezeichnungen nicht in einer eigenen Spalte, sondern als „Zeichensalat" in einer Spalte.
- Daten werden nicht in der ursprünglichen Art übernommen, z. B. werden ursprünglich numerische Daten vom Zielprogramm als alphanumerisch behandelt.

In der EDV hat sich deshalb schon sehr früh ein Datenformat durchgesetzt, das fast jedes Programm beherrscht. Dieses Format heißt *ASCII*, d. h. *American Standard Cord for Information Interchange*. An diesen Code halten sich praktisch alle Soft- und Hardwarehersteller.

Herr Steffes sollte beim Export der Daten aus dem ERP-Programm Microsoft Navision Attain also unbedingt als Format *ASCII* wählen, um die Daten anschließend beim Import in das Tabellenkalkulationsprogramm lesen und weiterverarbeiten zu können.

b) Nachfolgend werden Beispiele für die jeweils gefragten Zellarten gegeben. Andere Lösungen sind möglich.
Eingabezelle: Zellen, in die Daten eingegeben werden, mit denen später gerechnet wird, z. B. B6, C9
Formelzelle: Zellen, die keine Werte enthalten, sondern Rechenanweisungen, z. B. E10, H6 oder I12
Beschriftungszellen: Zellen, die der Beschriftung dienen (weder Eingabe noch Berechnung), z. B. A15, B19

c) Formelerstellung für die Berechnung der Zellen (Hinweis: Es sind auch andere Lösungen möglich, insbesondere sind Abweichungen aufgrund des Kommutativgesetzes möglich):

Zelle	notwendige Formel
D6	= B6 * C6
D15	= Summe (D5 : D14)
E8	= D8 * 100/D$15
F11	= B11 * 100/B$15
G7	= G6 + E7
H5	= F5
H12	= H11 + F12
I11	= Wenn (G11 <= D$17; C$17; Wenn (G11 <= D$18; C$18; C$19))

d) Nach dem Einlesen standen die Daten sortiert nach der Artikelnummer in der Tabelle.
Herr Steffes musste folgende Arbeitsschritte vor der eigentlichen Analyse durchführen:
- Lagerwert berechnen

Pro Artikel mussten die Lagerwerte in Euro durch Multiplikation ermittelt werden.
- Tabelle neu sortieren

Dann musste die ganze Tabelle neu sortiert werden. Die Sortierung erfolgt nach dem Lagerwert in absteigender Reihenfolge.

e) Eine Selektion ist eine Auswahl von Daten aus einem großen Datenbestand. Dabei werden nur die Daten angezeigt, die dem gewünschten Auswahl- bzw. Selektionskriterium entsprechen. Bei der ABC-Analyse könnte man am Ende der Analyse eine Selektion durchführen, nach der nur die A-Güter sichtbar sind. Das Selektionskriterium wäre dabei die Güterklasse. Der sichtbare Datenbestand ist nach einer Selektion häufig geringer als der ursprünglich vorhandene.
Vorteil ist die bessere Übersichts- und Analysemöglichkeit.

f)

ABC-ANALYSE – Fly Bike Werke
Artikelgruppe G – Artikel G-01 bis G-10 > Bestandsaufnahme: 31.01.20..

Artikel-gruppe	Jahresbedarf Stück	Preis je Mengeneinh.	Wert in €	%-Anteil Ges. Wert	%-Anteil Ges. Menge	kumuliert %-Wert	kumuliert %-Menge	ABC-Klasse
G02	25,–	60 000,– €	1 500 000,– €	23,63	0,62	23,63	0,62	A-Klasse
G09	30,–	40 000,– €	1 200 000,– €	18,90	0,74	42,53	1,36	A-Klasse
G08	40,–	20 000,– €	800 000,– €	12,60	0,99	55,13	2,36	A-Klasse
G07	100,–	7500,– €	750 000,– €	11,81	2,48	66,94	4,84	A-Klasse
G05	412,–	1500,– €	618 000,– €	9,73	10,22	76,67	15,06	B-Klasse
G06	201,–	3000,– €	603 000,– €	9,50	4,99	86,17	20,04	B-Klasse
G04	723,–	750,– €	542 250,– €	8,54	17,94	94,71	37,98	B-Klasse
G03	630,–	350,– €	220 500,– €	3,47	15,63	98,18	53,61	C-Klasse
G10	870,–	75,– €	65 250,– €	1,03	21,58	99,21	75,19	C-Klasse
G01	1000,–	50,– €	50 000,– €	0,79	24,81	100,00	100,00	C-Klasse
Gesamt	4031,–	Gesamtwert	6 349 000,– €	100,00	100,00			

g)

ABC-Analyse – Güter G01 bis G10 per 31.01.20..
(zur besseren Ablesbarkeit ist die x-Achse nicht gleichmäßig skaliert)

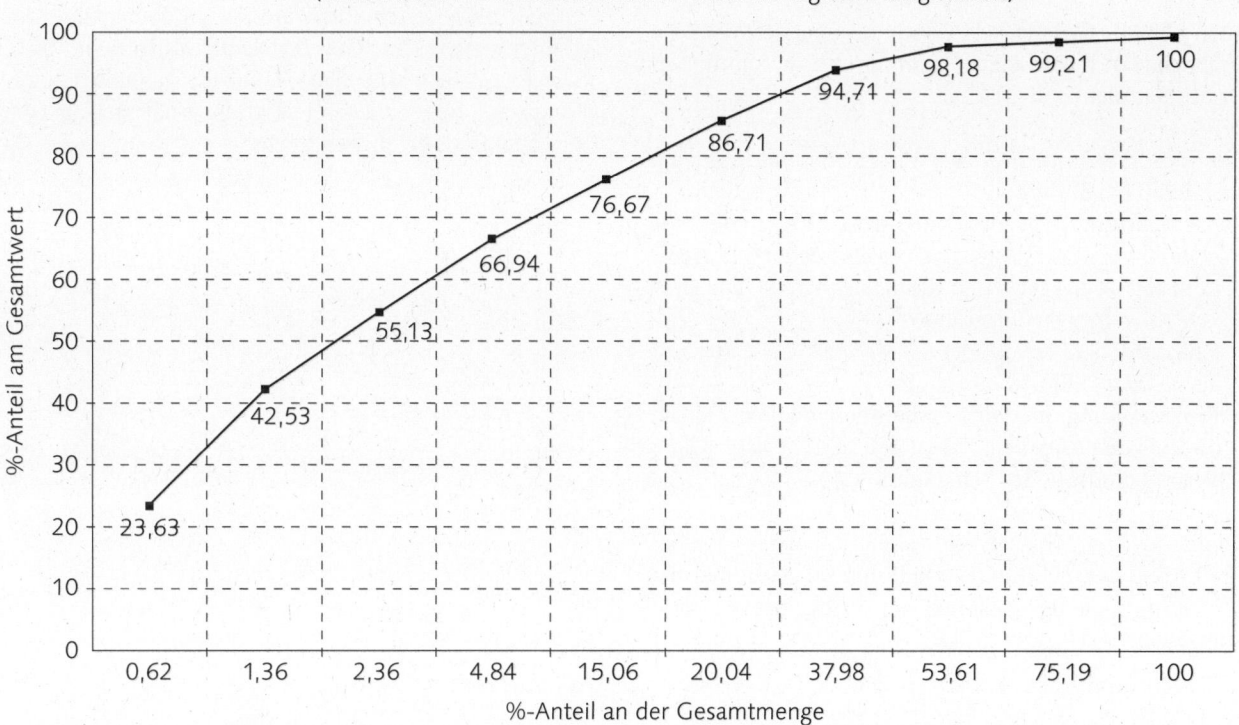

Als Diagrammart sollte ein Liniendiagramm gewählt werden. Das Diagramm macht folgende Aussage:
- 0,62 % der Lagermenge machen 23,63 % des Lagerwertes aus.
- 1,36 % der Lagermenge vereinen 42,53 % des Lagerwertes auf sich usw.

h) Die ABC-Analyse gibt folgende Hilfestellung für die Materialdisposition:
- A-Güter sind im Regelfall bedarfsorientiert zu disponieren (Senkung von Kapitalbindung).
- C-Güter sollten verbrauchsorientiert disponiert werden.
- B-Güter sollten fallweise bedarfs- bzw. verbrauchsorientiert disponiert werden.

Ausnahmen: A-Güter, die ständig benötigt und schnell verbraucht werden, können auch verbrauchsorientiert disponiert werden.
Insgesamt sollten wirkungsschwache Anstrengungen vermieden werden.

Hinweise auf weiterführende Informationen zu den Fragekomplexen:
- Industrielle Geschäftsprozesse, Cornelsen Verlag, 1. Auflage, Bestellnummer 460126, S. 59 ff, S. 319 ff, S. 237 ff.
- Materialwirtschaft: http://www.zum.de/Faecher/kurse/boeing/udb/mat.htm (diverse Schaubilder zu Lagerkennziffern, ABC-Analyse, Brutto-Nettobedarfsermittlung)

Lösungen zur Situation 19

Aufgabe 1
Der *Fly Bike Werke GmbH* entsteht aufgrund der Lieferungsverzögerung der *Schwalle KG* ein Schaden in Höhe von 2 000,00 €.

Aufgabe 2
Zentrale Anspruchsnorm für den Ersatz des Verzögerungsschadens ist § 280 I BGB.

Damit die *Fly Bike Werke* den Ersatz des Verzögerungsschadens geltend machen können, müssen nach § 280 I (kumulativ) folgende Voraussetzungen vorliegen:

- Bestehen eines Schuldverhältnisses (hier: KV mit der *Schwalle KG*)
- Pflichtverletzung des Schuldners (hier: Leistungsverzögerung der *Schwalle KG*)
- Aufgrund der Pflichtverletzung muss ein Schaden entstanden sein (hier: 2 000,00 €).
- Der Schuldner muss die Pflichtverletzung zu vertreten haben (keine Entlastung der *Schwalle KG*, da die Produktion versehentlich zu spät begonnen wurde).

Nach § 280 II BGB muss der Schuldner aber den Verzögerungsschaden nur ersetzen, wenn er sich im Schuldnerverzug befindet.

Die Voraussetzungen für den Eintritt des Verzugs sind nach § 286 BGB:
- Nichtleistung des Schuldners, trotz Möglichkeit und obwohl kein Leistungsverweigerungsrecht besteht (die Leistung ist möglich und die *Schwalle KG* hat auch kein Leistungsverweigerungsrecht).
- Fälligkeit (die Leistung der *Schwalle KG* ist spätestens am 5. März fällig).
- Evt. Mahnung, hier aber entbehrlich, da eine Zeit für die Leistung nach dem Kalender bestimmt ist (5. März)
- Vertretenmüssen des Schuldners (s.o.)

Da die *Fly Bike Werke GmbH* alle Voraussetzungen des § 280 I und des § 286 BGB erfüllt, hat sie gegenüber der *Schwalle KG* einen Anspruch auf Ersatz des Verzögerungsschadens.

Aufgabe 3
Die *Fly Bike Werke GmbH* kann ohne Fristsetzung und erfolglosen Fristablauf nicht vom Vertrag zurücktreten. Ein Terminkauf ist kein Fixkauf i. S. d. § 323 II Nr. 2 BGB, somit muss die *Fly Bike Werke GmbH* die Ware abnehmen und bezahlen.

Aufgabe 4
a) Liefert der Verkäufer eine zu geringe Menge (400 statt 500 Reifen), handelt es sich um einen Mangel i.S.d. § 434 III BGB. Eignet sich die Sache nicht für die gewöhnliche Verwendung (poröse Reifen) liegt ein Mangel i.S.d. § 434 I Nr. 2 BGB vor.

b) Da beide Vertragsparteien Kaufmann i.S.d. HGB sind, liegt ein zweiseitiger Handelskauf vor. Beim zweiseitigen Handelskauf hat der Käufer (also die *Fly Bike Werke GmbH*) die Ware unverzüglich zu prüfen. Werden Mängel festgestellt (offene Mängel), so muss der Käufer diese unverzüglich rügen (§ 377 HGB). Versteckte Mängel sind innerhalb der gesetzlichen Gewährleistungsfrist unverzüglich nach Entdeckung zu rügen. Unterlässt der Käufer die ordnungsgemäße Mängelrüge, gilt die mangelhafte Ware als genehmigt und der Käufer verliert seine Gewährleistungsansprüche.

Die *Fly Bike Werke GmbH* hat die gesetzliche Prüfungs- und Rügeobliegenheit erfüllt, erhält sich also die aus dem BGB ergebenen Rechte.

c)

Fly Bike Werke GmbH · Rostocker Straße 334 · 26121 Oldenburg

Schwalle KG
Märkische Str. 36

44135 Dortmund

Ihr Zeichen ---	Unsere Zeichen nem	☎ 04 41 88 5-77	26121 Oldenburg
Ihr Schreiben vom 20..-03-19	Unsere Nachricht vom 20..-01-30	Frau Nemitz-Müller	20..-03-22

Unsere Bestellung vom 20..-01-30
Ihre Lieferung vom 20..-03-19

Sehr geehrte Damen und Herren,

Ihre o. a. Lieferung haben wir erhalten. Bei unserer Wareneingangskontrolle mussten wir jedoch folgende Mängel feststellen:

1. Statt der 500 bestellten Reifen sind nur 400 geliefert worden.
2. 100 Reifen sind porös und damit unbrauchbar.

Wir bitten Sie um schnellstmögliche Nach- bzw. Ersatzlieferung der von uns bestellten Ware.

Mit freundlichen Grüßen
Fly Bike Werke GmbH

Nemitz-Müller

i. A. Nehmitz-Müller

Geschäftsführer	Bankverbindung	Telefon
Hans Peters	Landessparkasse Oldenburg	04 41 88 5-88
	BLZ 280 501 00	Fax
HR Oldenburg B 2134	Konto-Nr. 11 23 26 444	04 41 88 5-92 11

Aufgabe 5

a) Voraussetzungen für die Einbeziehung der AGB sind nach § 305 II BGB:
   – Hinweis auf AGB bei Vertragsschluss (ausdrücklich oder ggf. durch Aushang)
   – Möglichkeit zumutbarer Kenntnisnahme
   – Einverständnis der anderen Partei

   Bei Unternehmern (für die § 305 II BGB nicht gilt) werden AGB bereits einbezogen, wenn sie wissen oder wissen müssen, dass ihr Vertragspartner seinen Geschäften AGB zugrunde zu legen pflegt, und die Möglichkeit zumutbarer Kenntnisnahme haben. Dies ist hier der Fall, so dass die AGB der *Schwalle KG* Vertragsbestandteil geworden sind.

b)

Klauseln	Vertragsbestandteil?
1. Gültigkeit der AGB Die nachstehenden Geschäftsbedingungen werden Vertragsbestandteil bei sämtlichen Verträgen.	Ja, da Klausel i. O.
2. Preise und Zahlungsbedingungen Die vereinbarten Preise beinhalten die gesetzliche Umsatzsteuer. Skonto gewähren wir nur aufgrund besonderer Vereinbarungen.	Ja, da Klausel i. O.
Während der Lieferzeit entstehende Preiserhöhungen unserer Hersteller berechtigen uns jederzeit zur Weitergabe an die Kunden.	Nein, da Klausel unzulässig (§ 309 Ziff. 1 BGB)
Die Rechnungen sind innerhalb von 10 Tagen ohne Abzug zahlbar.	Ja, da Klausel i. O.
3. Gewährleistung Die Gewährleistungsfrist beträgt 3 Monate ab Übergabe der Ware.	Nein, da Klausel unzulässig (§ 309 Ziff. 8b, ff BGB)
Der Käufer einer mangelhaften Ware kann als Nacherfüllung zunächst nur die Beseitigung des Mangels oder die Lieferung einer mangelfreien Sache verlangen.	Ja, da Klausel i. O.
Die zum Zwecke der Nacherfüllung erforderlichen Aufwendungen (Transport-, Wege-, Arbeits- und Materialkosten) sind vom Käufer zu tragen.	Nein, da Klausel unzulässig (§ 309 Ziff. 8b, cc BGB)
4. Eigentumsvorbehalt Bis zur vollständigen Bezahlung bleibt die Ware unser Eigentum.	Ja, da Klausel i. O.

c) Individuell ausgehandelte Bedingungen sind von vornherein keine AGB, da sie nicht vorformuliert sind und gestellt sind, das betont § 305 I 3 BGB ausdrücklich. Werden dagegen AGB verwendet und daneben bestimmte Vereinbarungen individuell getroffen, so haben diese Individualvereinbarungen nach § 305 b BGB Vorrang; die entsprechenden entgegenstehenden AGB-Klauseln entfalten also keine Wirkung. Die *Fly Bike Werke GmbH* kann die Rechnung mit Skontoabzug bezahlen.

Lösungen zur Situation 20

Aufgabe 1
Die *Fly Bike Werke GmbH* ist Kaufmann, die *Maschinenhersteller KG* ebenfalls, es liegt also ein zweiseitiger Handelskauf vor. Die *Fly Bike Werke GmbH* muss die Sache unverzüglich prüfen. Werden Fehler festgestellt (offene Mängel), so muss sie die Mängel unverzüglich rügen. Versteckte Mängel sind innerhalb der gesetzlichen Gewährleistungsfrist (zwei Jahre nach Ablieferung der Sache, § 438 BGB) unverzüglich nach Entdeckung des Mangels zu rügen.

Aufgabe 2
Eine Nachbesserung gilt nach dem erfolglosen zweiten Versuch als fehlgeschlagen, wenn sich nicht insbesondere aus der Art der Sache oder des Mangels etwas anderes ergibt (§ 440 S. 2 BGB).

Es handelt sich also nur um eine Richtgröße, von der bei entsprechender Interessenlage nach oben als auch nach unten abgewichen werden kann, im vorliegenden Fall eher nach oben.

Aufgabe 3
Einen Schadenersatz könnte *Herr Peters* auf §§ 280 I i. V. m. § 286 BGB stützen.

§ 280 I setzt voraus, dass
– ein Schuldverhältnis besteht,
– der Schuldner (die *Maschinenhersteller KG*) eine Pflicht aus dem Schuldverhältnis verletzt hat,
– aufgrund der Pflichtverletzung ein Schaden entstanden ist,
– der Schuldner die Pflichtverletzung zu vertreten hat.

Darüber hinaus bestimmt § 280 II, dass die Voraussetzungen des § 286 BGB zu prüfen sind.
Dies sind:
- Nichterbringen der geschuldeten Leistung
- trotz Fälligkeit
- trotz Mahnung
- bei Vertretenmüssen des Schuldners.

Zwischen der *Maschinenhersteller KG* und der *Fly Bike Werke GmbH* besteht ein Schuldverhältnis, nämlich ein Kaufvertrag.

Die gelieferte Maschine hatte einen Sachmangel i.S.d. § 434 I Nr. 2 BGB. Da sie sehr unregelmäßig arbeitete, eignete sie sich nicht für die gewöhnliche Verwendung, die ein Käufer einer derartigen Sache üblicherweise erwarten kann. Die *Fly Bike Werke GmbH* war daher nach § 437 Nr. 1 i.V.m. § 439 I BGB berechtigt, Nacherfüllung zu verlangen. Dies hat *Herr Peters* getan, als er am 5. August der *Maschinenhersteller KG* den Mangel mitteilte. Die *Maschinenhersteller KG* hat die Leistung verzögert, da sie den Mangel erst zwei Monate ab Lieferung, nämlich am 1. 10., beseitigte.

Es bleibt zu prüfen, ob die Voraussetzungen für den Eintritt des Verzugs (§ 286 BGB) vorliegen. Die *Maschinenhersteller KG* hat die geschuldete Leistung, nämlich Mangelbeseitigung, zunächst nicht erbracht. Diese Pflicht war sofort fällig (§ 271 BGB). Für eine Mahnung ist erforderlich, dass dem Schuldner klargemacht wird, dass das Ausbleiben der Leistung für ihn nachteilige Folgen haben wird. Eine bloße Mitteilung am 1. August ist daher keine Mahnung. Dagegen ist das Schreiben, welches der *Maschinenhersteller KG* am 1. September zuging, als Mahnung anzusehen.

Die *Maschinenhersteller KG* hat die Verzögerung bei der Behebung des Mangels zu vertreten, da eine Maschinenfabrik jederzeit in der Lage sein muss, auftretende Mängel ihrer Erzeugnisse zu beheben. Wenn der Kundendienst der *Maschinenhersteller KG* den Mangel zunächst nicht fand, hat er die Maschine nicht gründlich genug untersucht und damit fahrlässig gehandelt. Für dieses Verschulden der Erfüllungsgehilfen muss die *Maschinenhersteller KG* einstehen (§ 278 BGB). Die *Maschinenhersteller KG* war daher seit dem 1. September mit ihrer Nachbesserungspflicht im Verzug.

Die *Fly Bike Werke GmbH* kann also für die Zeit vom 2. September bis zum 1. Oktober Schadenersatz verlangen, nicht aber für die Zeit davor. Sie bekommt somit nur 2 000,00 € Schadenersatz.

Aufgabe 4
a) Der Verzugseintritt setzt nach § 286 BGB voraus:
   1. Nichtleistung
   2. Fälligkeit
   3. Mahnung (aber: evt. entbehrlich nach § 286 II Nr. 1 bis 4 BGB oder nach § 286 III BGB)
   4. Vertretenmüssen des Schuldners

Die *Maschinenhersteller KG* hat nicht gezahlt, obwohl die Leistung möglich war und sie kein Leistungsverweigerungsrecht (z. B. nach § 320 oder 214 BGB) hat. Die Zahlung ist spätestens seit dem 30. Oktober fällig. Eine Mahnung ist nicht erforderlich. Die *Maschinenhersteller KG* hat die Leistungsverzögerung zu vertreten, da für Geldschulden gilt, dass der Schuldner jede Leistungsverzögerung zu vertreten hat.

Somit sind alle Voraussetzungen erfüllt, die *Maschinenhersteller KG* befindet sich seit dem 31. Oktober in Verzug.

b) Voraussetzungen für den Anspruch auf Verzugszinsen sind nach § 288 BGB, dass
   - eine Geldschuld vorliegt und
   - der Verzug eingetreten ist.

Bei dem Schadenersatzanspruch der *Fly Bike Werke GmbH* handelt es sich um eine Geldschuld – nicht um eine Entgeltforderung. Eine Geldschuld ist nach § 288 I BGB mit 5 %-Punkten über dem Basiszinssatz zu verzinsen. Geht man von einem Basiszinssatz von 1,14 % aus, ist der Zinssatz mit 12 % zu hoch angesetzt.

Dass der Verzug eingetreten ist, wurde bereits in 4.1 dargelegt. Somit kann die *Fly Bike Werke GmbH* ab dem 31. Oktober Verzugszinsen i.H.v. 5 % + 1,14 % = 6,14 % verlangen.

4 Prüfungsgebiet: Leistungserstellung

Situation 21

> **Die folgenden Aufgaben betreffen die Fragenkomplexe:**
> - Art, Beschaffenheit und Güte von Produkten und Dienstleistungen des Ausbildungsbetriebes beschreiben
> - Kunden- und Lieferanteneinflüsse auf die betriebliche Leistungserstellung beachten
> - Prozesse der Leistungserstellung im Ausbildungsbetrieb unterscheiden
> - Daten zur Leistungserstellung auswerten
>
> **Beispiele für betriebliche Handlungen***
> - K Produktlebenszyklus beurteilen
> - K Bestimmungsfaktoren für das Produktfeld analysieren
> - K Vor- und Nachteile eines breiten Produktionsprogramms analysieren
> - D Kundenstruktur grafisch darstellen
> - D Lieferantenstruktur grafisch darstellen
> - D Fertigungsstruktur darstellen
> - K Veränderung der Absatz- und Umsatzzahlen analysieren
> - D Verbesserungsvorschläge bearbeiten
> - K Verfahren der Leistungserstellung nach wirtschaftlichen Aspekten analysieren
> - K Betriebliche Kennzahlen zur Wirkung der Rationalisierung analysieren
> - D Daten grafisch darstellen
> - D Kennzahlen berechnen, beurteilen und Vorschläge zur Verbesserung erarbeiten
> - D Periodenvergleiche anstellen
> - D Kosten und Kostenverläufe in Abhängigkeit vom Beschäftigungsgrad darstellen
>
> * Handlungsarten: P = Planen, D = Durchführen, K = Kontrollieren

Herr Rother, der Leiter der Produktion der *Fly Bike Werke*, beauftragt *Herrn Kolski* aus der Konstruktion mit der Entwicklung des neuen *Fitness Bikes* und der Herstellung funktionsfähiger Produktprototypen. Um den ihm übertragenen Projektauftrag erfolgreich zu erfüllen, macht sich *Herr Kolski* Gedanken über die einzelnen Phasen des Produktentstehungs- und -entwicklungsprozesses.

Aufgabe 1
Beschreiben Sie die einzelnen Phasen (Teilprozesse) eines Produktentstehungs- und -entwicklungsprozesses.

Aufgabe 2
Im Rahmen der Produktplanung und -entwicklung ist der Umweltschutz zu berücksichtigen. Die Vorgaben des Kreislaufwirtschaftsgesetzes und des Abfallgesetzes sind dabei besonders zu beachten. Erläutern Sie die inhaltlichen Schwerpunkte dieses Gesetzes.

Aufgabe 3
Herr Rother ist damit beschäftigt, die Produktionsplanung für die Herstellung des *Fitness Bikes* zu erstellen. Er hat zunächst die für die Fahrradproduktion typischen Teilabläufe zusammengestellt, um zu prüfen, ob diese auch beim *Fitness Bike* notwendig sind (vgl. Ablaufprotokoll vom 23.10.20..).
Beschreiben Sie auf Basis des Ablaufprotokolls (auf Seite 99) die Organisationstypen der Fertigung, die in den *Fly Bike Werken* zur Anwendung kommen.

Aufgabe 4
Die Fertigung verschiedener Modellvarianten in den *Fly Bike Werken* erfolgt im Rahmen der Serienfertigung. Beschreiben Sie diesen Produktionstyp der Fertigung mit seinen wesentlichen Merkmalen.
Ordnen Sie weiterhin die Serienfertigung in eine Strukturgrafik über industrielle Fertigungstypen ein.

Aufgabe 5
Die Stahlrahmen für das Modell *Fitness Bike* werden robotergeschweißt. Das Produktionsprogramm des Unternehmens umfasst zwölf verschiedene Fahrradmodelle.
Für jedes Modell und für jede Modellvariante werden unterschiedliche Rahmen benötigt, die alle mithilfe derselben Roboter gefertigt werden. Wird die Fertigung von einem Modell auf ein anderes umgestellt, muss auch die Fertigungsanlage umgerüstet werden. Folgende Daten liegen für die Losgrößenplanung des *Fitness Bikes* vor:

Fly Bike Werke GmbH   Protokoll 7223, Oldenburg 23.10.20...
                       Teilabläufe Fahrradproduktion - Standard

Arbeitsplatz Nr. 22319:   Rohfertigung

Es werden für die Herstellung von Rahmen und Gabeln Rohre aus Stahl oder Aluminium mithilfe vollautomatisierter Anlagen geschnitten. Rahmen und Gabeln werden robotergeschweißt.

Arbeitsplatz Nr. 77126:   Richterei/Sandfunker

Es erfolgt das Richten der Rahmen und Gabeln manuell auf einer Werkbank oder einem Richtautomaten (Anlöten/Vorbereiten der Rahmen abhängig von Lackiervariante, Oberflächenvorbehandlung der Rahmen/Gabeln).

Arbeitsplatz Nr. 411287:   Lackiererei

Hier wird eine drei- oder vierfache Beschichtung der Rahmen vorgenommen:

– Grundlack

– Decklack

– Effekte

– Klarlack

Arbeitsplatz Nr. 61124:   Vormontage

Hier erfolgen die Arbeitsvorgänge, vgl. fortlaufend:

– Alle Rahmen/Gabeln werden mit Dekoren (nass) versehen.

– Die lackierten Rahmen/Gabeln werden in maschinell unterstützter Handarbeit zusammengebaut (Rahmen- und Gabelbau inklusive Steuersätze/Innenantriebe/Beleuchtung).

– Die Komponenten (Lenker, Lenkergriffe, Schalt-, Bremshebel, usw.) werden zusammen zu einer Baugruppe zusammengebaut (Handarbeit).

– In der Spannerei erfolgt der Zusammenbau der Laufräder.

Arbeitsplatz Nr. 994125:   Endmontage

Die Endmontage findet an Montagebändern statt. Die Baugruppen/Anbauteile, die von den vorgelagerten Arbeitsplätzen kommen, werden bandweise bereitgestellt und am Band zusammengebaut.

Arbeitsplatz Nr. 933125:   Verpackung

Kundenabhängig werden die Fahrräder in Kartons gestülpt oder in Folie verpackt.

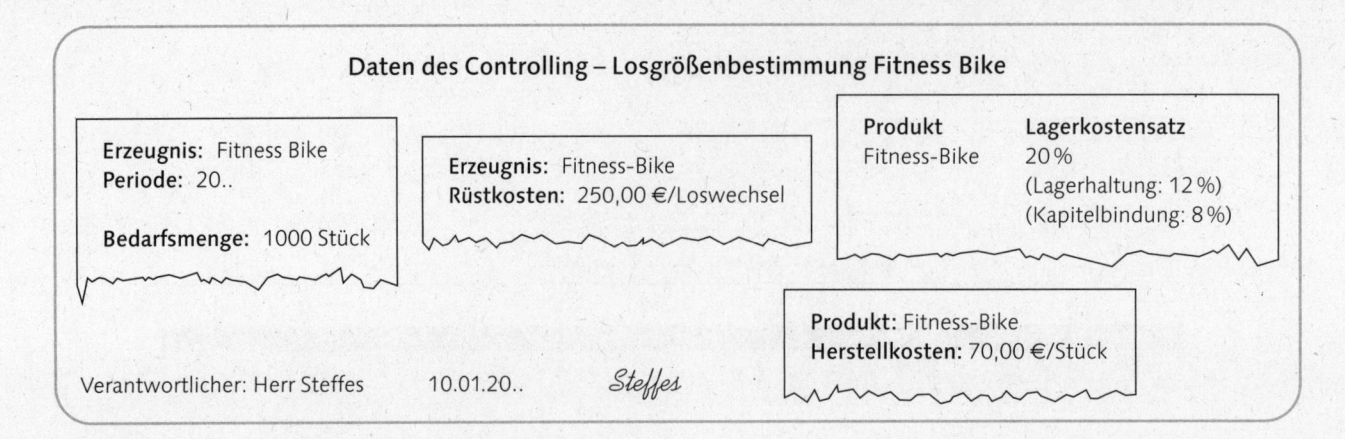

Daten des Controlling – Losgrößenbestimmung Fitness Bike

Erzeugnis: Fitness Bike
Periode: 20..

Bedarfsmenge: 1000 Stück

Erzeugnis: Fitness-Bike
Rüstkosten: 250,00 €/Loswechsel

Produkt	Lagerkostensatz
Fitness-Bike	20 %
	(Lagerhaltung: 12 %)
	(Kapitalbindung: 8 %)

Produkt: Fitness-Bike
Herstellkosten: 70,00 €/Stück

Verantwortlicher: Herr Steffes   10.01.20..   *Steffes*

Ermitteln Sie für das Modell *Fitness Bike* tabellarisch die optimale Losgröße.

Verwenden Sie zur Losgrößenbestimmung eine Tabelle nach folgendem Muster und unterstellen Sie die in der Tabelle genannten Losgrößen:

Losgröße	Anzahl der Lose	Rüstkosten gesamt	Durchschnittlicher Lagerbestand	Lagerkosten	Gesamtkosten
1.000					
500					
250					
200					
100					
50					

Situation 22

Die folgenden Aufgaben betreffen die Fragenkomplexe:
– Bei der Planung und Vorbereitung der Leistungserstellung mitwirken

Beispiele für betriebliche Handlungen*
– P Maschinenbelegung planen
– D Stücklisten erstellen
– D Optimale Losgröße ermitteln
– D Auftragszeiten erfassen
– K Leistungskataloge überprüfen
– K Durchlaufzeiten und Termine überwachen

* Handlungsarten: P = Planen, D = Durchführen, K = Kontrollieren

Herr Time ist in den *Fly Bike Werken* zuständig für die Zeitaufnahme im Rahmen der Arbeitsvorbereitung. Seine Aufgabe besteht u. a. darin, die Zeiten zu ermitteln, die in der Produktion für die Ausführung der erforderlichen Arbeitsgänge benötigt werden. Für das Modell *Trekking-Light* sind bei der Montage die nachstehenden Zeiten berechnet worden:

Zeitaufnahmeprotokoll

- **Erzeugnis:** 201 – Trekking Light
- **Arbeitsplan:** APL-5129
- **Bezeichnung:** Endmontage
- **Version:** V23.1 – 15.12.20..

Rüstzeiten (Min./Rüstvorgang)	
Rüstgrundzeit	120 Min.
Rüsterholzeit	10 %
Rüstverteilzeit	10 %

Ausführungszeiten	
Ausführungsgrundzeit (Min./St.):	
Vormontage	15 Min.
Endmontage	23 Min.
Verpackung	2 Min.
Ausführungserholzeit	7,5 %
Ausführungsverteilzeit	5 %

Aufgabe 1
Berechnen Sie die Auftragszeit für die Montage von 100 Trekkingrädern Modell *Light* auf Basis des Zeitaufnahmeprotokolls.

Aufgabe 2
Definieren Sie folgende Begriffe:
- Grundzeit
- Verteilzeit
- Erholzeit

Aufgabe 3
Die Zeitaufnahme erfolgte unter den Bedingungen der Normalleistung.
Erklären Sie diesen Begriff.

Aufgabe 4
Die Mitarbeiter der *Fly Bike Werke*, die die Montagearbeiten ausführen, arbeiten im Akkord. Für den Mitarbeiter *Thomas Wellmer* liegen für die abgelaufene Schicht folgende Daten vor:

Akkordkarte

Grunddaten

Pers.-Nr.	PD-EM-812	Ge.-Datum	30.05.1977
Name	Wellmer, Thomas	Springer	nein
Status	aktiv	Einsatz	Endmontage

Akkorddaten (01.07.20..)

Lohngruppe (Nr.)	3
Grundlohn (€/Std.)	10,45
Akkordzuschlag (%)	15

Lohnschein – Nr. 732

Pers-Nr.:	PD-EM-812
Name:	Wellmer

Datum:	10.02.20..
Arbeitsplatz:	Endmontage
Normalleistung:	8 Stück/Std.

Leistungsdaten:

- Istleistung: 100 Stück

Angaben pro Schicht = 8 Stunden

Ermitteln Sie den Bruttolohn für die Montage von 100 Trekkingrädern auf Basis des Zeitakkords für den Montagemitarbeiter *Thomas Wellmer*.

Aufgabe 5
Die Lohngruppenzuordnung erfolgte im Rahmen der summarischen Arbeitsbewertung nach dem Lohngruppenverfahren. Beschreiben Sie die Vorgehensweise bei dieser Methode der Arbeitsbewertung.

Aufgabe 6
Herr Rother möchte für den Produktionsstart des neuen *Fitness Bikes* eine Nullserie planen. Diese Nullserie soll in einer umschichtig gefahrenen Produktion erfolgen (24 Stunden, drei Schichten). So wird gewährleistet, dass der gesamte Produktionsprozess ohne Unterbrechung auch unter schwierigen Bedingungen getestet wird.

Für diese Nullserie plant *Herr Rother* die Maschinenbelegung. Sein Ziel ist eine möglichst kurze Durchlaufzeit. Das ERP-System stellt für die Planung folgende Daten bereit:

Produktion - Auftragszeiten

	Maschine RO-419-Z		Machine MO-91-G	
	t-rüst	t-bearbeit.	t-rüst	t-bearbeit.
Auftrag-FA 341	1	4	1	7
Auftrag-FA 353	1	9	1	2
Auftrag-FA 373	1	5	1	8

Werteformat: alle Angaben

Hinweise an die Einrichter: Die Aufträge müssen alle zwingend in folgender Reihenfolge bearbeitet werden:

1. Bearbeitungsschritt: RO-419-Z
2. Bearbeitungsschritt: MO-92-G

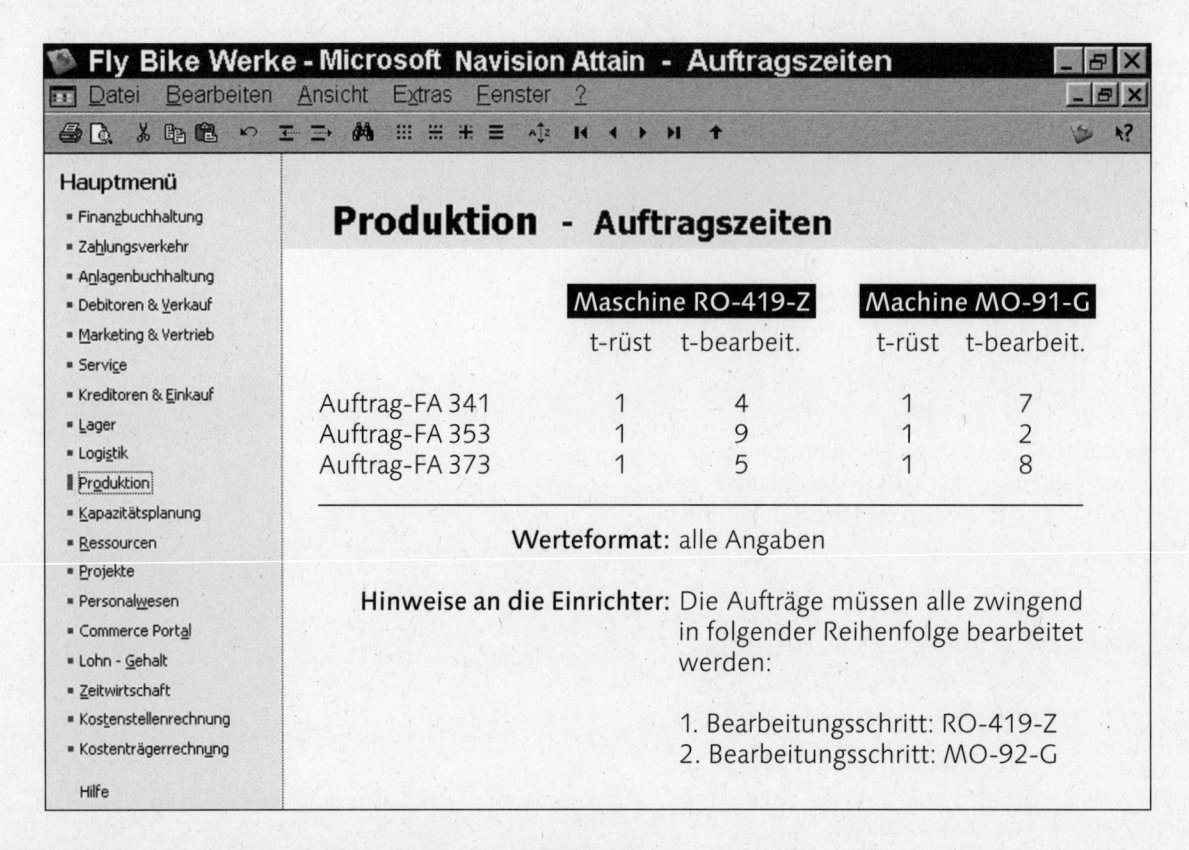

Herr Rother möchte in Abstimmung mit der Geschäftsleitung und dem Betriebsrat die Nullserie am 10.03.20.. um 00:00 Uhr beginnen.

Ermitteln Sie die Maschinenbelegung mit einer möglichst kurzen Durchlaufzeit (Auftragsreihenfolge nennen) und geben Sie den notwendigen Gesamt-Zeitbedarf in Stunden an.

Hinweis: Lösen Sie die Aufgabe nach folgendem tabellarischen Schema.
Dazu bitte die Tabelle auf dem Lösungspapier nochmals aufzeichnen!

Maschinenbelegungsplan – Nullserie Fitness Bike – Start: 10.03.20.. 00:00					
Maschine	RO-419-Z			MO-91-G	
	Uhrzeit			Uhrzeit	
Auftrag	von		bis	von		bis
Fertigungsauftrag ?	00:00	–	...	...	–	...
Fertigungsauftrag ?	...	–	...	...	–	...
Fertigungsauftrag ?	...	–	...	...	–	...

Zeichnen Sie zusätzlich eine Plantafel, die die Maschinenbelegung visualisiert.
Nutzen Sie dazu unterschiedliche Farben.

Als Schema legen Sie folgende Zeitleiste zugrunde:

0	1	2	3	4	5	6	7	8	9	10	11	12	13	14	15	16	17	18	19	20	21	22	23	0	1

Legende:
- erste Zeile: Uhrzeit/Stunden
- zweite Zeile: Maschine RO-419-Z
- dritte Zeile: Maschine MO-91-G

Hinweis: Am Anfang und am Ende der Zeitleiste könnte statt 00:00 auch 24:00 stehen.

Aufgabe 7
Herr Kolski von der Konstruktionsabteilung hat für das *Trekking Bike* die vorhandene Konstruktionsstrukturzeichnung mit Hilfe der CAD-Software überarbeitet. Als Ergebnis wurde folgende Abbildung ausgedruckt:

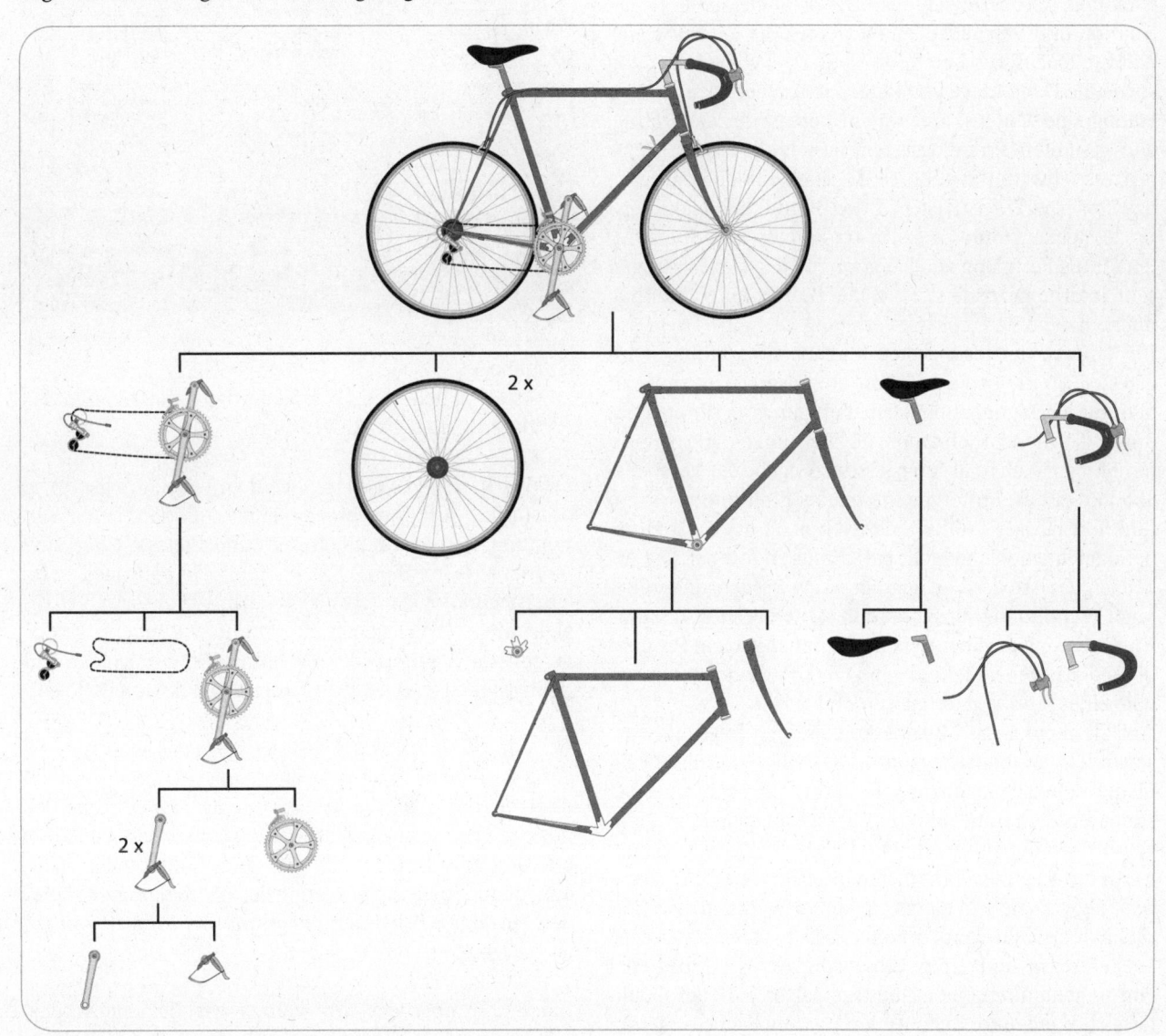

Entwickeln Sie aus dieser Zeichnung die zugehörige Strukturstückliste in der üblichen Stufenschreibweise. Finden Sie für die abgebildeten Bauteile eigene sinnvolle Bezeichnungen.

4 Prüfungsgebiet: Leistungserstellung

Lösungen zum Prüfungsgebiet Leistungserstellung

Lösungen zur Situation 21

Aufgabe 1

Aufgabe der Produktplanung ist es, die vom Kunden geforderten Produkt- und Qualitätsmerkmale festzulegen. Es wird ein Abgleich zwischen den Kundenanforderungen und der technischen und wirtschaftlichen Machbarkeit vorgenommen.

Im Rahmen der Produktentwicklung werden die technischen Spezifikationen definiert. In einem fortlaufenden Prozess von Konzept- und Ideenentwicklung, Vorentwicklung, Grobentwicklung, Detailentwicklung, Konstruktion und Versuchsplanung werden die Produkte entwickelt. Dabei sind bereits das später mögliche Recycling sowie die Demontage von Produkten zu berücksichtigen. Häufig sind Unternehmen nicht bereit oder dazu fähig, den gesamten Produktentstehungs- und Entwicklungsprozess selbst durchzuführen. Deshalb binden sie interne bzw. externe Dienstleister in den Produktentwicklungsprozess ein. Externe Dienstleister können z. B. Spezialisten für die Fertigung von Komponenten und Werkzeugen sein, interne Dienstleister z. B. die Beschaffungsabteilung oder einzelne Bereiche der Fertigung.

Im Rahmen der technischen Machbarkeitsprüfung wird getestet, ob die geplanten Produktionsprozesse sich mit den zur Verfügung stehenden Fertigungsverfahren bzw. durch die Inanspruchnahme der Leistungen von Subunternehmen auch realisieren lassen. Aufgabe der Versuchsabteilung ist es, Prototypen zu bauen. Ein Prototyp ist ein funktionsfähiges Produkt, das sich noch im Teststadium befindet und noch nicht die Serienreife erlangt hat. Die Arbeitsergebnisse der Versuchsabteilung werden an den Bereich Technik/Betriebswirtschaft weitergegeben, um eine Entscheidung darüber treffen zu können, ob ein Produkt unter den gegebenen Bedingungen (z. B. Marktreife innerhalb eines Jahres) gefertigt werden kann.

Auf die technische Machbarkeitsprüfung folgt die wirtschaftliche Machbarkeitsprüfung. Dabei wird überprüft, ob die technisch machbaren Produkte innerhalb eines bestimmten Zeitraumes auch erfolgreich auf dem Markt eingeführt werden können. Ein Erfolg ist dann gegeben, wenn die gesetzten Unternehmensziele wie z. B. Umsatz- oder Gewinnziele in einem geplanten Zeitraum auch tatsächlich erreicht werden können. Der gesamte Produktentstehungs- und Entwicklungsprozess wird begleitet von so genannten Querschnittsaufgaben, z. B. der Qualitätssicherung und dem Änderungsmanagement. Unter Qualitätssicherung (Quality Engineering) werden alle Maßnahmen verstanden, die im Rahmen des Qualitätsmanagements ergriffen werden, wie z. B. Qualitätsplanung, -lenkung und -verbesserung. Das Änderungsmanagement umfasst die Organisation, Verwaltung und Abwicklung von Änderungsanforderungen während eines gesamten Projektablaufes, von der Produkteinführung bis hin zum Produktauslauf. Hierzu gehören z. B. die fertigungsbegleitende Verwaltung aller benötigten Teile und Komponenten sowie Verfahrens- und Werkzeugänderungen. So werden z. B. Arbeitspläne, technische Spezifikationen und Stücklisten zentral gespeichert und allen beteiligten Stellen zur Verfügung gestellt.

Aufgabe 2

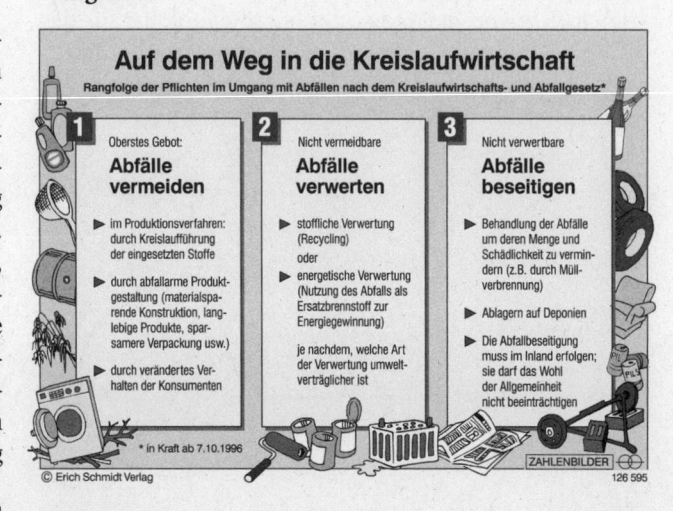

Auf dem Weg in die Kreislaufwirtschaft
Rangfolge der Pflichten im Umgang mit Abfällen nach dem Kreislaufwirtschafts- und Abfallgesetz*

1 Oberstes Gebot: Abfälle vermeiden
- im Produktionsverfahren: durch Kreislaufführung der eingesetzten Stoffe
- durch abfallarme Produktgestaltung (materialsparende Konstruktion, langlebige Produkte, sparsamere Verpackung usw.)
- durch verändertes Verhalten der Konsumenten

2 Nicht vermeidbare Abfälle verwerten
- stoffliche Verwertung (Recycling) oder
- energetische Verwertung (Nutzung des Abfalls als Ersatzbrennstoff zur Energiegewinnung)
- je nachdem, welche Art der Verwertung umweltverträglicher ist

3 Nicht verwertbare Abfälle beseitigen
- Behandlung der Abfälle um deren Menge und Schädlichkeit zu vermindern (z. B. durch Müllverbrennung)
- Ablagern auf Deponien
- Die Abfallbeseitigung muss im Inland erfolgen; sie darf das Wohl der Allgemeinheit nicht beeinträchtigen

*in Kraft ab 7.10.1996

Aufgabe 3

Werkstatt-, Fließ- und Gruppenfertigung kommen in den *Fly Bike Werken* zur Anwendung.

Die *Werkstattfertigung* ist nach dem Verrichtungsprinzip organisiert, d. h. Maschinen gleicher oder ähnlicher Verrichtung werden räumlich zusammengefasst (Werkstatt im industriellen Sinn). Die Fertigung ist hier nach Fertigungstechnologien organisiert, d. h. Arbeitssysteme, die gleichartige Arbeitsgänge durchführen können, werden vereint, die Standorte der Maschinen bestimmen den Fertigungsablauf (z. B. Schweißerei und Lackiererei)

Bei der *Fließfertigung/Fließbandfertigung* ist die Fertigung nach dem Objektprinzip organisiert. Dies geschieht dadurch, dass man die Arbeitssysteme entsprechend den nötigen Arbeitsgängen laut Arbeitsplan anordnet und lose oder fest miteinander verbindet (z. B. Endmontage). Voraussetzung ist die Abstimmung der Bearbeitungszeiten an den einzelnen Arbeitssystemen und der Einsatz von zuverlässigen Maschinen.

Bei der *Gruppenfertigung* werden verschiedene Arbeitsplätze nach dem Fließprinzip zusammengefasst. Das Ziel besteht darin, für ein zu bearbeitendes Werkstück eine Komplettbearbeitung zu erreichen. So ist z. B. in den *Fly Bike Werken* die Endmontage nach diesem Prinzip organisiert, d. h. jedes Mitglied der Gruppe ist dafür zuständig, eine bzw. mehrere Komponenten zu montieren. Die Reihenfolge der Arbeitsschritte wird durch den Montageplan vorgegeben.

Aufgabe 4

Bei der Serienfertigung werden mehrere Varianten eines Grundtyps in unterschiedlichen Mengen gefertigt, so dass Menschen und Maschinen flexibler arbeiten und der Fertigungsprozess bei der Umstellung von einer Variante auf eine andere unterbrochen werden muss. Dies führt dazu, dass die Losgrößen und die Termine einzeln geplant werden müssen. Zugleich ergibt sich eine deutlich höhere Komplexität bei der Realisierung von Automatisierungsvorhaben.

Strukturgrafik „industrielle Fertigungstypen" (Vorschlag)

Einfachfertigung	Mehrfachfertigung		
Einzelfertigung	Serienfertigung	Sortenfertigung	Massenfertigung

zunehmende Ähnlichkeit der Produkte

In der Realität lassen sich die in einem Unternehmen vorliegenden Fertigungstypen nicht „lupenrein" unterscheiden. Häufig liegen Mischformen vor.
Eine reine Massenfertigung hat man heute nur noch selten (z. B. Wasserwerke). Viele Unternehmen sind aufgrund der Konkurrenz gezwungen, ein breiteres Sortiment anzubieten. Insofern liegen häufig Serien- und/oder Sortenfertigung unterschiedlicher Ausprägung vor.

Aufgabe 5

Losgröße	Anzahl der Lose Bedarf/Losgröße	Rüstkosten gesamt (€) Rüstkosten pro Loswechsel × Anzahl der Lose	Durchschnittl. Lagerbestand Losgröße/2	Lagerkosten (€) durchschnittlicher Lagerbestand × Herstellkosten pro Stück × Lagerkostensatz %	Gesamtkosten (€) Rüstkosten + Lagerkosten
1 000	1	250,–	500	7 000	7 250,–
500	2	500,–	250	3 500	4 000,–
250	4	1 000,–	125	1 750	2 750,–
200	5	1 250,–	100	1 400	2 650,–
100	10	2 500,–	50	700	3 200,–
50	20	5 000,–	25	350	5 350,–

Lösungen zur Situation 22

Aufgabe 1
Rüstzeit = 120 Min. + 2 × 10 % = 120 + 24 = 144 Min./Rüstvorgang

Ausführungszeit
- Montagegrundzeit = 15 Min./Stück + 23 Min./Stück + 2 Min./Stück = 40 Min./Stück
- Ausführungserholzeit = 40 Min × 7,5 % = 3 Min./Stück
- Ausführungsverteilzeit = 40 Min × 5 % = 2 Min./Stück
- Gesamt = 40 Min./Stück + 3 Min./Stück + 2 Min./Stück = 45 Min./Stück

Auftragszeit = Rüstzeit + Menge × Ausführungszeit pro Stück
= 144 + 100 × 45
= 4 644 Minuten Auftragszeit (77 Stunden, 24 Minuten)

Aufgabe 2
Grundzeit: Regelmäßig auftretende Zeiten (Tätigkeits- und Wartezeiten), die sich durch Zeitaufnahmen oder Berechnungen ermitteln lassen
Verteilzeit: Unregelmäßig auftretende Zeiten, die durch einen prozentualen Zuschlag auf die Grundzeit berücksichtigt werden müssen. Sie umfassen sachliche Verteilzeiten (störungsbedingte Unterbrechungen) und persönliche Verteilzeiten (persönlich bedingte Unterbrechungen).
Erholungszeit: Sie dienen dem Abbau von Ermüdung und der Wiederherstellung der Arbeitskraft.

Aufgabe 3
Unter *Normalleistung* versteht man „eine Leistung, die bei gegebener Arbeitsmethode von einem hinreichend geeigneten Arbeiter nach normaler Einarbeitung und bei normalem Kräfteeinsatz ohne Gesundheitsschädigung auf Dauer und im Mittel der täglichen Arbeitszeit erreichbar ist".

Aufgabe 4
Vorbemerkung: Die Berechnung soll laut Vorgabe nach Zeitakkord erfolgen.
Nutzt man die Variante „Stück- bzw. Geldakkord", ergibt sich das gleiche Ergebnis.

Akkordrichtsatz = Grundlohn + Akkordzuschlag: 10,45 € + 15 % = 12,02 €

Der Akkordrichtsatz wird nur vergütet, wenn der Mitarbeiter mind. Normalleistung erbringt.
Die Normalleistung liegt bei 8 Stück/Std. bzw. 64 Stück pro Schicht (8 × 8).
Herr Wellmer schafft 100 Stück pro Schicht, liegt damit also über der Normalleistung und ist zuschlagsberechtigt.

Zeitakkord = Istmenge × Minutenfaktor × Zeitakkordsatz

- Istmenge = 100 Stück laut Lohnschein
- Minutenfaktor = $\frac{\text{Akkordrichtsatz}}{60} = \frac{12,02}{60} = 0,20$ €/Min.
- Zeitakkordsatz = $\frac{60}{\text{Normalleistung}} = \frac{60}{8} = 7,5$ Min./Stück

Entgelt für 100 Stück = 100 × 0,20 × 7,5 = 150 € für 100 Stück

Gegenprobe: Berechnung nach Stückakkord

Stückgeld = $\frac{\text{Akkordrichtsatz}}{\text{Normalleistung}} = \frac{12,02}{8} = 1,50$

Entgelt = Istmenge × Stückgeld = 100 × 1,50 = 150 € für 100 Stück

Die Ergebnisse stimmen überein. Bitte runden Sie bei den Zwischenergebnissen sofort!

Aufgabe 5

Es werden mehrere Lohngruppen gebildet, die unterschiedliche Schwierigkeitsgrade darstellen. Anschließend werden sämtliche Arbeitsverrichtungen den ihren Schwierigkeitsgraden entsprechenden Lohngruppen zugeordnet. Dieser Lohngruppenkatalog wird durch eine Vielzahl von Richtbeispielen ergänzt. Tarifverhandlungen beziehen sich in der Regel nicht auf einzelne Lohn- und Gehaltsgruppen, sondern auf den so genannten Ecklohn, aus dem sich durch prozentualen Zu- oder Abschlag die Tariflöhne für die übrigen Gruppen errechnen lassen.

Der Ecklohn ist der im Tarifvertrag für einen über 21 Jahre alten Facharbeiter der untersten Tarifgruppe festgesetzte Normallohn. Er bildet damit die Grundlage für die Berechnung der Grundlöhne für die anderen Lohngruppen.

Aufgabe 6

Maschinenbelegungsplan – Nullserie Fitness Bike – Start: 10.03.20.. 00:00				
Maschine	RO-419-Z Uhrzeit		MO-91-G Uhrzeit	
Auftrag	von	bis	von	bis
Fertigungsauftrag FA 341	00:00 –	05:00	05:00 –	13:00
Fertigungsauftrag FA 373	05:00 –	11:00	13:00 –	22:00
Fertigungsauftrag FA 353	11:00 –	21:00	22:00 –	01:00

FAZIT: die Nullserie ist um 01:00 am nächsten Tag fertig.
Gesamtdauer: 25 Stunden

Plantafel

0	1	2	3	4	5	6	7	8	9	10	11	12	13	14	15	16	17	18	19	20	21	22	23	0	1
FA 341					FA 373						FA 353														
					FA 341								FA 373									FA 353			

Legende:
- erste Zeile: Stunden
- zweite Zeile: Maschine RO-419-Z
- dritte Zeile: Maschine MO-91-G

Hinweis: Am Anfang und am Ende der Zeitleiste könnte statt 00:00 auch 24:00 stehen.

Achtung: die Rüstzeiten gehören mit zur Auftragszeit und müssen deshalb bei den Belegungszeiten berücksichtigt werden.

Schema: Zunächst den Auftrag mit der kürzesten Startzeit einlasten, um keinen unnötigen Stau aufzubauen (FA 341), dann den Auftrag mit der zweitkürzesten Zeit belegen (FA 353) und als letzten den Auftrag mit der längsten Startzeit (FA 373) einlasten. Dieses Vorgehen führt in vielen Fällen zu kurzen Durchlaufzeiten. Je nach Situation können aber auch andere Strategien erfolgreich sein.

Aufgabe 7

Strukturstückliste für das überarbeitete *Trekking Bike*. Achtung: Die Bezeichnungen sind frei wählbar, sollten dem Leser jedoch Hinweise auf das gemeinte Teil geben. Die Reihenfolge kann ebenfalls anders ausfallen. Es muss jedoch die Systematik der Baustufen erhalten bleiben.

Baustufe	Teil	Art	Menge
	Trekking Bike	E	1
•	Lenker komplett	BG	1
••	Lenkergriff	T	1
••	Bremskabel	T	1
•	Sattel komplett	BG	1
••	Sattelkissen	T	1
••	Sattelrohr	T	1
•	Rahmen komplett	BG	1
••	Hauptrahmen	T	1
••	Vorderradverbindung	T	1
••	Antrieböse	T	1
•	Rad	T	2
•	Antrieb	BG	1
••	Gangschaltung	T	1
••	Kette	T	1
••	Tretlager	BG	1
•••	Zahnrad	T	1
•••	Tretstangen	BG	2
••••	Stahlstange	T	1
••••	Pedal	T	1

E = Erzeugnis, **BG** = Baugruppe, **T** = Teil

Statt der Baustufenpunkte können auch Stufenziffern genutzt werden.

Hinweis auf weiterführende Informationen zu den Fragekomplexen

- Industrielle Geschäftsprozesse, Cornelsen Verlag, 1. Auflage, Bestellnummer: 460126, S. 186 ff.
- **Produktionsplanung:**
  http://www.wzl.rwth-aachen.de/de/2_studium/3_lehrveranst/einf/pdf/vorlesung_9_produktionsplanung.pdf
  (Vorlesung zur Produktionsplanung: Schaubilder mit Erläuterungen)
- **Löhne und Gehälter:**
  http://www.igmetall.de/tarife/tarifdatenbank/
  (Tarifdatenbank der IG Metall)

5 Prüfungsgebiet: Personal

Situation 23

> Die folgenden Aufgaben betreffen den Fragenkomplex:
> - Betriebliche Ziele und Grundsätze der Personalplanung, Personalbeschaffung und des Personaleinsatzes berücksichtigen
>
> Beispiele für betriebliche Handlungen*
> - P Personalbedarf ermitteln
> - D Interne Stellenausschreibungen erstellen
> - D Bei der Erstellung von Personalstatistiken mitwirken
> - K Statistiken zu Fluktuation und Fehlzeiten auswerten
>
> * Handlungsarten: P = Planen, D = Durchführen, K = Kontrollieren

Die Geschäftsleitung der *Fly Bike Werke* hat sich dafür entschieden, das *Fitness Bike* in das Produktionsprogramm des Unternehmens aufzunehmen. Im laufenden Geschäftsjahr sollen 1 000 Stück dieses Modelltyps produziert werden.

Da die bestehenden Kapazitäten des Unternehmens bereits durch die anderen Modelltypen zu 100 % ausgelastet sind, wird eine Kapazitätserweiterung vorgenommen. Im Rahmen der Personalplanung muss der quantitative und qualitative Personalbedarf ermittelt werden, der für die Herstellung der 1 000 Stück des Modells *Fitness Bike* erforderlich ist.

Aufgabe 1
Erläutern Sie, was unter quantitativem und qualitativem Personalbedarf zu verstehen ist.

Aufgabe 2
Der Personalbedarf zur Herstellung der 1 000 Fitness Bikes soll grob nach der so genannten Kennzahlenmethode geplant werden. Ermitteln Sie den Personalbedarf nach dieser Methode unter Berücksichtigung der folgenden Daten:
- Umsatz des Unternehmens im letzten Jahr: 7,0 Mio €
- Beschäftigte Mitarbeiter: 40
- hergestellte und verkaufte Menge des Modells *Fitness Bike* (Plandaten) 1 000 Stück
- Barverkaufspreis 372,95 €/Stück

Aufgabe 3
Da im vorgegebenen Fall die Zahl der zu produzierenden Fahrräder mit 1 000 Stück genau vorgegeben ist, kann für die Ermittlung des Personalbedarf im Bereich der Produktion die Kapazitätsbedarfsrechnung zur Anwendung kommen. Beschreiben Sie die Vorgehensweise bei dieser Methode.

Aufgabe 4
Da die personellen Kapazitäten des Unternehmens durch das bisherige Produktionsprogramm voll ausgelastet sind, müssen die zusätzlich benötigten Mitarbeiter extern beschafft werden. Nennen Sie drei (im vorgegebenen Fall) sinnvolle Maßnahmen der externen Personalbeschaffung.

Aufgabe 5
Mit der externen Personalbeschaffung sind für das Unternehmen Vor- bzw. Nachteile verbunden. Erläutern Sie je zwei Vor- bzw. Nachteile.

Situation 24

> Die folgenden Aufgaben betreffen den Fragenkomplex:
> - Instrumente zur Personalbeschaffung und Personalauswahl anwenden
>
> Beispiele für betriebliche Handlungen*
> - P Recruitingmaßnahmen
> - P Bewerber zum Gespräch einladen
> - P Personalauswahlverfahren vorbereiten
> - K Bewerbungsunterlagen sichten und mit Anforderungen der Fachabteilungen vergleichen
> - K Bewerbungsunterlagen auf Vollständigkeit überprüfen
>
> * Handlungsarten: P = Planen, D = Durchführen, K = Kontrollieren

In der Abteilung Einkauf/Logistik soll ein Sachbearbeiter für den Bereich Disposition/Logistik eingestellt werden. Dafür wird extern eine neue Mitarbeiterin/ein neuer Mitarbeiter gesucht. Für die Stelle liegt Ihnen die nachstehend (auf S. 110) abgebildete Stellenbeschreibung vor:

Stellenbeschreibung

Fly Bike Werke GmbH

I. **Instanzenbild**
   Stellenkennzeichnung:
   1. Stellenbezeichnung: Disposition/Logistik
   2. Stellennummer: 27
   3. Abteilung: Einkauf/Logistik

II. **Instanzielle Einordnung**
   4. Der Stelleninhaber erhält fachliche Weisungen von:
      Stellennummer: 26
      Leiter Einkauf/Logistik
   5. Der Stelleninhaber gibt fachliche Weisungen an:
      Stellennummer: 19
      Lagerverwalter
   6. Stellvertreter des Stelleninhabers: Leiter Einkauf/Logistik
   7. Kompetenzen: Handlungsvollmacht

III. **Aufgabenbild**
   Beschreibung der Tätigkeit: Bezugsquellenermittlung für zu beschaffende Rohstoffe, Hilfsstoffe, Betriebsstoffe, Vorprodukte, Handelswaren, Beschaffung auf Grund der Meldungen aus dem Bereich Lager oder auf direkte Anweisung vom Leiter Einkauf/Logistik (Beschaffungen über 1 500,00 € netto mit Angebotseinholung, über 15 000,00 € netto nur mit Zustimmung Leiter Einkauf/Logistik), eingegangene Angebote bearbeiten und gemäß den Kriterien Preis, Qualität, Zuverlässigkeit überprüfen, Bestellungen schriftlich erteilen, Bestellannahmen der Kunden mit Bestellung vergleichen, Terminüberwachung der Lieferung

Auf der Grundlage der Stellenbeschreibung wird das Anforderungsprofil für die auszuschreibende Stelle entworfen:

Anforderungsprofil

a) **Schulbildung** Mittlere Reife oder Abitur

b) **Berufsausbildung**
   Abgeschlossene Ausbildung
   als Industriekaufmann/-kauffrau

c) **Berufserfahrung**
   3–5 Jahre kaufmännische Tätigkeit
   nach Ausbildungsabschluss,
   davon 2 Jahre Einkaufstätigkeit

d) **Spezialkenntnisse**
   1 Jahr Branchenerfahrung
   Grundkenntnisse der EDV
   Lesen technischer Zeichnungen

e) **Fertigkeiten/Eigenschaften**
   Verhandlungsgeschick, Kontaktfähigkeit,
   gute Umgangsformen, analytisches Denkvermögen

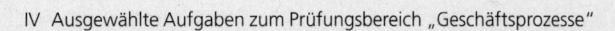

Aufgabe 1
Erstellen Sie auf der Grundlage der Stellenbeschreibung eine Stellenanzeige.

Aufgabe 2
Der benötigte Mitarbeiter soll extern über eine Annonce in einer regionalen Tageszeitung beschafft werden. Erläutern Sie drei weitere Möglichkeiten externer Personalbeschaffung.

Aufgabe 3
Neben dem externen Beschaffungsweg gibt es noch die Möglichkeit, Personal intern zu beschaffen. Auf welche Weise kann dies geschehen?

Aufgabe 4
Stellen Sie in einer Übersicht stichwortartig die Vor- bzw. Nachteile interner und externer Personalbeschaffung dar.

Aufgabe 5
Auf die Stellenanzeige melden sich mehrere Bewerber. Sie haben alle ein individuelles Qualifikationsprofil. Erläutern Sie den Zusammenhang zwischen Stellenbeschreibung, Anforderungs- und Qualifikationsprofil.

Aufgabe 6
Nach welchen unterschiedlichen Verfahren kann die Personalauswahl erfolgen, um den für die ausgeschriebene Stelle am besten geeigneten Bewerber herauszufinden?

Aufgabe 7
Im Rahmen einer „Feinanalyse" sollen die Bewerber herausgefunden werden, die zu einem Bewerbergespräch eingeladen werden. Entwerfen Sie ein Formular, aus dem die einzelnen Phasen eines Auswahlgesprächs zu entnehmen sind (stichwortartige Angabe der Phase, Gesprächsinhalt, Aufgabe der jeweiligen Phase).

Aufgabe 8
Im Arbeitsvertrag wird auf die für die *Fly Bike Werke GmbH* geltende Betriebvereinbarung hingewiesen.
a) Wer sind die Vertragsparteien einer derartigen Betriebsvereinbarung?
b) Nennen Sie vier mögliche Sachverhalte, die in einer „Freiwilligen Betriebsvereinbarung" nach § 88 BetrVG geregelt sein können.

Aufgabe 9
Der Stellenbeschreibung ist zu entnehmen, dass die Sachbearbeiter-Position mit einer Handlungsvollmacht ausgestattet ist. Der Leiter der Abteilung Einkauf/Logistik, *Herr Thüne*, hat Prokura. Grenzen Sie beide Vollmachten inhaltlich gegeneinander ab.

Aufgabe 10
Wie hat der zukünftige Stelleninhaber seine Korrespondenz, z. B. mit den Lieferern, zu unterzeichnen?

Situation 25

> **Die folgenden Aufgaben betreffen den Fragenkomplex:**
> – Aufgaben der Personalverwaltung einschließlich Eintritte und Austritte bearbeiten
>
> **Beispiele für betriebliche Handlungen***
> – D Unterlagen über Neueinstellungen z. B. für Betriebsrat und Krankenkasse etc. zusammenstellen
> – D Arbeitsverträge vorbereiten
> – D Personalakten anlegen und bearbeiten
> – D Arbeitszeugnisse erstellen
> – D Unterlagen über ausscheidende Mitarbeiter zusammenstellen
> – K Einstellungsunterlagen auf Vollständigkeit überprüfen
>
> * Handlungsarten: P = Planen, D = Durchführen, K = Kontrollieren

Herr Frank Beck, ein Mitarbeiter der Abteilung Produktion (Rahmenrohbau, Lackierung), hat sich entschlossen, sein Arbeitsverhältnis bei den *Fly Bike Werken* zu kündigen, da seine Frau eine Stelle als Bürokauffrau bei einem Bremer Industriebetrieb gefunden hat. Auch *Herrn Beck* wird dort eine Stelle in der Fertigung angeboten.
Er schickt die nachstehende Kündigung mit Einschreiben an die *Fly Bike Werke GmbH*:

Frank Beck
Hummelweg 28
26121 Oldenburg

2004-02-14

Fly Bike Werke GmbH
Rostocker Str. 334

26121 Oldenburg

Kündigung

Sehr geehrter Herr Rother,

leider sehe ich mich gezwungen, meinen Arbeitsvertrag mit der Firma Fly Bike Werke GmbH zum 31. März 2004 zu kündigen.

Ich werde aus privaten Gründen nach Bremen ziehen und habe dort bereits einen neuen Arbeitsplatz und eine Wohnung gefunden.

Ich betone ausdrücklich, dass es mir bei den Fly Bike Werken immer gut gefallen hat und ich gerne in Ihrem Team geblieben wäre.

Ich bitte darum, mir im März meinen Resturlaub 2003 und den anteiligen Urlaub 2004 zusammenhängend zu geben, sodass ich schon in der ersten Märzwoche mein Arbeitsverhältnis beenden und meine zukünftigen Verhältnisse in Bremen regeln kann.

Mit freundlichem Gruß

Frank Beck

Aufgabe 1
Begründen Sie, warum es sich empfiehlt, eine Kündigung mit Einschreiben zu versenden.

Aufgabe 2
Welche Kündigungsfrist ist im vorliegenden Fall einzuhalten?

Aufgabe 3
Beschreiben Sie vier Fälle, in denen eine außerordentliche Kündigung möglich ist.

Aufgabe 4
Nennen und erläutern Sie die Arbeitspapiere, die der Arbeitgeber dem Arbeitnehmer bei Beendigung des Arbeitsverhältnisses zu übergeben hat.

Situation 26

> Die folgenden Aufgaben betreffen den Fragenkomplex:
> – Entgeldregelungen unterscheiden, die Positionen einer Abrechnung beschreiben und das Nettogehalt berechnen
>
> Beispiele für betriebliche Handlungen*
> – D Bruttoentgelte ermitteln
> – D Personaldaten zur Entgeltabrechnung erfassen
> – K Entgeldabrechnungen kontrollieren
>
> * Handlungsarten: P = Planen, D = Durchführen, K = Kontrollieren

Für *Herrn Olaf Thüne*, Leiter der Abteilung Einkauf/Logistik der *Fly Bike Werke GmbH*, ist eine Entgeltabrechnung aufzustellen. Er ist evangelisch, verheiratet und hat zwei Kinder. Seine Ehefrau ist katholisch und nicht berufstätig.

Daten für die Gehaltsabrechnung im Abrechnungsmonat Juli 2004:
Bruttogehalt 3.500,00 €, anteiliges Urlaubsgeld 250,00 €, Überstundenvergütung 180,00 €, Vermögenswirksame Leistungen des Arbeitgebers 26,00 €, monatlicher Steuerfreibetrag 220,00 €, monatliche Sparrate 40,00 €, Einbehaltung für Personalverkauf von Erzeugnissen aus dem Vormonat 200,00 €

Angaben zu den gesetzlichen Pflichtabgaben:
Abzüge in Euro:

Lohnsteuer:	479,83 €
Kirchensteuer (9 %):	20,25 €
Solidaritätszuschlag:	12,37 €

Beitragssätze:

Rentenversicherung:	19,5 %
Arbeitslosenversicherung:	6,5 %
Krankenversicherung:	14,2 %
Pflegeversicherung:	1,7 %

Aufgabe 1
Welche Steuerklasse hat dieser Angestellte?

Aufgabe 2
Ermitteln Sie das steuer- und das sozialversicherungspflichtige Bruttoentgelt.

Aufgabe 3
Wie hoch ist die Summe der gesetzlichen Pflichtabgaben, die dem Mitarbeiter in diesem Abrechnungsmonat abgezogen wird?

Aufgabe 4
Ermitteln Sie das Nettoentgelt und den Auszahlungsbetrag für diesen Mitarbeiter.

Aufgabe 5
Welche Beträge ergeben sich aus dieser Entgeltabrechnung, die der Arbeitgeber an die Krankenkasse und an das Betriebsstättenfinanzamt überweisen muss?

Aufgabe 6
Geben Sie die notwendigen Buchungen für diese Entgeltabrechnung an.

Situation 27

> Die folgenden Aufgaben betreffen den Fragenkomplex:
> – Entgeldregelungen unterscheiden, die Positionen einer Abrechnung beschreiben und das Nettogehalt berechnen
>
> Beispiele für betriebliche Handlungen*
> – D Bruttoentgelte ermitteln
> – D Personaldaten zur Entgeltabrechnung erfassen
> – K Entgeldabrechnungen kontrollieren
>
> * Handlungsarten: P = Planen, D = Durchführen, K = Kontrollieren

Eine unvollständige Gehaltsabrechnung für den Bürokaufmann *Rainer Gilles*, Mitarbeiter in der Abteilung Einkauf/Logistik der *Fly Bike Werke GmbH*, ist mit Buchungsanweisungen zu vervollständigen.

Lohn- und Gehaltsabrechnung Monat: Juni 2004

Mitarbeiter: Rainer Gilles

BBG = Beitragsbemessungsgrenze

Steuer-klasse	Kinder-freibetrag	Konfession AN/EG	monatlicher Steuerfreibetrag	BBG RV/AV	BBG KV/PV	ausgezahltes Kindergeld
I	0	ev	0,00	5 150,00	3 487,50	0
Kranken-versicherung	Pflege-versicherung	Arbeitslosen-versicherung	Renten-versicherung	VL Arbeitgeber	VL Arbeitnehmer	verrechneter Vorschuss
14 %	1,70 %	6,50 %	19,50 %	0,00	0,00	0,00

Tarifliches Entgelt		1 823,27	
Weitere Zulagen/Sonderzahlungen			
VL Arbeitgeber			
Bruttoentgelt			a)
monatlicher Steuerfreibetrag			
steuerfreie Zulagen			
steuerpflichtiges Monatsentgelt		1 823,27	
Lohnsteuer		217,16	
Solidaritätszuschlag		19,54	
Kirchensteuer		11,94	
Summe Steuern			b)
sozialversicherungspflichtiges Entgelt KV/PV		1 823,27	
sozialversicherungspflichtiges Entgelt RV/AV		1 823,27	
Krankenversicherung (KV)		c)	
Pflegeversicherung (PV)		d)	
Arbeitslosenversicherung (AV)		e)	
Rentenversicherung (RV)		f)	
Summe Sozialversicherung			g)
Nettoentgelt			h)
VL Sparbeitrag Arbeitnehmer			
sonstige Abzüge:			
Summe Abzüge vom Nettoentgelt			i)
Auszahlung			j)

Buchen:

1. Gehaltsabrechnung

Soll	€	Haben	€
6300	k)	2800	l)
		4830	m)
		4840	n)

2. Buchung AG-Anteil zur Sozialversicherung

Soll	€	Haben	€
6400	o)	4840	p)

3. Überweisung an Institutionen

Soll	€	Haben	€
4830	q)		
4840	r)	2800	s)

IV Ausgewählte Aufgaben zum Prüfungsbereich „Geschäftsprozesse"

Aufgabe 1
Ermitteln Sie die fehlenden Werte (a–s).

Aufgabe 2
Welche Angaben der Gehaltsabrechnung sind der Lohnsteuerkarte des Mitarbeiters zu entnehmen?

Situation 28

> Die folgenden Aufgaben betreffen den Fragenkomplex:
> – Entgeldregelungen unterscheiden, die Positionen einer Abrechnung beschreiben und das Nettogehalt berechnen
>
> Beispiele für betriebliche Handlungen*
> – D Bruttoentgelte ermitteln
> – D Personaldaten zur Entgeltabrechnung erfassen
> – K Entgeldabrechnungen kontrollieren
>
> * Handlungsarten: P = Planen, D = Durchführen, K = Kontrollieren

Herr Gerland, Leiter des Vertriebs der *Fly Bike Werke*, hat ein interessantes Angebot bekommen. Ein Großhändler für Fahrräder und Fahrradzubehör im Bundesland Niedersachsen bietet ihm die Stelle eines Geschäftsführers an. Sein Bruttoentgelt würde dort auf 6.750,00 Euro monatlich steigen. Zusätzlich bietet ihm dieses Unternehmen einen zinsgünstigen Kredit zum Kauf einer komfortablen Eigentumswohnung am Ort des Unternehmens an. *Herr Gerland* hat unter Berücksichtigung der Eintragungen auf seiner Steuerkarte – Steuerfreibetrag (Monat) 625,00 Euro, Steuerklasse I, 0 Kinderfreibeträge, evangelisch – schon einige Daten für seine eventuell zukünftige Gehaltsabrechnung ermittelt. *Herr Gerland*, der nach seiner Scheidung gerne seinen Wohnsitz ändern würde, hat noch keine Entscheidung hinsichtlich eines Arbeitsplatzwechsels getroffen.

Lohnsteuer:	1 908,25 €
Solidaritätszuschlag:	104,95 €
Kirchensteuer (9 %):	171,74 €
Sozialversicherung:	951,97 €
Tilgung Geschäftsführerdarlehen:	250,00 €
Zinsen Geschäftsführerdarlehen:	112,50 €

Aufgabe 1
Ermitteln Sie
a) das steuerpflichtige Bruttoentgelt,
b) das sozialversicherungspflichtige Bruttoentgelt,
c) den Überweisungsbetrag an das Betriebsstättenfinanzamt,
d) den Überweisungsbetrag an die Krankenkasse,
e) das Nettoentgelt,
f) den Auszahlungsbetrag,
g) den Krankenversicherungsbeitrag in Prozent,
h) die Kostenbelastung für das Unternehmen und
i) den Anteil des Nettogehaltes in Prozent der Kostenbelastung.

Aufgabe 2
Geben Sie die notwendigen Buchungen für diese Gehaltsabrechnung an.

Situation 29

> Die folgenden Aufgaben betreffen den Fragenkomplex:
> – Maßnahmen der Personalentwicklung des Ausbildungsbetriebes erläutern
>
> Beispiele für betriebliche Handlungen*
> – K Mitarbeiterbeurteilungsinstrumente auswerten
> – K Einhaltung von Zielvereinbarungen prüfen
>
> * Handlungsarten: P = Planen, D = Durchführen, K = Kontrollieren

Frau Linden ist in den *Fly Bike Werken* u. a. dafür zuständig, die Personalentwicklung im Unternehmen zu fördern. Dadurch soll gewährleistet sein, dass die Mitarbeiter befähigt werden, den gegenwärtigen und zukünftigen Anforderungen ihres Arbeitsplatzes zu genügen.

Aufgabe 1
Welche Maßnahmen der Personalentwicklung könnten von *Frau Linden* für die Mitarbeiter des Unternehmens geplant werden?

Aufgabe 2
Erläutern Sie drei Gründe dafür, warum Mitarbeiter zur Bewältigung ihrer beruflichen Aufgaben ständig veränderten Anforderungen genügen müssen.

Aufgabe 3
Lebenslanges Lernen spielt im Rahmen der Personalentwicklung eine immer größere Rolle. Erläutern Sie diesen Sachverhalt.

Aufgabe 4
Frau Linden will einen Plan entwickeln, aus dem die einzelnen Teilprozesse der Personalentwicklung hervorgehen. Erstellen Sie einen derartigen Plan in einer sachlogischen Reihenfolge.

Lösungen zum Prüfungsgebiet: Personal

Lösungen Situation 23

Aufgabe 1
Der *quantitative Personalbedarf* entspricht der Anzahl der benötigten Mitarbeiter. Der *qualitative Personalbedarf* legt fest, über welche Qualifikationen das Personal verfügen muss und zu welchen Stellentypen bzw. Personalkategorien diese Qualifikationen gebündelt werden können.

Aufgabe 2
Bisheriger Umsatz pro Mitarbeiter $= \dfrac{7{,}0 \text{ Mio. €}}{40 \text{ Mitarbeiter}} = 175\,000$ €/Mitarbeiter

Geplanter Umsatz = 7,0 Mio. € + 1 000 Stück × 372,95 €/Stück = 7,37295 Mio. €

Neuer Bedarf an Mitarbeitern $= \dfrac{7{,}37295 \text{ Mio. €}}{175\,000 \text{ €/Mitarbeiter}} = 42{,}13$ Mitarbeiter

Ergebnis: Es werden zusätzlich zwei bis drei Mitarbeiter benötigt.

Aufgabe 3
Der Personalbedarf für die Fertigung kann mit Hilfe der Arbeitspläne deterministisch ermittelt werden. Aus den Arbeitsplänen ergeben sich die Vorgabezeiten (Ausführungs- und Rüstzeiten) für die auszuführenden Arbeitsgänge. Diese Zeiten werden ermittelt und mit der insgesamt herzustellenden Menge von 1 000 Stück multipliziert.

Aufgabe 4
Maßnahmen der externen Personalbeschaffung sind:
- Einstellung von Arbeitssuchenden (aktive Stellensuchende/Initiativbewerber, passive Stellensuchende/Bewerber auf Stellenanzeigen)
- Arbeitsvermittlungen
- Zeitarbeitsunternehmen (Personalleasing)

Aufgabe 5
Vorteile
- Je weiter verbreitet das entsprechende Werbemedium, desto größer die Auswahl
- Neu eingestellte Mitarbeiter können Erfahrungen aus anderen Bereichen und Unternehmen einbringen und sind nicht durch betriebstypische Denkweisen vorbelastet (keine „Betriebsblindheit").

Nachteile
- Fehlbesetzungsrisiko
- bietet eigenen Mitarbeitern keine Aufstiegschancen
- langwierig und kostenintensiv

Hinweis auf weiterführende Informationen zu den Fragekomplexen:
- Industrielle Geschäftsprozesse, Cornelsen Verlag, 1. Auflage, Bestellnummer: 460126, S. 376 ff.
- Personal/Marketing: http://www.bw.fh-deggendorf.de/itk/gast/kurs19.html
  (diverse Word- und Powerpoint-Dateien zu Personalthemen)

Lösungen Situation 24

Aufgabe 1
Schematische Darstellung des Inhalts der Stellenanzeige (S. 117)

Fly Bike Werke GmbH

Firmenbeschreibung
Wir gehören zu den führenden deutschen Herstellern qualitativ hochwertiger Sport- und Freizeiträder. Kundenorientierung und Kollegialität bestimmen unseren Erfolg. Unsere Mitarbeiter erhalten Förderung und Freiraum. Sind Sie dabei? Wir suchen einen/eine

Sachbearbeiter/in Disposition/Logistik

Stellenbeschreibung
- Bezugsquellenermittlung für zu beschaffende Rohstoffe, Hilfsstoffe, Betriebsstoffe, Vorprodukte, Handelswaren
- Bearbeitung und Überprüfung eingegangener Angebote gemäß den Kriterien Preis, Qualität, Zuverlässigkeit
- Erteilung von Bestellungen
- Abgleich der Kunden-Bestellannahmen mit Bestellungen
- Terminüberwachung der Lieferung

Anforderungen
- Schulbildung: Mittlere Reife oder Abitur
- Berufsausbildung: abgeschlossene Ausbildung als Industriekaufmann/-kauffrau
- Berufserfahrung: 3–5 Jahre kaufmännische Tätigkeit nach Ausbildungsabschluss, davon 2 Jahre Einkaufstätigkeit
- Spezialkenntnisse: 1 Jahr Branchenerfahrung
  Grundkenntnisse der EDV
  Lesen technischer Zeichnungen
- Fertigkeiten/Eigenschaften: Verhandlungsgeschick, Kontaktfähigkeit, gute Umgangsformen, analytisches Denkvermögen
- gute Deutsch- und Englischkenntnisse in Wort und Schrift

Kontaktadresse
Fly Bike Werke GmbH
Frau C. Linden
Rostocker Str. 334
D-26121 Oldenburg
(0441) 885-0
c.linden@flybike.de
http://www.flybike.de

Aufgabe 2
Maßnahmen der externen Personalbeschaffung sind:
- Einstellung von Arbeitssuchenden (aktive Stellensuchende/Initiativbewerber, passive Stellensuchende/Bewerber auf Stellenanzeigen)
- Arbeitsvermittlungen
- Personalwerbung
- Personalberater
- Zeitarbeitsunternehmen (Personalleasing)
- College Recruitment (z. B. Absolventenkongresse)
- Kontaktaufnahme bei Veranstaltungen (z. B. Messen)

Aufgabe 3
- die Heranbildung von Nachwuchskräften (z. B. Auszubildenden, Trainees) und deren Übernahme in ein Arbeitsverhältnis
- die Vorbereitung von Mitarbeitern auf neue Aufgaben durch Umschulungen und Fortbildungsmaßnahmen
- die Versetzung, Umgruppierung, Beförderung von Mitarbeitern

Aufgabe 4
Interne Personalbeschaffung

Vorteile
- geringes Risiko der Fehlbesetzung, da die Mitarbeiter und ihr Leistungsverhalten im Unternehmen schon bekannt sind
- Personal wird durch Aufstiegschancen motiviert, erhöhte Bindung an das Unternehmen
- offene Stellen können relativ schnell und kostengünstig besetzt werden
- Eingewöhnungsphase kann kurz gehalten werden
- betriebliches Entgeltniveau wird eingehalten
- Stellen für Nachwuchs werden frei

Nachteile
- begrenzte Auswahl, ggf. hohe Fortbildungskosten
- „Betriebsblindheit" (es fehlt der kritische Abstand zum eigenen Unternehmen)
- fehlende Autorität bei Besetzung von Leitungspositionen
- abgelehnte Mitarbeiter können das Betriebsklima vergiften
- Objektivität der Personalauswahl fraglich

Aufgabe 5

Eine *Stellenbeschreibung* ist der formularisierte Ausweis aller wesentlichen Merkmale einer Stelle. Die Stellenbeschreibungen legen fest,
- welche Ziele im Rahmen der Gesamtaufgabe zu erfüllen sind,
- welche Aufgaben zur Zielerreichung wahrzunehmen sind,
- über welche Befugnisse der Stelleninhaber verfügt,
- welche Wertigkeit die Stelle hat und wie sie im hierarchischen Gefüge einzuordnen ist.

Anforderungsprofile ergänzen die Stellenbeschreibungen. Sie enthalten alle für die Stelle wichtig erachteten Anforderungsarten und Anforderungsmerkmale. Das Anforderungsprofil ist das Bindeglied zwischen der Stellenbeschreibung und dem Qualifikationsprofil bzw. zwischen den Stellen- und Personenmerkmalen. Anforderungskriterien beschreiben, welche fachlichen und verhaltensbezogenen Merkmale für ein bestimmtes Tätigkeitsbündel erforderlich sind.

Ein *Qualifikationsprofil* setzt die Fähigkeiten und Fertigkeiten des (potenziellen) Stelleninhabers in Beziehung zu den Anforderungen der Stelle. Dabei geht es darum, die Ausprägung derjenigen Kompetenzen festzustellen, die mit den einzelnen Anforderungsarten und -merkmalen korrespondieren.

Aufgabe 6

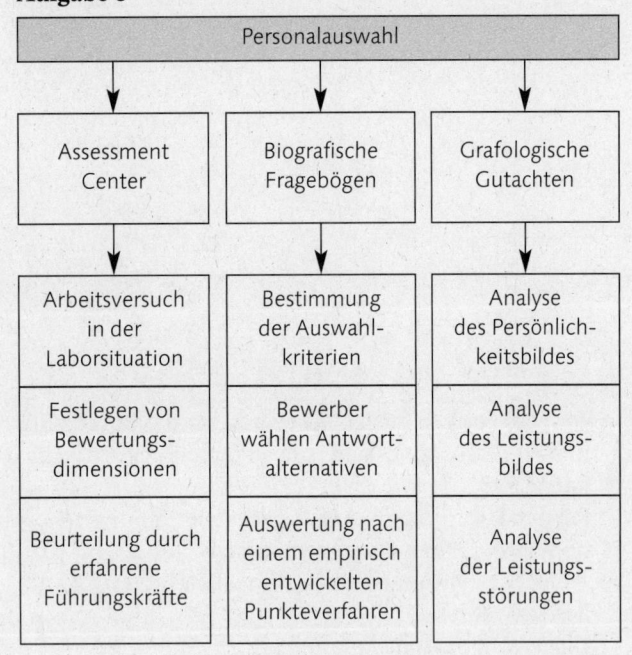

Personalauswahl		
Assessment Center	Biografische Fragebögen	Grafologische Gutachten
Arbeitsversuch in der Laborsituation	Bestimmung der Auswahlkriterien	Analyse des Persönlichkeitsbildes
Festlegen von Bewertungsdimensionen	Bewerber wählen Antwortalternativen	Analyse des Leistungsbildes
Beurteilung durch erfahrene Führungskräfte	Auswertung nach einem empirisch entwickelten Punkteverfahren	Analyse der Leistungsstörungen

Aufgabe 7

Typischer Verlauf eines Auswahlgesprächs	
Phase	Gesprächsinhalt
I. Kontaktphase	Begrüßung, Vorstellung der Gesprächspartner, Dank für die Bewerbung und für den Vorstellungsbesuch, Zusicherung der Vertraulichkeit
II. Persönliche Präsentation des Bewerbers	
1. Persönliche Verhältnisse	Erkunden von persönlichen, familiären und sozialen Verhältnissen des Bewerbers (z. B. Herkunft, Wohnort, Familienstand)
2. Bildungsgang	Schulausbildung einschließlich beruflicher Bildung und Weiterbildung
3. Berufliche Entwicklung	Fragen zum erlernten Beruf, zu Berufsplänen, Gründe für Stellenwechsel, fachliche Qualifikation
III. Informationsphase	Bewerberinformationen über das Unternehmen, die Stelle, Abteilung und Beantwortung der Fragen des Bewerbers
IV. Schlussphase	Darstellung des weiteren Ablaufs des Auswahlverfahrens und Bestimmung eines Entscheidungstermins, evtl. Regelung der Reisekostenerstattung, Verabschiedung

Quelle: Hentze, Joachim: Personalwirtschaftslehre, Bd. 1, UTB, Stuttgart 1995, S. 291

Aufgabe 8

a) Laut Betriebsverfassungsgesetz (BetrVG) werden Betriebsvereinbarungen zwischen Arbeitgebern und Betriebsrat geschlossen. Inhalt von Betriebsvereinbarungen ist laut BetrVG § 77 all das, zu dem der Betriebsrat Mitbestimmungsrecht hat.

b) BetrVG § 88 Freiwillige Betriebsvereinbarungen
Durch Betriebsvereinbarung können insbesondere geregelt werden
1. zusätzliche Maßnahmen zur Verhütung von Arbeitsunfällen und Gesundheitsschädigungen,
2. Maßnahmen des betrieblichen Umweltschutzes,
3. die Errichtung von Sozialeinrichtungen, deren Wirkungsbereich auf den Betrieb, das Unternehmen oder den Konzern beschränkt ist,
4. Maßnahmen zur Förderung der Vermögensbildung,
5. Maßnahmen zur Integration ausländischer Arbeitnehmer sowie zur Bekämpfung von Rassismus und Fremdenfeindlichkeit im Betrieb.

Aufgabe 9

Der *Prokurist* ist ein rechtsgeschäftlich bevollmächtigter Stellvertreter des Kaufmanns, dessen Wirkungsbereich im Interesse der Rechtssicherheit nach außen durch eine gesetzlich umschriebene, umfangreiche Vertretungsvollmacht – die Prokura – festgelegt ist.

Der *Handlungsbevollmächtigte* ist wie der Prokurist ein rechtsgeschäftlich bevollmächtigter Stellvertreter des Kaufmanns, allerdings mit einer freibestimm- und einschränkbaren Vertretungsmacht – der sog. Handlungsvollmacht. Mit Ausnahme der Prokura ist jede Vollmacht, die ein Kaufmann im Rahmen seines Handelsgewerbes erteilt, Handlungsvollmacht.

Aufgabe 10
Der Handlungsbevollmächtigte hat, wenn er in Vertretung handelt, einen Zusatz wie z. B. „in Vertretung" (i. V.) oder „im Auftrag" (i. A.) anzufügen. Er darf keinen Zusatz anfügen, der auf das Vorliegen einer Prokura hindeuten könnte.

Lösungen Situation 25

Aufgabe 1
Eine ordentliche Kündigung ist eine einseitige Willenserklärung, die rechtswirksam wird, wenn sie dem Vertragspartner zugeht. Um das sicherzustellen, empfiehlt es sich, das Kündigungsschreiben per Einschreiben mit Rückschein zustellen zu lassen oder auf eine Empfangsbestätigung zu achten.

Aufgabe 2
Vier Wochen zum Fünfzehnten oder zum Ende des Kalendermonats

Aufgabe 3
Ursachen für die außerordentliche Kündigung können sein:

Im Verhaltens- und Leistungsbereich:
- wiederholtes unentschuldigtes Fernbleiben von der Arbeit
- wiederholtes Zuspätkommen
- wiederholt verspätete Entschuldigung
- überdurchschnittliche Minderleistung
- beharrliche Arbeitsverweigerung
- eigenmächtiger Urlaubsantritt oder eigenmächtige Urlaubsverlängerung

Im Vertrauensbereich:
- strafbare Handlungen gegenüber dem Arbeitgeber, z. B. Diebstahl, Unterschlagung, Spesenbetrug
- strafbare Handlungen gegenüber Arbeitskollegen

Aufgabe 4
Bevor die **Lohnsteuerkarte** vom Arbeitgeber an den Arbeitnehmer herausgegeben wird, muss eine Bescheinigung der Lohnsteuer vorgenommen werden: Auf der Lohnsteuerkarte muss der Betrag eingetragen werden, der vom Arbeitslohn des Mitarbeiters tatsächlich einbehalten und an das Finanzamt abgeführt wurde. Da es aus organisatorischen Gründen häufig nicht möglich ist, die Lohnsteuerbescheinigung bis zum letzten Arbeitstag des Arbeitnehmers zu erstellen, muss eine Ersatzbescheinigung ausgestellt werden. Sie enthält alle Angaben zum Arbeitnehmer, die auch auf der Lohnsteuerkarte stehen. Darüber hinaus muss eingetragen werden, zu welchem Zeitpunkt das Arbeitsverhältnis beendet wurde. Innerhalb von acht Wochen muss in diesem Fall die Lohnsteuerbescheinigung nachgeholt werden.

Mit dem **Versicherungsnachweisheft** erfolgt die Abmeldung des Arbeitnehmers durch den Arbeitgeber bei der Krankenkasse. Spätestens innerhalb von sechs Wochen muss die Abmeldung erfolgen. Liegt der Versicherungsnachweis (Abmeldung) nicht vor, so ist ein Ersatzversicherungsnachweis (Abmeldung) einzureichen. In die verschiedenen Felder des Nachweises sind entsprechende Eintragungen vorzunehmen: „Grund der Abgabe" – Schlüsselzahl 2; „Beschäftigt gegen Entgelt" – Beginn des bisher noch nicht gemeldeten Beschäftigungszeitraumes und das Ende der Beschäftigung; „Beitragspflichtiges Brutto" – das in der Beschäftigungszeit erzielte beitragspflichtige Arbeitsentgelt. Beim Ausscheiden des Arbeitnehmers aus dem Betrieb ist das Versicherungsnachweisheft dem Arbeitnehmer auszuhändigen.

Bei Beendigung des Arbeitsverhältnisses hat der Arbeitnehmer Anspruch auf Erteilung eines schriftlichen Zeugnisses (§ 630 BGB, § 113 Gewerbeordnung, § 73 HGB, § 8 Berufsbildungsgesetz). Nach dem Inhalt unterscheidet man **einfache** und **qualifizierte Zeugnisse**. Das einfache Zeugnis beschränkt sich auf Angaben über Art und Dauer der Beschäftigung. Auf Verlangen des Arbeitnehmers ist der Arbeitgeber zur Ausstellung eines qualifizierten Zeugnisses verpflichtet, das auch Angaben über Führung und Leistungen des Arbeitnehmers enthält. Diesbezügliche Angaben des Arbeitgebers müssen wahrheitsgemäß sein. Unrichtige Angaben können den Arbeitgeber sowohl gegenüber dem Arbeitnehmer schadensersatzpflichtig machen, wenn dieser dadurch in seinem Fortkommen behindert ist, als auch gegenüber einem späteren Arbeitgeber, wenn dieser dadurch bewusst getäuscht wurde.

Um den neuen Arbeitgeber nicht mit ungerechtfertigten Urlaubsansprüchen des Arbeitnehmers zu belasten, muss vom ehemaligen Arbeitgeber eine **Urlaubsbescheinigung** ausgestellt werden. Die Bescheinigung enthält folgende Angaben: zustehender Urlaub, bereits genommener Urlaub, evtl. Angaben über eine Urlaubsabgeltung.

Hinweis auf weiterführende Informationen zu den Fragekomplexen:
- Industrielle Geschäftsprozesse, Cornelsen Verlag, 1. Auflage, Bestellnummer: 460126, S. 483 ff.

Lösungen Situation 26

Aufgabe 1
Steuerklasse III

Aufgabe 2
Steuerpflichtiges Bruttoentgelt: 3 736,00 €, sozialversicherungspflichtiges Bruttoentgelt Kranken- und Pflegeversicherung: 3 487,50 €, sozialversicherungspflichtiges Bruttoentgelt Renten- und Arbeitslosenversicherung: 3 956,00 €

Aufgabe 3
Gesetzliche Pflichtabgaben Arbeitnehmer: 1 303,98 €

Aufgabe 4
Nettoentgelt: 2 652,02 €, Auszahlungsbetrag: 2 412,02 €

Aufgabe 5
Krankenkasse (Arbeitnehmer- und Arbeitgeberanteil zur Sozialversicherung): 1 583,06 €, Betriebsstättenfinanzamt (alle Steuern): 512,45 €

Aufgabe 6
Gehaltsabrechnung in €:
6300   3 956,00   an   4830   512,45
                       4840   791,53
                       4860   40,00
                       2650   200,00
                       4850 2 412,02   (oder an 2800)

Arbeitgeberanteil zur Sozialversicherung in €:
6410   791,53   an   4840   791,53

Auszahlungen in €:
4850   2 412,00
4830   512,45
4840   1 583,06
4860   40,00   an   2800   4 547,53

Lösungen zur Situation 27

Aufgabe 1
(Werte in €)
a) 1 823,27   b) 248,64   c) 127,63
d)   15,50   e) 59,26   f) 177,77
g)   380,16   h) 1 194,47 i)   0,00
j) 1 194,47   k) 1 823,27 l) 1 194,47
m)   248,64   n,o,p) 380,16 q) 248,64
r)   760,32   s) 1 008,96

Aufgabe 2
Lohnsteuerklasse I, Kinderfreibeträge 0, Religionszugehörigkeit evangelisch, Steuerfreibetrag 0

Lösungen zur Situation 28

Aufgabe 1
a) steuerpflichtiges Bruttoentgelt: 6 125,00 €
b) sozialversicherungspflichtiges Bruttoentgelt Kranken- und Pflegeversicherung: 3 487,50 €, sozialversicherungspflichtiges Bruttoentgelt Renten- und Arbeitslosenversicherung: 5 150,00 €.
c) Überweisung an Betriebsstättenfinanzamt (alle Steuern): 2 184,94 €
d) Überweisung an die Krankenkasse (Arbeitnehmer- und Arbeitgeberanteil zur Sozialversicherung): 1 903,94 €
e) Nettoentgelt: 3 613,09 €
f) Auszahlungsbetrag: 3 250,59 €
g) Krankenversicherungsbeitrag: 14,5 %
h) Kostenbelastung (Gehalt + Arbeitgeberanteil zur Sozialversicherung): 7 701,97 €
i) Nettogehalt in Prozent der Kostenbelastung: 46,91 %

Aufgabe 2
Gehaltsabrechnung in €:
6300   6 750,00   an   4830   2 184,94
                       4840   951,97
                       2650   250,00   (oder an 1600)
                       5710   112,50
                       4850   3 250,59   (oder an 2800)

Arbeitgeberanteil zur Sozialversicherung in €:
6410   951,97   an   4840   951,97

Auszahlungen in €:
4850   3 250,59
4830   2 184,94
4840   1 903,94   an   2800   7 339,47

Hinweis auf weiterführende Informationen zu den Fragekomplexen:
– Industrielle Geschäftsprozesse, Cornelsen Verlag, 1. Auflage, Bestellnummer: 460126, S. 465 ff

Lösungen Situation 29

Aufgabe 1
a) Ausbildung (Qualifizierung von Berufsnachwuchs)
b) Fortbildung (Verbesserung der Qualifikation eines Mitarbeiters für seinen Arbeitsplatz)
c) Weiterbildung (Vorbereitung auf Führungsaufgaben); Umschulung (Qualifikation eines Mitarbeiters für einen anderen Arbeitsplatz)

Aufgabe 2
– Globalisierung der Märkte
– technischer Fortschritt
– verkürzte Halbwertzeit von Wissen

Aufgabe 3
Lebenslanges Lernen ist jede zielgerichtete Lerntätigkeit, die einer kontinuierlichen Verbesserung von Kenntnissen, Fähigkeiten und Kompetenzen dient. Lern-, Lebens- und Arbeitsmuster wandeln sich rasch. Das bedeutet nicht nur, dass sich der Einzelne an den Wandel anpassen muss, sondern auch, dass sich eingefahrene Handlungsmuster ändern müssen.

Aufgabe 4
1. Ermitteln des PE-Bedarfs
   – Ermittlung organisatorischer, tätigkeitsbezogener und personaler Merkmale
2. Planung der Lernziele
   – Beschreiben von Lernzielen und Inhalten
3. Maßnahmengestaltung
   – Entwurf der didaktisch-methodischen Konzeption
   – Empfehlungen zur Gestaltung lernfördernder Bedingungen und Arbeitsstrukturen
4. Durchführung
   – Optimierung des Lernens im pädagogisch organisierten Prozess
   – Optimierung des Lernens im Prozess der Arbeit
5. Kontrolle
   – Formulierung von Kriterien zur Ermittlung des Lernerfolgs

V Das „Einsatzgebiet" in der mündlichen Abschlussprüfung (die „Präsentation" und das „Fachgespräch")

Grundlage für die Präsentation zum „Einsatzgebiet" ist die Verordnung über die Berufsausbildung zum/zur Industriekaufmann/Industriekauffrau vom 23. Juli 2002, § 9: „Im Prüfungsbereich Einsatzgebiet soll der Prüfling in einer Präsentation und einem Fachgespräch über eine selbstständig durchgeführte Fachaufgabe in einem Einsatzgebiet nach § 4 Absatz 1 Nr. 10 zeigen, dass er komplexe Fachaufgaben und ganzheitliche Geschäftsprozesse beherrscht und Problemlösungen in der Praxis erarbeiten kann."

1. Fachaufgabe und Einsatzgebiete

Gegenstand der mündlichen Prüfung ist eine Fachaufgabe in einem Einsatzgebiet. Einsatzgebiete können sein:

Aus Marketing und Absatz
- Vertrieb
- Außendienst
- Export
- Werbung/Verkaufsförderung

Aus Beschaffung und Bevorratung
- Elektronische Beschaffung (E-Procurement)
- Ausschreibungsverfahren
- Lagerlogistik

Aus Personalwirtschaft
- Mitarbeiterförderung
- Personalmarketing
- Entgeltsysteme
- Arbeitsstudien

Aus Leistungserstellung
- Arbeitsvorbereitung
- Investitionsplanung
- Technik/Technologie
- Produktentwicklung
- Bauprojekte

Aus Leistungsabrechnung
- Kostenrechnungssysteme
- Projektabrechnung
- Beteiligungsverwaltung

Aus den Querschnittsaufgaben
- Produktmanagement (Product Management)
- Supply Chain Management
- Elektronischer Handel (E-Commerce)
- Kundenprojekte
- Logistik
- Controlling
- Qualitätsmanagement
- Bürokommunikation
- Informationstechnologie
- Organisation
- Facility-Management
- Franchising
- Umweltschutzmanagement
- Auslandseinsatz

Es sind auch andere Einsatzgebiete zulässig, wenn in ihnen entsprechende Fertigkeiten und Kenntnisse vermittelt werden, die durch die Ausbildungsordnung abgedeckt sind.

Dem zuständigen Prüfungsausschuss ist eine Kurzbeschreibung der beabsichtigten Fachaufgabe zu einem von der Industrie- und Handelskammer (IHK) festgelegten Termin zur Genehmigung vorzulegen. Eine Fachaufgabe kann abgelehnt werden, wenn der Antrag

- nicht vollständig ausgefüllt ist, z. B. hinsichtlich der persönlichen Daten des Prüfungsteilnehmers, des Namens und der Anschrift des Ausbildungsbetriebes, des Namens des verantwortlichen Ausbilders, der entsprechenden Unterschriften;
- keine konkreten inhaltlichen Angaben zum Einsatzgebiet enthält, wie z. B. die Bezeichnung des Einsatzgebietes, Verständlichkeit der Aufgabenstellung, Skizzierung von vor- und nachgelagerten Geschäftsprozessen, so dass aus der Beschreibung der Fachaufgabe zu erkennen ist, in welcher Weise komplexe Fachaufgaben aus ganzheitlichen Geschäftsprozessen damit abgebildet werden können;
- keine Angaben zu den verwendeten Präsentationsmitteln, wie z. B. OH-Projektor, Flipchart, Pinwand, Laptop, Beamer, usw. enthält.

Wird die Fachaufgabe nicht genehmigt, muss eine überarbeitete oder eine neue Fachaufgabe in einer von der IHK festzulegenden Frist neu eingereicht werden.

2. Report

Über die Fachaufgabe im Einsatzgebiet ist vom Prüfungsteilnehmer ein höchstens fünfseitiger Report als Basis für die Präsentation und das Fachgespräch zu erstellen. Anlagen zur Erläuterung betriebsüblicher Unterlagen können dem Report beigefügt werden. Es sollte darauf geachtet werden, dass keine Betriebsgeheimnisse veröffentlicht werden und nicht gegen die Datenschutzbestimmungen verstoßen wird.

Der Report ist bis zu einem von der zuständigen IHK festzulegenden Termin dem Prüfungsausschuss zuzuleiten. Es erfolgt keine Bewertung des Reports, er dient dem Prüfungsausschuss lediglich zur Information, und er bietet die

Basis für die Präsentation und das Fachgespräch. Wird ein Report ohne wichtigen Grund nicht termingerecht abgegeben, gilt die Prüfung als nicht bestanden.
Der Report sollte inhaltlich folgende Struktur aufweisen:

> **Inhalte eines Reports**
> - Gliederung
> - Verständliche Formulierung der Aufgabenstellung
> - Arbeitsschritte zur Durchführung der Fachaufgabe
> - Eventuell erforderliche Koordinierungsprozesse
> - Dokumentation des Ergebnisses
>
> Unterschrift des Unterschrift des
> Ausbilders   Auszubildenden

In der Regel muss der Report in dreifacher Ausfertigung eingereicht werden, gelocht und geklammert sein. Durch die Unterschrift des Auszubildenden und des verantwortlichen Ausbilders wird versichert, dass die im Projekt dokumentierte Fachaufgabe im Betrieb selbstständig ausgeführt wurde.

3. Präsentation

Auf der Grundlage des Reports soll der Prüfungsteilnehmer in der „Präsentation" zeigen, dass er Sachverhalte, Abläufe und Ergebnisse der bearbeiteten Fachaufgabe erläutern und mit praxisüblichen Mitteln darstellen kann.
Der Prüfungsteilnehmer soll sich eine entsprechende Zeit vor der Prüfung darüber informieren, welche Präsentationsmittel (s. oben) am Prüfungsort vorhanden sind und welche Präsentationsmittel auf eigene Verantwortung vom Prüfungsteilnehmer mitgebracht werden können. Die zeitliche Dauer der Präsentation ist auf maximal 15 Minuten begrenzt. Die Beurteilung der Präsentation kann unter Berücksichtigung folgender Bewertungskriterien erfolgen:

Beurteilungskriterien einer Präsentation
- *Aufbau und inhaltliche Struktur*
  Aufgabenstellung und Ziel, sachliche Gliederung (Einleitung, Hauptteil, Schluss), Beachtung der inhaltlichen Zusammenhänge
- *Präsentationstechnik und kommunikative Kompetenz*
  Visualisierung (z. B. Texte gut lesbar, übersichtliche Anordnung und Gestaltung, Verwendung von Symbolen und Bildern), Medieneinsatz (z. B. Visualisierung, Sicherheit im Umgang mit den Medien), Ausdrucksweise (z. B. freie Rede, Fachsprache), Vortragsweise (z. B. verständlich, überzeugend)

4. Fachgespräch

Im Fachgespräch soll der Prüfungsteilnehmer zeigen, dass er die dargestellte Fachaufgabe in Gesamtzusammenhänge einordnen, Hintergründe erläutern und Ergebnisse bewerten kann. Der Prüfungsteilnehmer soll nachweisen, dass er die Sachbearbeitung in einem speziellen Gebiet beherrscht. Präsentation und Fachgespräch sollen zusammen höchstens 30 Minuten betragen. Die Beurteilung des Fachgesprächs kann unter Berücksichtigung folgender Bewertungskriterien erfolgen:

Beurteilungskriterien eines Fachgesprächs
- *Kommunikative Kompetenz* (z. B. freie Rede, Vortragsweise, Gesprächsverhalten)
- *Fachliche Kompetenz* (z. B. Fachwissen, Verwendung von Fachbegriffen)

5. Bestehen der Prüfung

Auf das Gewicht der einzelnen Prüfungsbereiche ist bereits zu Beginn des Prüfungstrainings hingewiesen worden.
Hier soll nur noch betont werden, dass die Prüfungsbereiche „Geschäftsprozesse" und „Einsatzgebiet" Sperrfächer sind, d.h. in diesen Prüfungsbereichen mindestens ausreichende Leistungen erbracht werden müssen. Werden die Prüfungsleistungen in einem Prüfungsbereich mit „ungenügend" bewertet, so ist die Prüfung nicht bestanden. Sind in der schriftlichen Prüfung die Leistungen in ein bzw. zwei Prüfungsbereichen mit mangelhaft und die übrigen Prüfungsleistungen mit mindestens ausreichend bewertet worden, so ist auf Antrag des Prüflings oder nach Ermessen des Prüfungsausschusses in einem mit mangelhaft bewerteten Prüfungsbereich die schriftliche Prüfung durch eine mündliche Prüfung von etwa 15 Minuten zu ergänzen, wenn dies für das Bestehen der Prüfung den Ausschlag geben kann.

Da der Prüfungsbereich „Geschäftsprozesse" Sperrfach ist, muss der Prüfungsteilnehmer bei einer mangelhaften Leistung in diesem Bereich und einer mangelhaften Leistung in einem der beiden anderen Bereiche die Ergänzungsprüfung in dem Prüfungsbereich „Geschäftsprozesse" ablegen, wenn er die Prüfung bestehen will.

Aus Gründen der besseren Übersichtlichkeit werden die wichtigsten Phasen der Abschlussprüfung mit dem folgenden Schaubild dokumentiert:

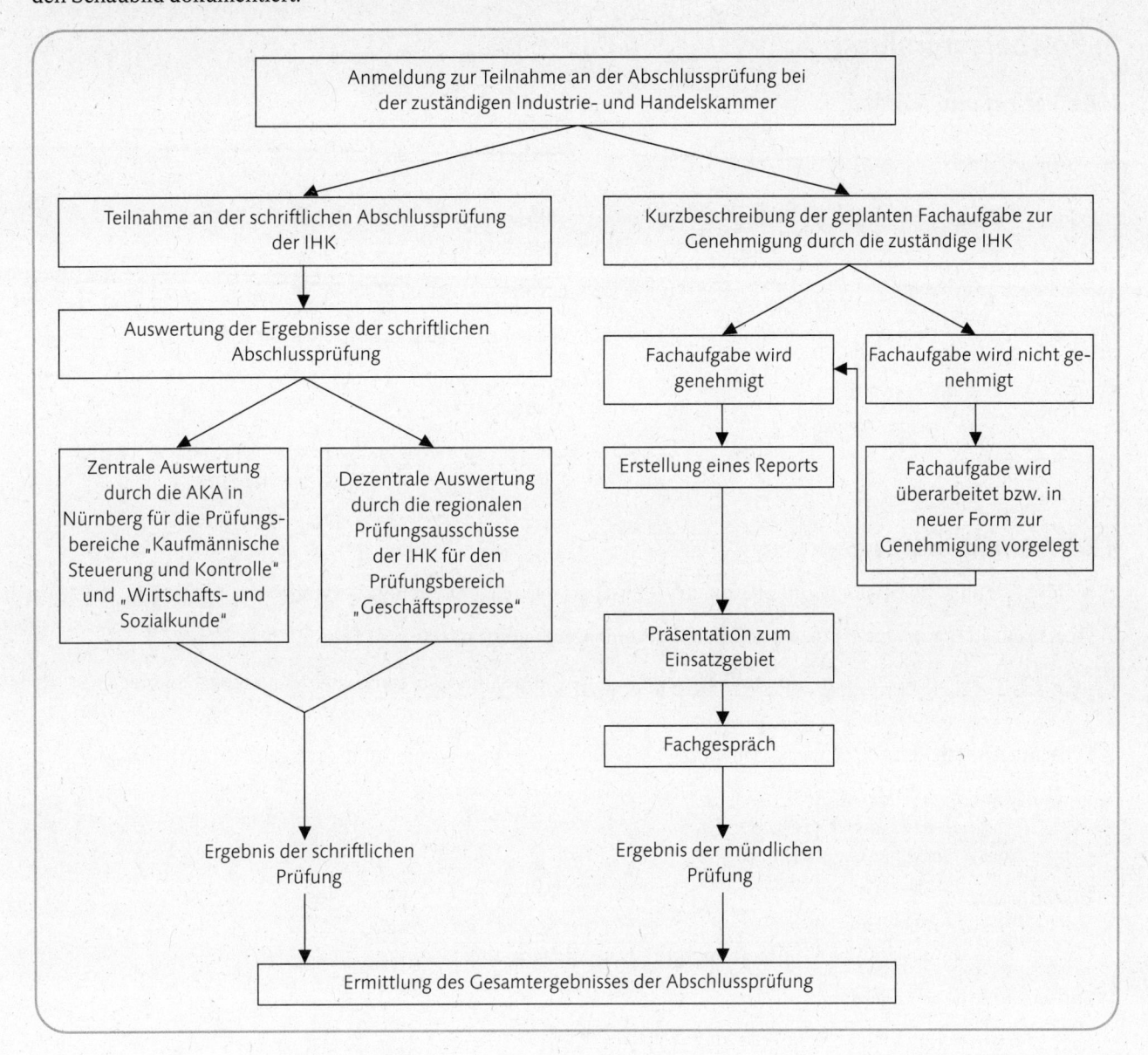

```
                Anmeldung zur Teilnahme an der Abschlussprüfung bei
                     der zuständigen Industrie- und Handelskammer
                                    │
                ┌───────────────────┴───────────────────┐
                ▼                                       ▼
   Teilnahme an der schriftlichen          Kurzbeschreibung der geplanten Fachaufgabe zur
   Abschlussprüfung der IHK                Genehmigung durch die zuständige IHK
                │                                       │
                ▼                               ┌───────┴────────┐
   Auswertung der Ergebnisse der               ▼                ▼
   schriftlichen Abschlussprüfung      Fachaufgabe wird    Fachaufgabe wird nicht
                │                      genehmigt           genehmigt
       ┌────────┴────────┐                     │                │
       ▼                 ▼                     ▼                ▼
   Zentrale          Dezentrale        Erstellung eines    Fachaufgabe wird
   Auswertung        Auswertung        Reports             überarbeitet bzw. in
   durch die AKA     durch die                             neuer Form zur
   in Nürnberg für   regionalen                            Genehmigung vorgelegt
   die Prüfungs-     Prüfungsaus-              │                │
   bereiche          schüsse der IHK           ▼                │
   „Kaufmännische    für den             Präsentation zum ◄─────┘
   Steuerung und     Prüfungsbereich     Einsatzgebiet
   Kontrolle" und    „Geschäfts-                │
   „Wirtschafts-     prozesse"                  ▼
   und Sozialkunde"                       Fachgespräch
       │                 │                      │
       └────────┬────────┘                      ▼
                ▼                     Ergebnis der mündlichen
   Ergebnis der schriftlichen         Prüfung
   Prüfung                                      │
                │                               │
                └───────────────┬───────────────┘
                                ▼
         Ermittlung des Gesamtergebnisses der Abschlussprüfung
```

VI Materialien zur Vorbereitung auf die Prüfung

1. Formelsammlung

I Marketing und Absatz

1) Gewinnschwelle $= \dfrac{Kf}{p-kv} = \dfrac{\text{Fixkosten}}{\text{Verkaufspreis} - \text{variable Stückkosten}}$

   oder $\dfrac{Kf}{db} = \dfrac{\text{Fixkosten}}{\text{Deckungsbeitrag pro Stück}}$

2) **Stückdeckungsbeitrag** = p−kv (Verkaufspreis − variable Stückkosten)

3) **Gesamtdeckungsbeitrag** = Stückdeckungsbeitrag × verkaufte Menge (Absatz)

4) **Preiselastizität der Nachfrage** $= \dfrac{\text{Mengenänderung \%}}{\text{Preisänderung \%}}$

5) **Marktanteil** $= \dfrac{\text{Umsatz/Absatz eines Unternehmens bzw. eines Produktes} \times 100}{\text{Gesamtumsatz/-absatz auf einem Markt}}$

II Beschaffung und Bevorratung

1) **Meldebestand** = durchschnittlicher Verbrauch × Beschaffungszeit + Sicherheitsbestand

2) **Durchschnitt der in einem Jahr tatsächlich vorhandenen Lagerbestände**

   a) $= \dfrac{\text{Jahresanfangsbestand} + \text{Jahresendbestand}}{2}$ b) $= \dfrac{\text{Jahresanfangsbestand} + 12 \text{ Monatsendbestände}}{13}$

3) **Umschlagshäufigkeit** (Umschlagsgeschwindigkeit) = umgesetzter durchschnittlicher Lagerbestand in einem Jahr

   a) **mengenmäßig** (Stück, kg, qm …)

   $= \dfrac{\text{Verbrauch bzw. Absatz pro Jahr}}{\text{durchschnittlicher Lagerbestand}}$

   b) **wertmäßig** (€)

   $= \dfrac{\text{Jahresverbrauch bzw. Jahresumsatz zu Einstandspreisen (= Wareneinsatz)}}{\text{durchschnittlicher Lagerbestand zu Einstandspreisen}}$

4) **Durchschnittliche Lagerdauer**

   = Zeit zwischen Eingang und Verbrauch/Verkauf der Ware $= \dfrac{360}{\text{Umschlagshäufigkeit}}$

5) **Lagerzinssatz** (%)

   $= \dfrac{\text{Markt-Jahreszinssatz} \times \text{Lagerdauer}}{360}$

6) **Lagerzinsen** (€) = Lagerzinssatz × Einstandspreis

7) **Einstandspreis** = Listeneinkaufspreis
   − Liefererrabatt
   Zieleinkaufspreis
   − Lieferskonto
   Bareinkaufspreis
   + Bezugskosten
   Einstands- (Bezugs-)preis

III Leistungserstellung

1) **Beschäftigungsgrad** $= \dfrac{\text{tatsächlich genutzte Kapazität} \times 100}{\text{optimale Kapazität}}$

3) **Durchlaufzeit** = Rüstzeit + Bearbeitungszeit + Übergangszeit (Liege- und Transportzeit)

4) **Kostenstruktur** $= \dfrac{\text{fixe Kosten} \times 100}{\text{Gesamtkosten}}$

IV Personal

1) **Arbeitsproduktivität** = $\dfrac{\text{produzierte Menge}}{\text{Arbeitseinsatz in Stunden}}$

2) **Personalbedarf** = $\dfrac{\text{geplanter Umsatz}}{\text{geplanter Umsatz pro Mitarbeiter}}$

3) **Leistungsgrad** = $\dfrac{\text{beobachtete Ist-Mengenleistung}}{\text{Bezugsmengenleistung}} \times 100$

   oder

   $\dfrac{\text{Sollzeit} \times 100}{\text{Istzeit}}$

4) **Vorgabezeit** = $\dfrac{60 \text{ Minuten}}{\text{Normalleistung pro Stunde}}$

5) **Auftragszeit** = Rüstzeit + Auftragsmenge × Ausführungszeit/Stück

6) **Akkordrichtsatz** = tariflicher Mindestlohn + Akkordzuschlag

7) **Akkordsatz** = $\dfrac{\text{Akkordrichtsatz}}{\text{Bezugsmengenleistung}}$

8) **Stück-Geldakkord** = Akkordsatz × Stückzahl

9) **Stück-Zeitakkord** = Minutenfaktor × Vorgabezeit × Stückzahl

10) **Minutenfaktor** = $\dfrac{\text{Akkordrichtsatz}}{60}$

11) **Krankheitsquote** = $\dfrac{\text{Fehlstunden wegen Krankheit}}{\text{gesamte Arbeitsstunden}}$

V Finanzierungen

1) **Eigenkapitalrentabilität** (Unternehmerrentabilität) = $\dfrac{\text{Gewinn} \times 100}{\text{Eigenkapital}}$

2) **Gesamtkapitalrentabilität** (Unternehmungsrentabilität) = $\dfrac{(\text{Gewinn} + \text{Fremdkapitalzinsen}) \times 100}{\text{Gesamtkapital}}$

3) **Umsatzrentabilität** = $\dfrac{\text{Gewinn} \times 100}{\text{Umsatz}}$

4) **Cash flow** = Jahresüberschuss
   + Abschreibungen auf Anlagen
   + Zuführung zu den langfristigen Rückstellungen

5) **Liquidität 1. Grades** = $\dfrac{\text{flüssige Mittel} \times 100}{\text{kurzfristiges Fremdkapital}}$

6) **Liquidität 2. Grades** = $\dfrac{(\text{flüssige Mittel} + \text{Forderungen}) \times 100}{\text{kurzfristiges Fremdkapital}}$

7) **Liquidität 3. Grades** = $\dfrac{\text{Umlaufvermögen} \times 100}{\text{kurzfristiges Fremdkapital}}$

VI Funktionsübergreifend

1) **Wirtschaftlichkeit**

   a) Vergleich von Ist-Werten = $\dfrac{\text{Ertrag}}{\text{Aufwand}}$ oder $\dfrac{\text{Leistung}}{\text{Kosten}}$

   b) Vergleich von Ist- und Sollwerten = $\dfrac{\text{Istkosten}}{\text{Sollkosten}}$

2) **Produktivität** = $\dfrac{\text{Ausbringungsmenge}}{\text{Einsatzmenge}}$

3) **Tageszinsen** = $\dfrac{\text{Kapital} \times \text{Zinssatz} \times \text{Tage}}{100 \times 360}$

2. Orientierungswissen zu Kern- und Supportprozessen

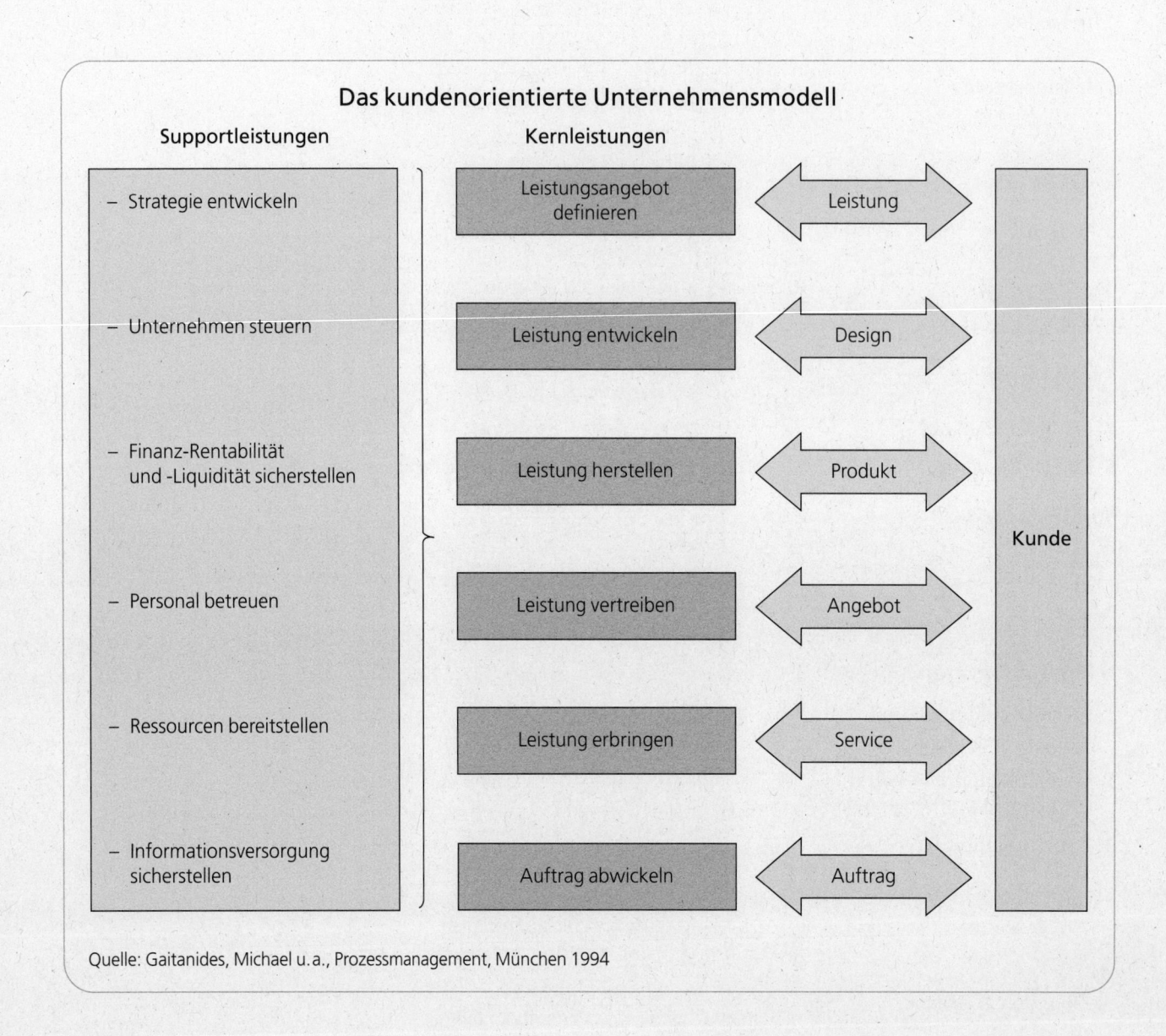

Das kundenorientierte Unternehmensmodell

Supportleistungen	Kernleistungen		Kunde
– Strategie entwickeln	Leistungsangebot definieren	⇔ Leistung	
– Unternehmen steuern	Leistung entwickeln	⇔ Design	
– Finanz-Rentabilität und -Liquidität sicherstellen	Leistung herstellen	⇔ Produkt	
– Personal betreuen	Leistung vertreiben	⇔ Angebot	
– Ressourcen bereitstellen	Leistung erbringen	⇔ Service	
– Informationsversorgung sicherstellen	Auftrag abwickeln	⇔ Auftrag	

Quelle: Gaitanides, Michael u. a., Prozessmanagement, München 1994

2.1 Marketing und Absatz

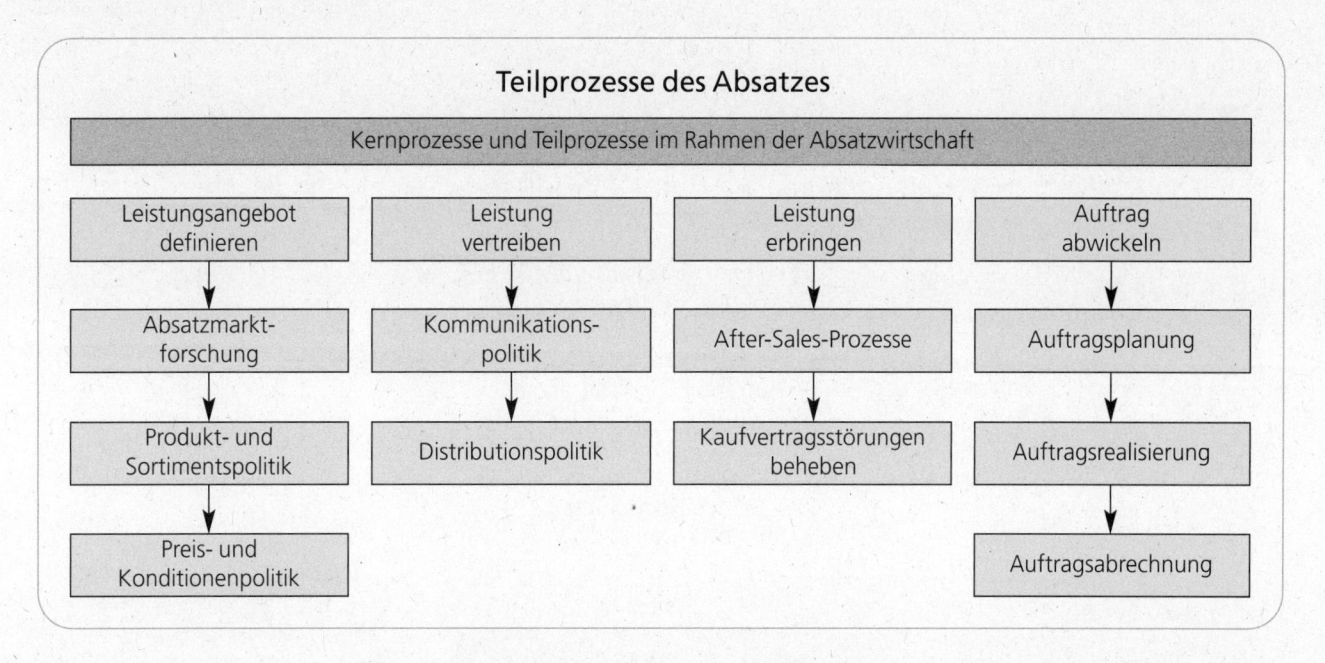

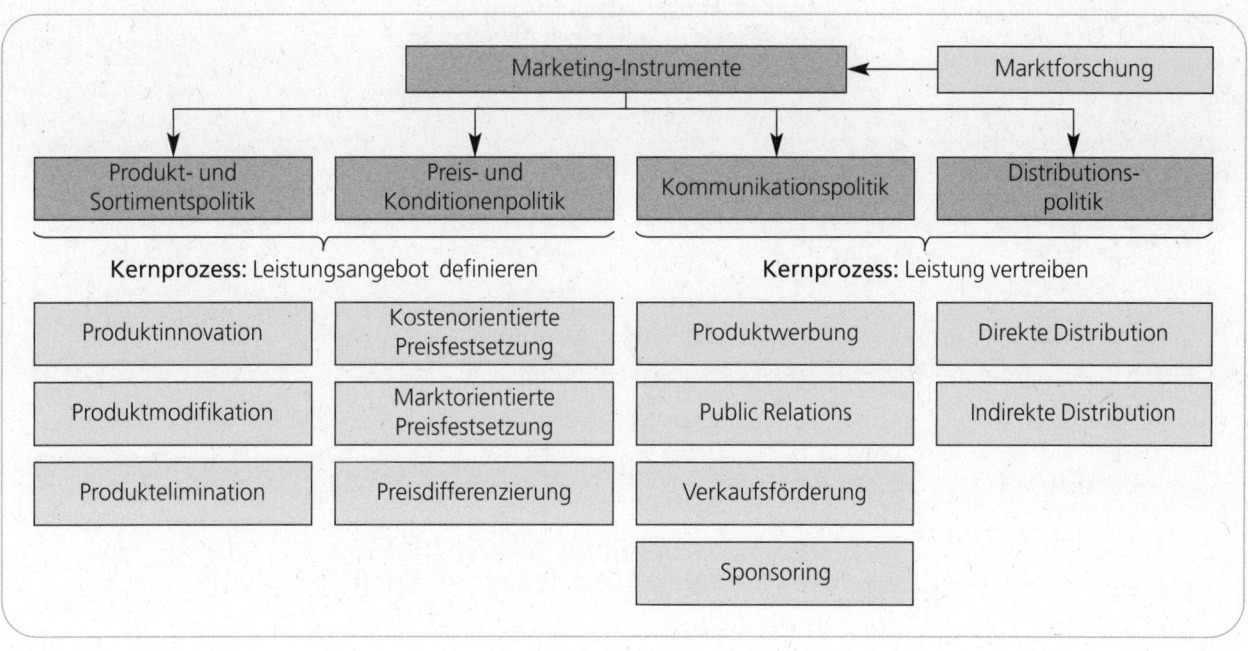

Teilprozesse des Absatzes

Kernprozesse und Teilprozesse im Rahmen der Absatzwirtschaft

Leistungsangebot definieren	Leistung vertreiben	Leistung erbringen	Auftrag abwickeln
Absatzmarktforschung	Kommunikationspolitik	After-Sales-Prozesse	Auftragsplanung
Produkt- und Sortimentspolitik	Distributionspolitik	Kaufvertragsstörungen beheben	Auftragsrealisierung
Preis- und Konditionenpolitik			Auftragsabrechnung

Marktforschung → Marketing-Instrumente

Produkt- und Sortimentspolitik	Preis- und Konditionenpolitik	Kommunikationspolitik	Distributionspolitik

Kernprozess: Leistungsangebot definieren — **Kernprozess:** Leistung vertreiben

Produktinnovation	Kostenorientierte Preisfestsetzung	Produktwerbung	Direkte Distribution
Produktmodifikation	Marktorientierte Preisfestsetzung	Public Relations	Indirekte Distribution
Produktelimination	Preisdifferenzierung	Verkaufsförderung	
		Sponsoring	

Marktformen

Der Ort, an dem **Nachfrager und Anbieter zusammentreffen** und ihre jeweiligen **Leistungen** im Rahmen von Verhandlungen **austauschen**, heißt **Markt**.

Mögliche Marktformen

Der Verkäufermarkt	Der Käufermarkt
Typisches Merkmal: Nachfrage > Angebot (= Nachfrageüberhang) **Folgen:** • Verkäufer befinden sich in stärkerer Position • Käufer konkurrieren • hohes Preisniveau **Bsp.:** Grundstücke in der City, Oldtimer usw.	**Typisches Merkmal:** Angebot > Nachfrage (= Angebotsüberhang) **Folgen:** • Käufer befinden sich in stärkerer Position • Verkäufer konkurrieren • starker Preisdruck **Bsp.:** Lebensmittel, Autos, Reisen, Möbel usw.

Absatzmarktforschung

Marktorientiertes Unternehmenshandeln erfordert zunächst **Informationen über den Markt** selbst.

Informationen über den Markt kann man auf **unterschiedliche Weise** beschaffen:

Beschaffung differenziert nach dem **Zeitbezug**
- Markt**untersuchung**
- Markt**prognose**

Beschaffung differenziert nach der Art der **Informationsgewinnung**
- **Primär**forschung (field research)
- **Sekundär**forschung (desk research)

Welche Art der Informationsbeschaffung gewählt wird, hängt ab von
- der **Zielstellung**
- den **Kosten** der Beschaffung

Absatzmarktforschung differenziert nach dem Zeitbezug

Absatzmarktforschung lässt sich bezogen auf die Zeit differenzieren:

Marktuntersuchung
Bezogen auf die **Vergangenheit** und **Gegenwart** werden Informationen über den Markt gesammelt. Dabei kann man wissenschaftlich **genau** vorgehen oder aber auch **unsystematisch**.

Je genauer vorgegangen wird, desto **besser** kann **geplant** werden, desto **höher** sind aber auch die **Kosten**.

Marktprognose
Bezogen auf die **Zukunft** werden **Abschätzungen** und **Vorausberechnungen** der zukünftigen Marktverhältnisse zu ermitteln versucht (**Trends**).

Marktprognosen basieren häufig auf **Marktuntersuchungen,** aber auch auf **Schätzungen**.

Absolut genaue Voraussagen sind kaum möglich!

Absatzmarktforschung differenziert nach der Art der Informationsgewinnung

Absatzmarktforschung lässt sich bezogen auf die Art der Informationsgewinnung differenzieren:

Primärforschung
Die zu beschaffende Information wird **direkt bei den Kunden** durch Befragungen oder Tests erhoben, also im „**Feld**". (➤ field research). Möglich sind Voll- oder Teilerhebungen.

+ : genau, spezifisch, aktuell
− : zeitaufwändig, teuer

Sekundärforschung
Die zu beschaffende Information wird bereits **vorhandenen Daten entnommen**, also am „**Tisch**" gewonnen (➤ desk research). Herkunft: IHK, stat. Bundesamt ...

+ : kostengünstiger, breite Basis
− : weniger spezifisch, teilweise nicht aktuell

Aus **Zeit**-und **Kosten**gründen sollte **grundsätzlich zunächst** versucht werden, Informationen über eine **Sekundärforschung** zu gewinnen.

Produktpolitik

- Auf einzelne Produkte bezogen
  - Produktinnovation
  - Produktvariation
  - Produktelimination

- Auf das gesamte Produktionsprogramm bezogen
  - Programm- bzw. Sortimentspolitik
  - Markenpolitik
  - Kundendienst- und Garantieleistungspolitik

Ein Produkt ist alles, was einem Markt als Objekt der Aufmerksamkeit, zum Erwerb oder zum Konsum angeboten werden kann; der Begriff umfasst konkrete Gegenstände, Dienstleistungen, Personen, Orte, Organisationen und Ideen.

Produktpolitik

Produktpolitik wird realisiert mit Hilfe verschiedener Instrumente:

Produktinnovationen
Ein **Produkt wird neu entwickelt** und in den Markt eingeführt.

+ : Wettbewerbsvorsprung, Image- und Erfolgspotenzial
− : zeitaufwändig, kostspielig, Einführungsrisiko

Produktvariation
Ein **vorhandenes Produkt** wird in Form, Farbe, Aufbau oder Rezeptur **geringfügig geändert** (variiert).

Sonderform
Produktrelaunch, d. h. Produktwiedereinführung

+ : kein Einführungsrisiko, weniger arbeits- und kostenintensiv
− : keine wirkliche Neuerung, weniger Aufmerksamkeit/ Imagedynamik

Produktelimination
Ein **vorhandenes Produkt** wird **vom Markt genommen**.

+ : Das Sortiment wird von schlecht laufenden Produkten entlastet.
− : Restkundenproblem

Preispolitik

Definition: Alle Informations- und Aktionsentscheidungen zur Bestimmung und Durchsetzung der von einer Unternehmung geforderten Preise. Die im Rahmen der Preispolitik getroffenen **Informationsentscheidungen** bilden hierbei die Basis für die zu treffenden Aktionsentscheidungen.

Informationsentscheidungen:
1. Kalkulation der anfallenden Kosten
2. Beobachtung der Preispolitik der Konkurrenz
3. Abschätzung der Nachfragerreaktion auf Preispolitik

Aktionsentscheidungen der Preispolitik:
1. Preisstrategie
2. Preiskalkulation
3. Preisdifferenzierung
4. Preisvariation
5. Preislinienpolitik
6. Preisdurchsetzung

Marketing und Absatz

Kostenorientierte Preisfestsetzung

Die Leistungserstellung verursacht **Kosten**:

- **Einzel-Kosten** (EK)
  Sie stehen mit dem einzelnen Produkt **direkt** in Beziehung und würden bei **Nichtproduktion entfallen** (Produkt verursacht Kosten). Man kann **genau angeben**, wie viel Einzelkosten ein Produkt verursacht hat.
  Bsp.: Materialkosten
  ➤ stets **variable Kosten**

- **Gemein-Kosten** (GK)
  Sie stehen **nicht** mit dem **einzelnen Produkt in Beziehung** und würden bei **Nichtproduktion** kurz- bis mittelfristig **trotzdem anfallen**.
  Sie entstehen zur **Aufrechterhaltung der Betriebsbereitschaft**. Man kann **nicht genau angeben**, wie viel Gemeinkosten von einem einzelnen Produkt verursacht wurden.
  Alle Produkte gemeinsam haben diese Kosten verursacht!
  Folge: Jedes Produkt bekommt anteilig Gemeinkosten zugerechnet.
  Bsp.: Abschreibungen, Miete, Versicherung
  ➤ größtenteils **fixe Kosten**

Marktorientierte Preisfestsetzung

Auf Käufermärkten spielen sich die **Preise am Markt** ein. Das Unternehmen, Kunden und die Konkurrenz **tarieren** ihre **Preisvorstellungen** im Zeitablauf mehr oder weniger bewusst **aus**. Das **Unternehmen** hat dabei **nur bedingt** Einfluss.

Marktorientierte Kalkulation:

    gegebener Verkaufspreis
− variable Kosten (z. B. Material)
= **Deckungsbeitrag** (db)

Der **Deckungsbeitrag** dient also:
- zur Deckung der **Fixkosten**
- zur Deckung des **Gewinns**

Das Unternehmen muss **stets prüfen**, ob der **Verkaufspreis genügend db** zur Fixkosten- und Gewinnabdeckung erzielt.

Beurteilung:

+ marktgerechte Preise, da vom Markt bestimmt
+ keine Preis-Fehlentscheidungen bei Nachfragerückgang
+ kalkulatorischer Ausgleich ist möglich (wenn der Markt es akzeptiert!)
− Zu niedrige Marktpreise in Bezug auf die Kostensituation werden evtl. zu spät erkannt.

Preisdifferenzierung

Preisdifferenzierung bedeutet, dass das **gleiche Produkt** zu **unterschiedlichen Preisen** angeboten wird.

Ziel:
Das Unternehmen möchte **neue** zusätzliche **Kundengruppen** zum Kauf der Produkte bewegen, um so den **Unternehmenserfolg zu erhöhen**.

Voraussetzung:
Die jeweiligen Kundengruppen/ **Teilmärkte** müssen voneinander **isoliert** werden können, damit die Hochpreiskäufer nicht auf die Niedrigpreismärkte ausweichen.

Arten der Preisdifferenzierung:
- **regionale** Diff.: Stadt – Dorf, normale Tankstelle – Autobahntankstelle
- **zeitliche** Diff.: Saison, Jubiläumsangebote
- **personelle** Diff.: Mitarbeiterpreise, Behördenpreise, Kinderpreise
- **sachliche** Diff.: unterschiedliche Aufmachungen (Handelsmarken, weiße Ware)

Konditionenpolitik

Folgende **Verkaufsbedingungen** sind regelmäßig Bestandteil von Kaufverträgen (abhängig von der **Branche**):

Skonto	Rabatt	Sonstige
Preisnachlass **nach Rechnungsstellung** für die **Zahlung** innerhalb der vereinbarten Skontofrist **Hinweis**: max. 3 %	Preisnachlass **bei Rechnungsstellung** aus **verschiedenen Gründen**: Menge, Kundenart usw.	Kosten für • Verpackung • Transport • Versicherung
Barverkaufspreis 97 % + Skonto 3 % = **Zielverkaufspreis** 100 %	Zielverkaufspreis 90 % + Rabatt 10 % = **Listenverkaufspreis** 100 %	Diese Konditionen werden häufig in den Allgemeinen Geschäftsbedingungen (**AGB**) im Vorfeld festgelegt.
Also Kalkulation **im** Hundert, sich der Kunde Skonto vom Zielverkaufspreis abzieht ❗	Also Kalkulation **im** Hundert, da der Rabatt vom Preis aus der Liste abgezogen wird ❗	

Die kurzfristige Preisuntergrenze

Auf Käufermärkten sind Unternehmen häufiger gezwungen, kurzfristig um die Gunst der Kunden zu werben, vor allem auch durch einen vorübergehend günstigen Preis.

Beispiel:
Ein Unternehmen kalkuliert ein Produkt wie folgt:
    Einzelkosten: 50,00 € (variabel)
+ Gemeinkosten (400 %): 200,00 € (fix)
= Selbstkosten: 250,00 €
+ Gewinn (30 %): 75,00 €
= Barverkaufspreis: 325,00 €

Der Großkunde will jedoch nur 220,00 zahlen.

Fazit:
Solange ein Verkauf zu **positivem db** führt, sollte das Geschäft realisiert werden.
So erzielt man Beiträge zur Fixkostendeckung.
Die kurzfristige Preisuntergrenze liegt also in Höhe der Einzelkosten.

Prüfung:
    Marktpreis: 220,00 €
− Einzelkosten: 50,00 €
= Deckungsbeitrag: + 170,00 €

Das Geschäft leistet einen **Beitrag zur Fixkostendeckung:**
➜ db ist größer 0!

Kommunikationspolitik

Produktwerbung	Öffentliche Kommunikation durch bezahlten Medieneinsatz mit dem Ziel einer ökonomisch **wirksamen** Information, Beeinflussung und Verhaltenssteuerung
Public Relations	Das bewusste und legitime Bemühen um Verständnis sowie um Aufbau und Pflege von Vertrauen in der Öffentlichkeit auf der Grundlage systematischer Erforschung
Verkaufsförderung	Maßnahmen, die teils die Absatzwerbung ergänzen, teils die Schlagkraft der Absatzmittler **und** Absatzhelfer erhöhen sollen
Sponsoring	Bereitstellung von Geld, Sachmitteln oder Dienstleistungen durch Unternehmen zur Förderung von Personen und/oder Organisationen im kulturellen, sozialen oder sportlichen Bereich

Marketing und Absatz

Werbung

Begriff:
Unter Werbung versteht man jede **Kommunikation**, die **produktspezifische** Informationen und **Verhaltensempfehlungen** mittels **Massenkommunikationsmitteln** an eine **anonyme Zielgruppe** transportiert. Werbung ist auf **breite Streuung** und **langfristige Wirkung** angelegt (Werbestrategien).

Prinzip: Push-Prinzip
Die Informationen und Verhaltensempfehlungen werden der anonymen Zielgruppe entgegengeschoben.

Vorteile:	Nachteile:
• breite Streuung • Erreichen eines hohen Bekanntheitsgrades • neue Käufergruppen können hinzugewonnen werden	• hohe Kosten für den Einsatz von Kommunikationsmitteln • wenig Zielgenauigkeit • begrenzte Aufnahmebereitschaft bei Kunden

Werbearten

Je nach **Kriterium** lassen sich folgende **Werbearten** differenzieren:

Kriterium	Werbearten	
Ziele der Werbung	**Einführungswerbung**:	neue Produkte werden bekannt gemacht
	Expansionswerbung:	soll zur deutlichen Umsatzerhöhung eingeführter Produkte beitragen
	Erhaltungswerbung:	dient der Absicherung der Umsätze eingeführter Produkte
Zahl der Werbetreibenden	**Einzelwerbung**:	Ein Anbieter wirbt namentlich für seine Leistungen.
	Gemeinschaftswerbung:	Eine ganze Branche wirbt für ihre Leistungen ohne Nennung von Unternehmensnamen („lasst Blumen sprechen").
	Verbundwerbung:	Meist zwei Unternehmen werben bei Nennung der Unternehmensnamen für ihre komplementären Leistungen (Waschmittel- und Waschmaschinenhersteller: „Ariel empfiehlt Bauknecht").

Werbeerfolgskontrolle

Die meist enorme **Höhe der Werbeausgaben** erfordert nachzuprüfen, ob diese **Ausgaben** tatsächlich zur **Erfolgsverbesserung** beigetragen haben. Den Werbeerfolg misst man dabei in **zweifacher Hinsicht**:

Ökonomische Erfolgskontrolle	Außerökonomische Erfolgskontrolle
In welchem Ausmaß stieg • der Umsatz ⎤ • der Gewinn ⎦ Maßgrößen durch die Werbung?	Wie hat sich die Werbung auf das Verhalten der Kunden ausgewirkt? • Bekanntheitsgrad • Sympathie, Kaufabsichten
Werbebedingte Umsatz- oder Gewinnänderungen festzustellen, ist äußerst schwierig. Zu vielfältig sind die Einflussfaktoren, die zur Änderung der Maßgrößen geführt haben könnten. Dennoch werden hilfsweise Kennzahlen ermittelt, um Kontrollaussagen zu treffen.	Durch Befragungen und Beobachtungen versucht man, die kommunikative Wirkung der Werbung festzustellen. Diese Informationen lassen sich leichter und zuverlässiger ermitteln.

VI Materialien zur Vorbereitung auf die Prüfung

Sales Promotion (Verkaufsförderung)

Begriff:
Unter Sales Promotion versteht man jede **Kommunikation,** die **produktspezifische** Informationen und **Verhaltensempfehlungen** mittels **direktem Kommunikationskontakt** mit **einzelnen, bekannten** Kunden transportiert. Sales Promotion sucht den **schnellen** Absatzerfolg. Sales Promotion ergänzt die Werbeaktivitäten.

Prinzip: Pull-Prinzip
Die bekannten Kunden werden in Gesprächen und Aktionen an das Produkt herangezogen.

Vorteile:	Nachteile:
• direkter Kontakt mit dem Kunden • gezieltere Auswahl der Kunden, höhere Zielgenauigkeit • subtilere Möglichkeiten der Beeinflussung	• begrenzte Einsatzmöglichkeit • geringe Streubreite • nicht für alle Produkte geeignet

Public Relations (Öffentlichkeitsarbeit)

Begriff:
Unter Public Relations versteht man jede **Kommunikation,** die **unternehmensspezifische** Informationen zur Image-pflege des Unternehmens transportiert. Public Relations ist nicht direkt auf eine Absatzerhöhung ausgerichtet.

Ziel:
Public Relations soll bei allen Marktpartnern ein gutes Bild vom Unternehmen bewirken. Auf der Basis eines guten Ansehens in der Öffentlichkeit kann das Unternehmen seine eigentlichen Ziele (z. B. Gewinnerzielung, Marktmacht) besser und leichter verfolgen.

Instrumente:
- Werksbesichtigungen durch Schulklassen oder Clubs
- Spenden für Kindergärten, Schulen, Krankenhäuser
- Kontakte zu Presse und Fernsehen
- Herausgabe von Kundenzeitschriften
- Aktionen für den Umweltschutz

Distributionspolitik

Die Distributionspolitik hat die Aufgabe, die Leistungen in bedarfsgerechter Form möglichst nahe an den Kunden heranzutragen. Zwei Möglichkeiten bieten sich dazu an.

Direkte Distribution	Indirekte Distribution
Der Verkauf der Produkte erfolgt direkt durch den Hersteller selbst ohne die Zwischenschaltung selbstständiger Handelsbetriebe.	Der Verkauf der Produkte erfolgt unter Einschaltung von selbstständigen Handelsbetrieben: Groß- und/oder Einzelhandel.
Einsatzsituationen: • begrenzter Kundenkreis • erklärungsbedürftige Produkte • Kundendienst erforderlich	Einsatzsituationen: • viele Nachfrager, weit verteilt • einfache Massenprodukte

Neben der Absatzwegentscheidung müssen jedoch auch Fragen
- zur Verpackung,
- zur Präsentation,
- zum Transport

beantwortet werden.

Franchising

Franchising ist eine **Mischform** aus direkter und indirekter Distribution.
Es beruht auf einer **Kooperation**:

Franchise-N E H M E R

selbständiger Unternehmer, erscheint den Kunden als Filiale des Franchisegebers

← Marketingkonzept, Waren/Rohstoffe, Beratung

→ zahlt Gebühr, lässt Kontrollen zu, akzeptiert Konzept

Franchise-G E B E R

selbständiger Unternehmer mit
- Marketingkonzept
- Beschaffungsquellen
- Know-How

Bekannte Franchisegeber sind: Photo-Porst, Nordsee, Douglas, Fielmann, Mc Donald's, Burger King, Pizza-Hut, Holiday Inn Hotels.
Franchising existiert besonders häufig in der **Gastronomie**.

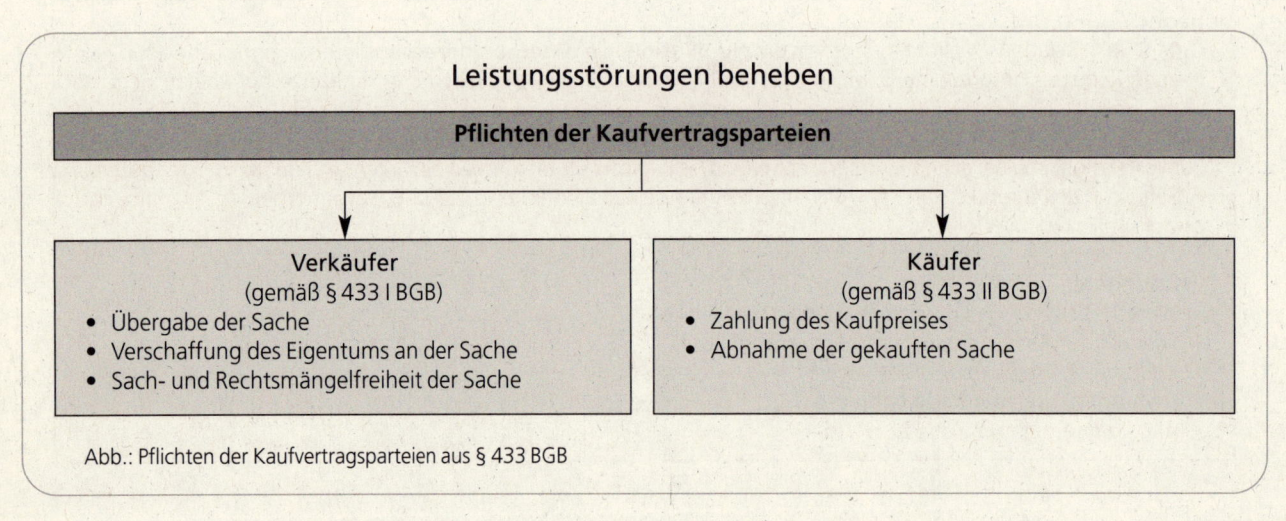

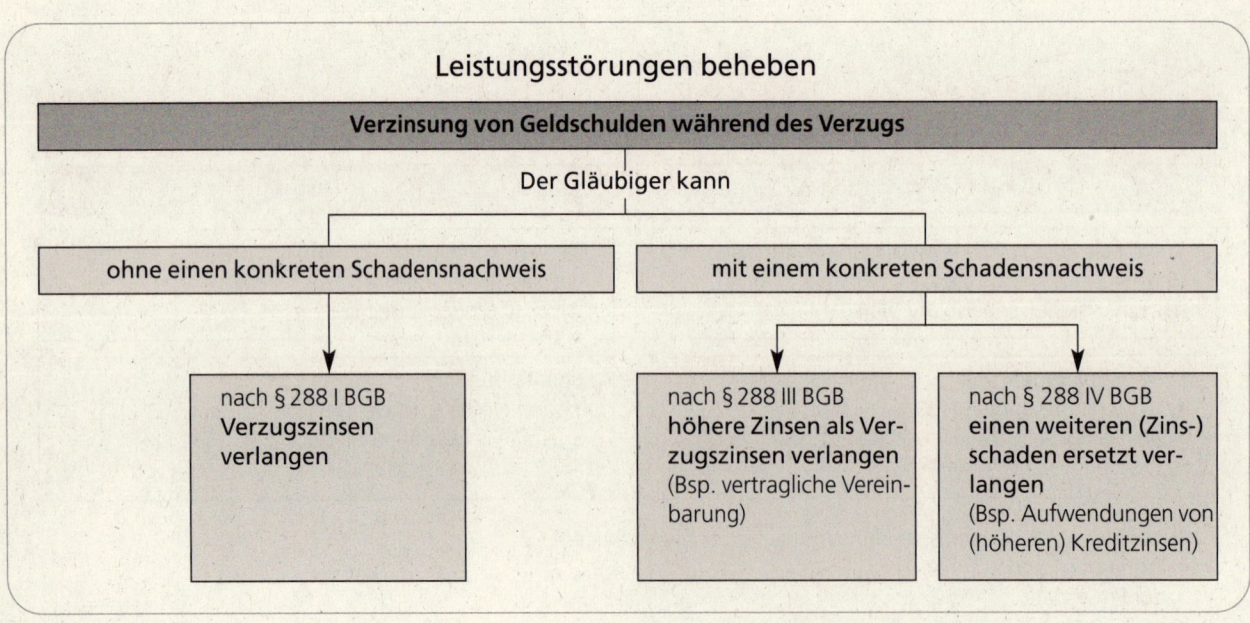

Leistungsstörungen beheben

Pflichten der Kaufvertragsparteien

Verkäufer
(gemäß § 433 I BGB)
- Übergabe der Sache
- Verschaffung des Eigentums an der Sache
- Sach- und Rechtsmängelfreiheit der Sache

Käufer
(gemäß § 433 II BGB)
- Zahlung des Kaufpreises
- Abnahme der gekauften Sache

Abb.: Pflichten der Kaufvertragsparteien aus § 433 BGB

Leistungsstörungen beheben

Verzinsung von Geldschulden während des Verzugs

Der Gläubiger kann

ohne einen konkreten Schadensnachweis

nach § 288 I BGB Verzugszinsen verlangen

mit einem konkreten Schadensnachweis

nach § 288 III BGB höhere Zinsen als Verzugszinsen verlangen (Bsp. vertragliche Vereinbarung)

nach § 288 IV BGB einen weiteren (Zins-)schaden ersetzt verlangen (Bsp. Aufwendungen von (höheren) Kreditzinsen)

Leistungsstörungen beheben

Rechte des Verkäufers gegenüber dem Käufer aus dem Gläubigerverzug

beim bürgerlichen Kauf | beim Handelskauf

- Bestehen auf Abnahme der Ware (§ 433 II BGB)
- Ersatz der Mehraufwendungen, die durch
  - das erfolglose (Erst)angebot,
  - die Aufbewahrung und
  - die Erhaltung

  des geschuldeten Gegenstandes entstanden sind (§ 304 BGB).

beim bürgerlichen Kauf:
- Hinterlegung von hinterlegungsfähigen Sachen (Geld, Urkunden, Kostbarkeiten) (§§ 372, 378 BGB).
- Nach Androhung: Selbsthilfeverkauf von hinterlegungsunfähigen Sachen entweder im Wege der öffentlichen Versteigerung oder durch freihändigen Verkauf. (§§ 383, 384, 385 BGB)

beim Handelskauf:
- Hinterlegung der Waren an jedem sicheren Ort, z. B. in einem öffentlichen Lagerhaus (§§ 373 I HGB).
- Nach Androhung: Selbsthilfeverkauf entweder im Wege der öffentlichen Versteigerung oder durch freihändigen Verkauf (§ 373 II, III, V HGB).

Marketing und Absatz

2.2 Beschaffung und Bevorratung

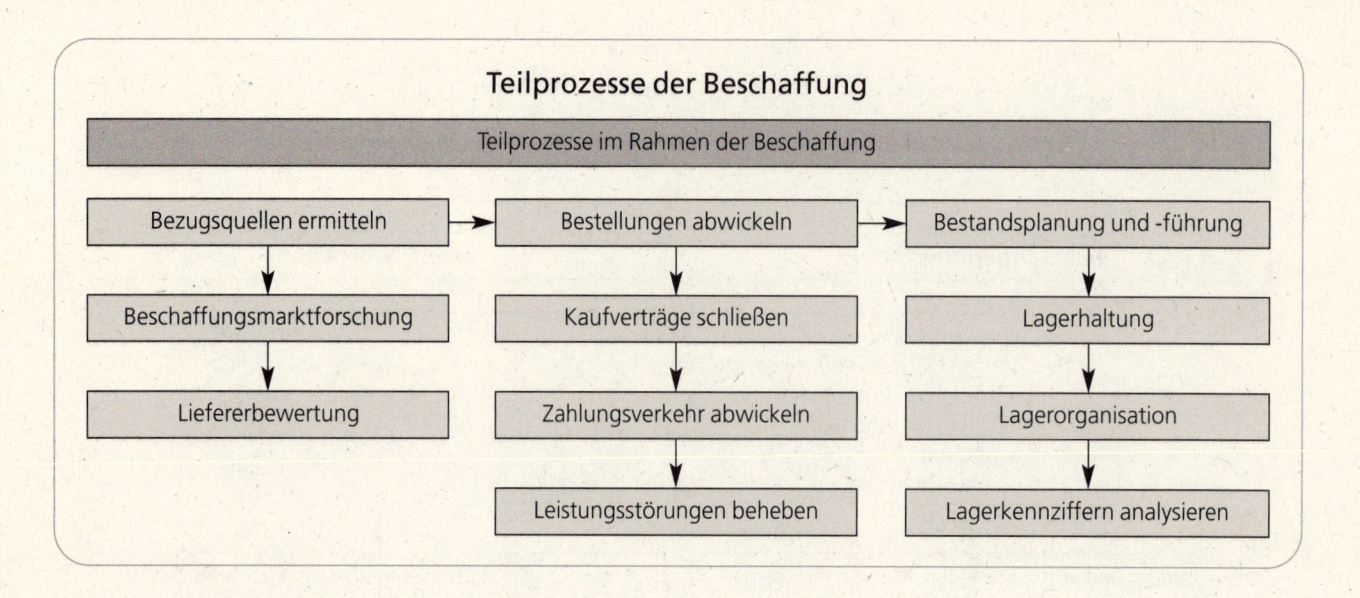

Teilprozesse der Beschaffung

Teilprozesse im Rahmen der Beschaffung

- Bezugsquellen ermitteln → Bestellungen abwickeln → Bestandsplanung und -führung
- Beschaffungsmarktforschung → Kaufverträge schließen → Lagerhaltung
- Liefererbewertung → Zahlungsverkehr abwickeln → Lagerorganisation
- → Leistungsstörungen beheben → Lagerkennziffern analysieren

Ziele der Materialwirtschaft

Materialwirtschaftliches Primärziel
Beschaffung von Repetierfaktoren
- in der gewünschten **Qualität**
- in der gewünschten **Menge**
- zur richtigen **Zeit**
- am richtigen **Ort**
> Materialbereitstellung
> Sicherung der Produktion

Materialwirtschaftliches Sekundärziel
Realisierung der Materialbereitstellung
- bei möglichst geringer **Kostenentstehung**
- bei möglichst geringer **Kapitalbindung**

> geringe Kosten

materialwirtschaftliches „Optimum"

Relevante Kostenarten der Materialwirtschaft

Beschaffungskosten	Bestellkosten, Transportkosten, Verpackung (auch Transaktionskosten genannt)
Lagerkosten	Raummieten, Energiekosten, Personalkosten, Pflege der Güter
Kapitalbindungskosten	• Kapital wird durch die Beschaffung von Gütern in diesen Gütern „gebunden", d.h. kann nicht anderweitig genutzt werden. • Der Faktor „Kapital" wird also eingesetzt, um die Kundenleistung erstellen zu können. • Für diesen Service/dieses Risiko wird dem Kunden ein Kostenbetrag im Verkaufspreis berechnet. • Dies sind also Kosten für die Nutzung des Produktionsfaktors „Kapital".

VI Materialien zur Vorbereitung auf die Prüfung

Der materialwirtschaftliche Zielkonflikt

Materialwirtschaftliches Primärziel
> sichere/schnelle Materialbereitstellung
> Sicherung der Produktion

↓

hohe Lagerbestände

↓

hohe Lagerkosten
Kapitalbindungskosten

Materialwirtschaftliches Sekundärziel
> geringe Lagerkosten
> geringe Kapitalbindungskosten

↓

niedrige Lagerbestände

↓

Gefährdung der Materialbereitstellung der Produktion

Lösung:
- möglichst **genaue Planung** des Bedarfes
- Im **Zweifel** hat das **Primärziel Vorrang**!

Kaufverträge schließen

Pflichten der Kaufvertragsparteien

Verkäufer
(gemäß § 433 I BGB)
- Übergabe der Sache
- Verschaffung des Eigentums an der Sache
- Sach- und Rechtsmängelfreiheit der Sache

Käufer
(gemäß § 433 II BGB)
- Zahlung des Kaufpreises
- Abnahme der gekauften Sache

Kaufverträge schließen

Verbraucher	ist jede natürliche Person, die ein Rechtsgeschäft zu einem Zweck abschließt, der **weder ihrer gewerblichen noch ihrer selbstständigen beruflichen Tätigkeit** zugerechnet werden kann (§ 13 BGB).
Unternehmer	ist eine natürliche oder juristische Person oder eine rechtsfähige Personengesellschaft, die bei Abschluss eines Rechtsgeschäfts **in Ausübung ihrer gewerblichen oder selbstständigen beruflichen Tätigkeit handelt** (§ 14 HGB). Unter den Begriff des Unternehmers fallen insoweit auch die freien Berufe (Ärzte, Rechtsanwälte, u.Ä.), die kein Gewerbe im Sinne des Handelsrechts betreiben.
Kaufmann	ist, wer ein **Handelsgewerbe** betreibt (§ 1 HGB).

Kaufverträge schließen

Verkäufer ist \ Käufer ist	Verbraucher	„nur" Unternehmer (d. h. nicht gleichzeitig Kaufmann)	Kaufmann
Verbraucher	bürgerlicher Kauf	bürgerlicher Kauf	einseitiger Handelskauf
„nur" Unternehmer (d. h. nicht gleichzeitig Kaufmann)	Verbrauchsgüterkauf (falls bewegliche Sache)	bürgerlicher Kauf	einseitiger Handelskauf
Kaufmann	einseitiger Handelskauf und Verbrauchsgüterkauf (falls bewegliche Sache)	einseitiger Handelskauf	zweiseitiger Handelskauf

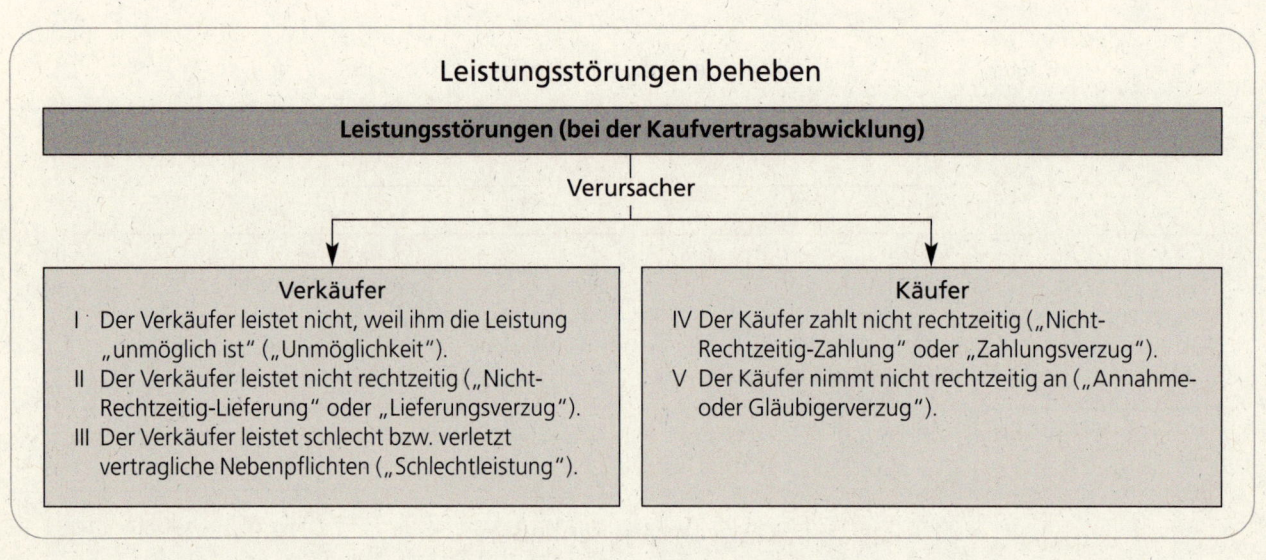

Leistungsstörungen beheben

Leistungsstörungen (bei der Kaufvertragsabwicklung)

Verursacher

Verkäufer
- I Der Verkäufer leistet nicht, weil ihm die Leistung „unmöglich ist" („Unmöglichkeit").
- II Der Verkäufer leistet nicht rechtzeitig („Nicht-Rechtzeitig-Lieferung" oder „Lieferungsverzug").
- III Der Verkäufer leistet schlecht bzw. verletzt vertragliche Nebenpflichten („Schlechtleistung").

Käufer
- IV Der Käufer zahlt nicht rechtzeitig („Nicht-Rechtzeitig-Zahlung" oder „Zahlungsverzug").
- V Der Käufer nimmt nicht rechtzeitig an („Annahme- oder Gläubigerverzug").

Leistungsstörungen beheben

Rechte des Käufers bei Nicht-Rechtzeitig-Lieferung

sofort, d. h. ohne Fristsetzung (und deshalb „vorrangig")

→ Schadenersatz bei Fortbestehen des Leistungsanspruchs

§§ 280 I, II i. V. m. 286 I, II, IV BGB

nach erfolglosem Ablauf einer zur Leistung gesetzten angemessenen Frist (und deshalb „nachrangig")

→ Schadenersatz statt der Leistung

oder

Ersatz vergeblicher Aufwendungen

§ 280 III i. V. m. 281 BGB bzw. § 284 BGB

und/oder

→ Rücktritt vom Vertrag

§ 323 BGB

VI Materialien zur Vorbereitung auf die Prüfung

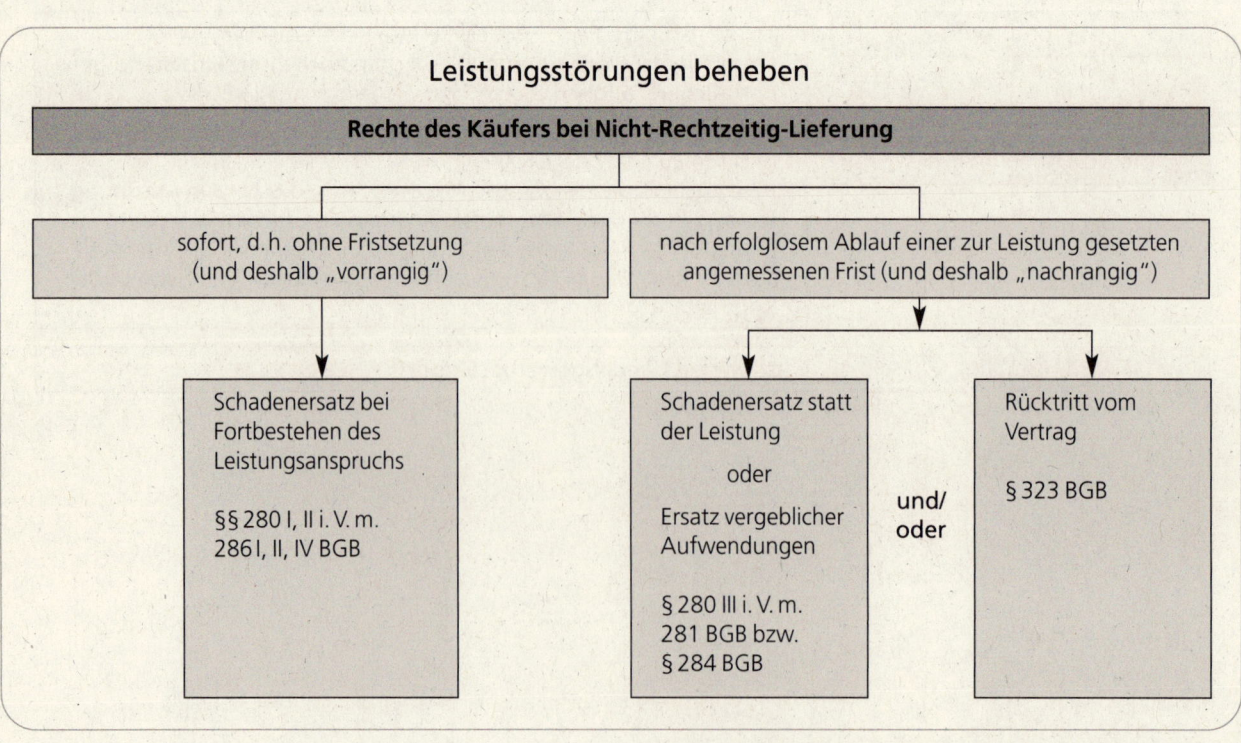

Leistungsstörungen beheben

Mängel in der Beschaffenheit

Abweichung der tatsächlichen von der vereinbarten Beschaffenheit

§ 434 II

Keine Eignung der Sache für die nach dem Vertrag vorangesetzte Verwendung

§ 434 I 2 Nr. 1

Keine Eignung der Sache für die gewöhnliche Verwendung
Dies bedeutet: Aufweisen einer Beschaffenheit, die bei Sachen gleicher Art unüblich ist und die der Käufer nach Art der Sache nicht erwarten kann.

§ 434 I 2 Nr. 2

Zu der Beschaffenheit i. S. d. § 434 I S. 2 Nr. 2 gehören auch Eigenschaften, die der Käufer nach öffentlichen Äußerungen des Verkäufers, des Herstellers oder seines Gehilfen insbesondere in der Werbung oder bei Kennzeichnung über bestimmte Eigenschaften der Sache erwarten kann.

§ 434 I 3

Unsachgemäß durchgeführte Montage

- durch den Verkäufer oder seinen Erfüllungsgehilfen, wenn die Montage nach dem Vertrag vereinbart war
- aufgrund mangelhafter Montageanleitung (sog. IKEA-Klausel)

§ 434 II

Lieferung einer

- anderen Sache
- zu geringen Menge

§ 434 III

Beachte: Die Mängel in der Beschaffenheit stehen nicht gleichrangig nebeneinander, vielmehr besteht unter ihnen eine Hierarchie derart, dass § 434 I 2 Nr. 1 und Nr. 2 nur anzuwenden sind, wenn nicht bereits § 434 I 1 anzuwenden ist.

Leistungsstörungen beheben

Vorrangig: Nacherfüllung nach Wahl des Käufers: Beseitigung des Mangels **oder** Lieferung einer mangelfreien Ware, § 439 BGB

Nachrangig: da grundsätzlich nur nach Fristsetzung und erfolglosem Fristablauf möglich

Rücktritt

§ 323 BGB

Minderung alternativ zum Rücktritt

§ 441 BGB

Schadenersatz statt der Leistung (auch neben Rücktritt zulässig § 325 BGB)

§ 281 i. V. m. § 280 BGB

Ersatz vergeblicher Aufwendungen

§ 284 BGB

Schadenersatz neben der Leistung (etwa Ersatz eines Mangelfolgeschadens)

§ 280 I BGB

Beschaffung und Bevorratung

Lagerhaltung

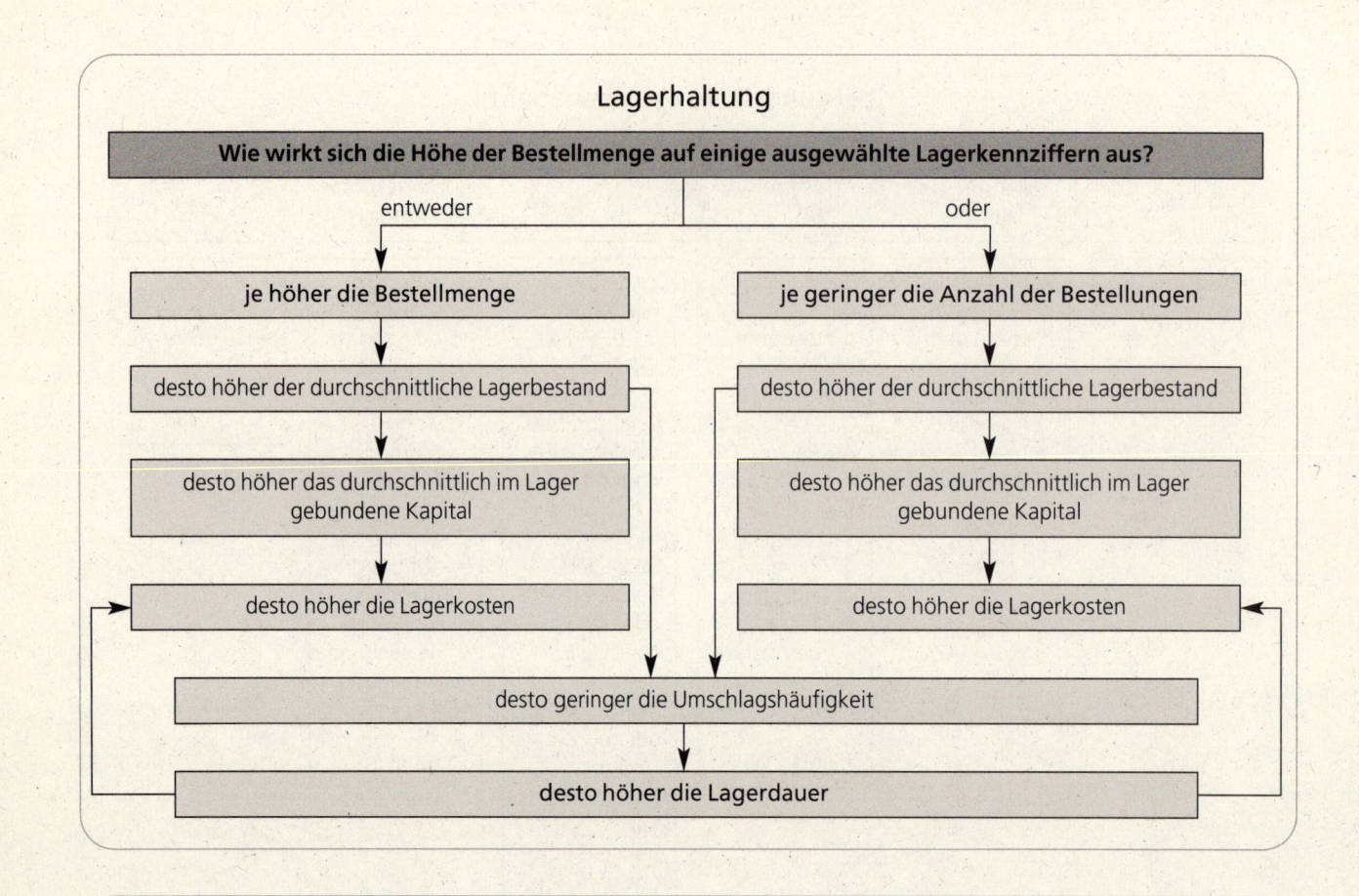

Wie wirkt sich die Höhe der Bestellmenge auf einige ausgewählte Lagerkennziffern aus?

entweder → je höher die Bestellmenge
- desto höher der durchschnittliche Lagerbestand
- desto höher das durchschnittlich im Lager gebundene Kapital
- desto höher die Lagerkosten

oder → je geringer die Anzahl der Bestellungen
- desto höher der durchschnittliche Lagerbestand
- desto höher das durchschnittlich im Lager gebundene Kapital
- desto höher die Lagerkosten

- desto geringer die Umschlagshäufigkeit
- desto höher die Lagerdauer

Methoden der Kostenreduzierung in der Materialwirtschaft

Das **Sekundärziel** der MaWi lautet:
Realisierung der Materialbereitstellung **möglichst kostengünstig**
Hierfür sind **ausgewählte Methoden** im Einsatz, um dieses Ziel näherungsweise zu erreichen:

- die **ABC-Analyse**
- die **optimale Bestellmenge**
- das **Just-In-Time-Prinzip**

Die ABC-Analyse

Die ABC-Analyse ist ein Instrument zur wertmäßigen **Klassifikation von Gütern**. Mit ihrer Hilfe ist es möglich,
- Wesentliches von Unwesentlichem zu trennen,
- Schwerpunkte bei der Kostensenkung festzulegen,
- wirkungsschwache Anstrengungen zu vermeiden.

Die ABC-Analyse stellt einen **Zusammenhang** her zwischen
- **%-Anteil** an der Gesamt**menge** der Produkte und
- **%-Anteil** an dem Gesamt**wert** der Produkte.

- **A-Güter:**   15 % Mengenanteil   80 % Wertanteil
- **B-Güter:**   35 % Mengenanteil   15 % Wertanteil
- **C-Güter:**   50 % Mengenanteil   5 % Wertanteil

VI Materialien zur Vorbereitung auf die Prüfung

Die ABC-Analyse: grafisch

A Güter:
- niedriger Mengenanteil
- hoher Wertanteil
- **bedarfsorientierte** Dispo

B Güter:
- mittlerer Mengenanteil
- mittlerer Wertanteil
- Aussage zur Dispo schwer möglich

C Güter:
- hoher Mengenanteil
- niedriger Wertanteil
- **verbrauchsorientierte** Dispo

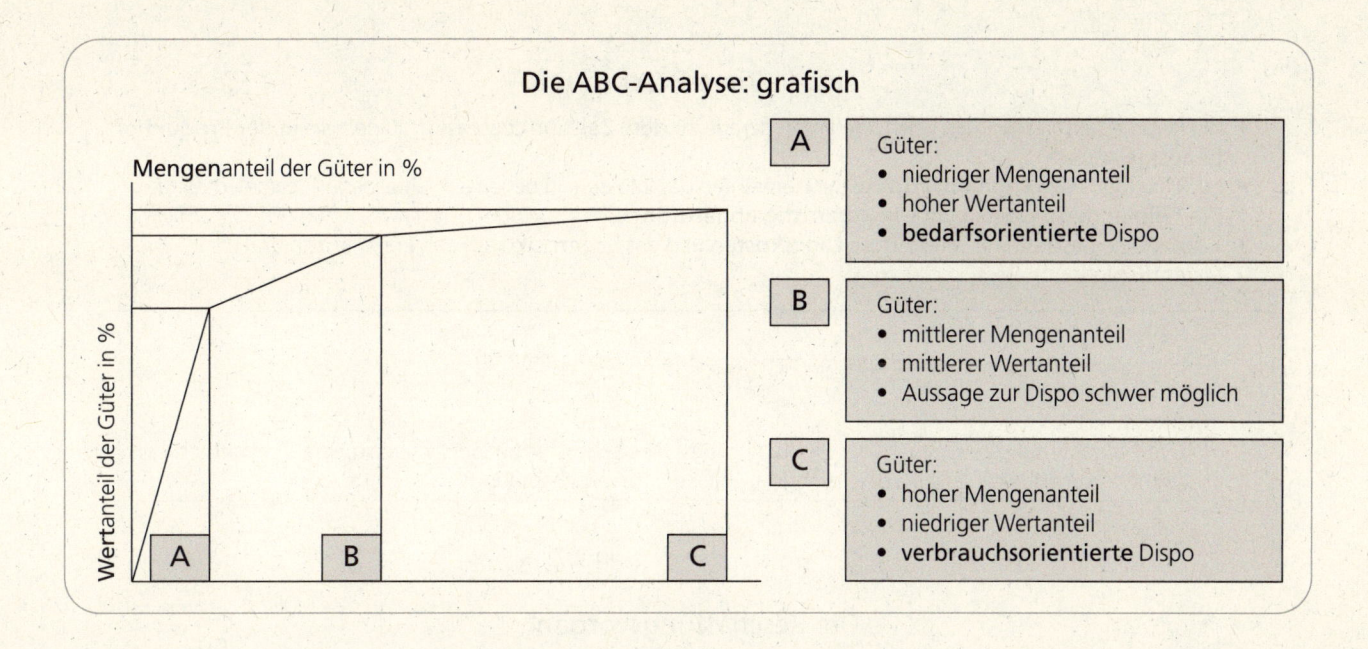

Die optimale Bestellmenge

- Im Rahmen der **verbrauchsorientierten Materialdisposition** wird auf Grundlage von Erfahrungswerten der Materialbedarf geplant.
- D. h. auch, dass der **jährliche Verbrauch** näherungsweise **bekannt** ist.
- Fraglich ist der Bestell-Rhythmus, in dem die jährliche Menge bestellt werden soll:
  - **wenige** Bestellungen – **große** Menge
  - **viele** Bestellungen – **kleine** Mengen
- Aus **Kostensicht** sind folgende **Kostenarten** im Rahmen der Beschaffung relevant:
  - **Bestellkosten:** – niedrig bei einer Bestellung
    – hoch bei vielen Bestellungen
  - **Lagerkosten:** – niedrig bei vielen Bestellungen (wenig Lagerbestand)
    – hoch bei einer Bestellung (hoher Lagerbestand)
- **Fazit:** Beide Kostenarten verlaufen gegensätzlich. Vgl. dazu die nachfolgende Grafik

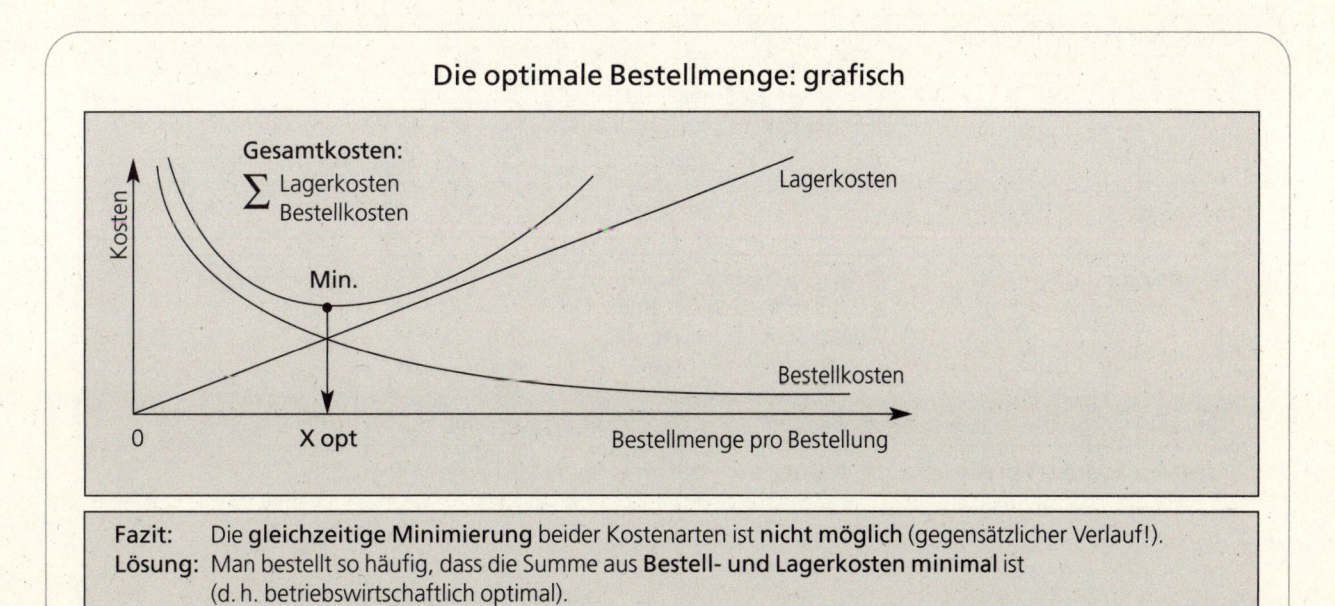

Die optimale Bestellmenge: grafisch

Fazit: Die **gleichzeitige Minimierung** beider Kostenarten ist **nicht möglich** (gegensätzlicher Verlauf!).
Lösung: Man bestellt so häufig, dass die Summe aus **Bestell- und Lagerkosten minimal** ist
(d. h. betriebswirtschaftlich optimal).

Beschaffung und Bevorratung

Just-In-Time-Beschaffung

- Die **Repetierfaktoren** werden vom Lieferanten gerade **zu dem Zeitpunkt** geliefert, zu dem sie **in der Produktion benötigt** werden.
- I.d.R. werden dazu **Rahmenverträge** mit Lieferanten geschlossen, in denen ein Jahresbedarf festgelegt wird. Die **Teilmengen** werden dann sehr **kurzfristig abgerufen**.
- Just-In-Time-Beschaffung verlagert die **Lagerkosten** und das **Lagerrisiko** auf den **Lieferanten** und die **Öffentlichkeit**.

Vorteile:
niedrige Lagerkosten, geringe Vorräte, montagegerechte Anlieferung

Nachteile:
höhere Transaktionskosten, Gefahr des Produktionsausfalles bei ausbleibender Lieferung, Straßen übernehmen zunehmend Lagerfunktion (Umweltschädigung, Unfälle, Straßenschädigung)

Der Beschaffungsvorgang

Technische Abwicklung der Beschaffung von Repetierfaktoren:

- Bezugsquellenermittlung
  - extern: Messen, Fachliteratur, Werbung, Internet
  - intern: Mitarbeiterwissen, Lieferantendatei
- Anfragen/Angebotseinholung
- Angebotsvergleich
  - quantitativ: Preis, Rabatt, Skonto, Verpackungskosten usw.
  - qualitativ: Zuverlässigkeit, Entfernung, Service, Know-how usw.
- Bestellung
- Terminkontrolle, evtl. Mahnung
- Warenannahme und Warenkontrolle, evtl. Mängelrüge
- innerbetriebliche Warenlogistik (Produktion oder Lager)
- Rechnungskontrolle, termingerechte Zahlung und Buchung

Die Lagerbestandsführung

Grundlage jeder Lagerkontrolle ist eine **lückenlose Führung** des Lagerbestandes. Dabei sind **zwei Methoden** üblich:

Fortschreibungsmethode:
Anfangsbestand (lt. FiBu)
+ Zugänge (lt. Lieferschein)
− Abgänge (lt. Entnahmeschein)
= Endbestand

Hierzu ist eine laufende Lagerbuchhaltung nötig. Recht aufwändig, wird deshalb heute unter Nutzung von EDV durchgeführt

Inventurmethode:
Anfangsbestand (lt. FiBu)
+ Zugang (lt. Lieferschein)
− Endbestand (lt. Inventur)
= Verbrauch der Periode

Gesetzlich vorgeschrieben beim Jahresabschluss, auch ohne Lagerbuchhaltung/einfacher durchführbar

In der **Praxis/größeren Betrieben/bei A-Gütern** werden meist **beide Verfahren** eingesetzt.

Mindestbestand – Meldebestand

Jede Lagerorganisation muss zwei Basisgrößen beachten:
- **Mindestbestand:** Dies ist die „eiserne Reserve", sie soll unter normalen Bedingungen nicht angegriffen werden.
- **Meldebestand:** Bei Erreichen muss neu bestellt werden.

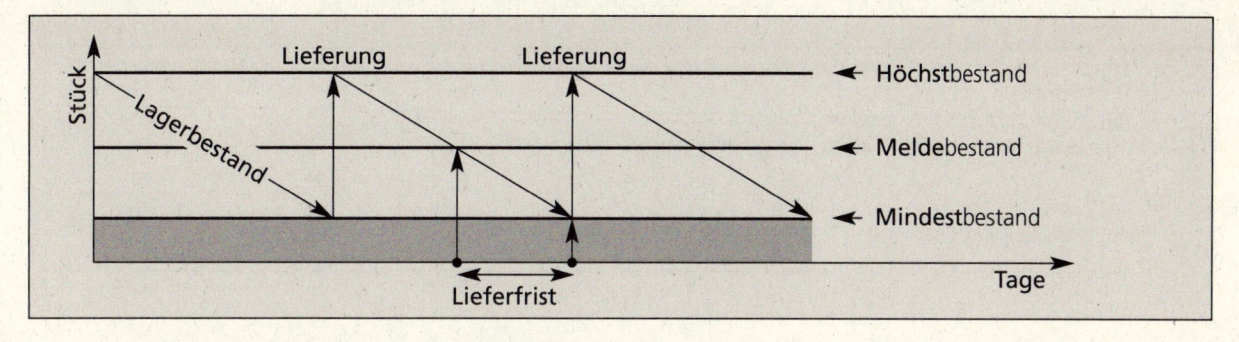

- Meldebestand = Mindestbestand + (Ø Tagesverbrauch × Lieferzeit)

Der durchschnittliche Lagerbestand

Für viele weitere Berechnungen muss man einen **durchschnittlichen Lagerbestand** zugrunde legen. Dieser Bestand ist eine **statistische Größe**, die am Lager tatsächlich nur selten vorhanden ist.

- Ø Lagerbestand $= \dfrac{\text{Jahres-AB} + \text{Jahres-EB}}{2}$

- Ø Lagerbestand $= \dfrac{\text{Anfangsbestand} + \text{12 Monatsendbestände}}{13}$

erste Variante: weniger genau, aber schnell ermittelt
zweite Variante: genauer, aber aufwändiger in der Ermittlung

Die Umschlagshäufigkeit

Diese Kennzahl gibt an, **wie häufig** in einer Periode (Jahr) der **Ø-Lagerbestand umgesetzt** wurde, d.h. wie häufig wurde das Lager durchschnittlich gefüllt und wieder geräumt.

- Umschlagshäufigkeit $= \dfrac{\text{Jahresverbrauch}}{\text{Ø-Lagerbestand}}$

Je **häufiger** ein Lager **umgesetzt** wird, desto kürzer sind die Liegezeiten der gelagerten Waren.

Folgen:
- geringere Kapitalbindung
- geringeres Lagerrisiko

Beschaffung und Bevorratung

Die durchschnittliche Lagerdauer

Diese Kennzahl **baut auf der Umschlagshäufigkeit** auf. Sie gibt an, wie lange im Durchschnitt Waren am Lager liegen. Für einzelne Waren ergeben sich natürlich Abweichungen.
Bei der Berechnung legt man i.d.R. das **Jahr** als Periode zu Grunde.

- durchschnittliche Lagerdauer (Tage) $= \dfrac{360}{\text{Umschlagshäufigkeit}}$

Zusammenhang:
Umschlagshäufigkeit hoch ⟷ Lagerdauer kurz
Umschlagshäufigkeit niedrig ⟷ Lagerdauer lang

Ziel:
möglichst kurze Lagerdauer wegen Kapitalbindung und Lagerrisiko

2.3 Leistungserstellung

Teilprozesse der Leistungserstellung

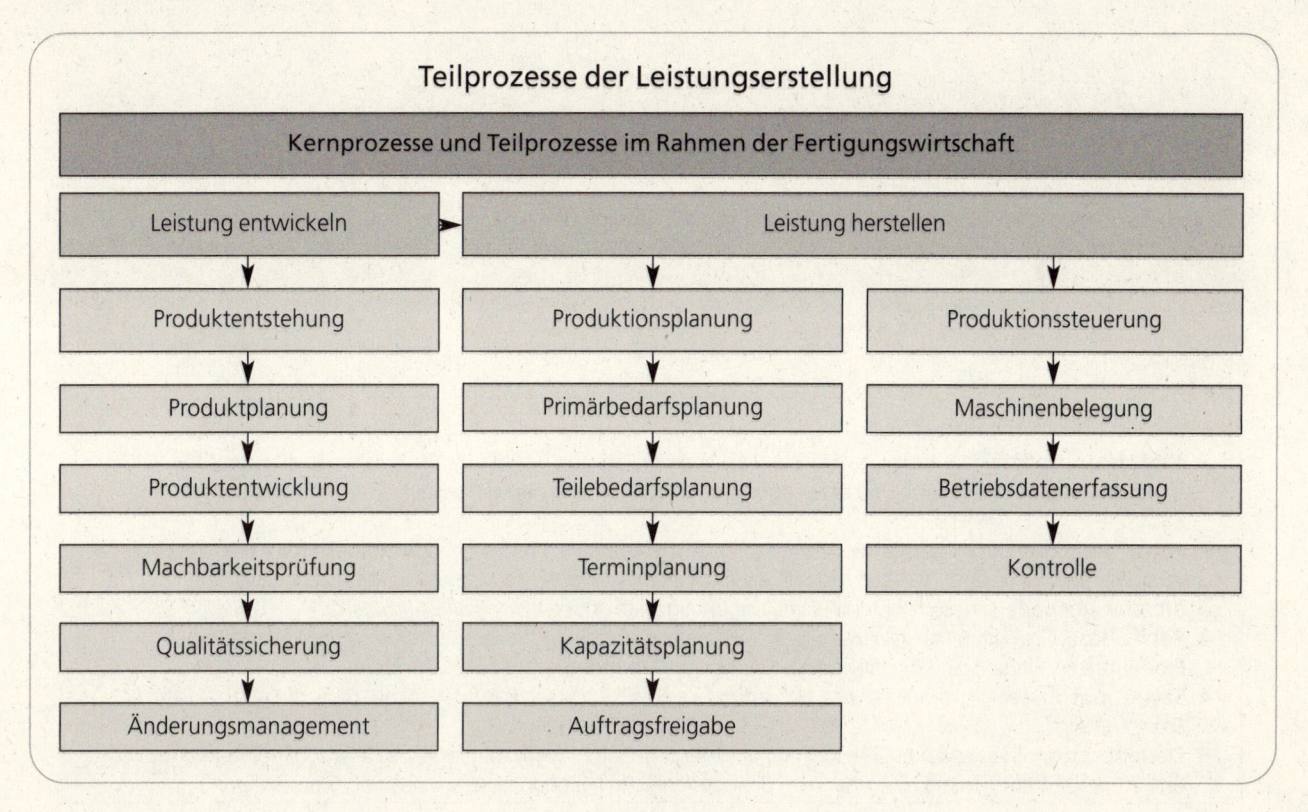

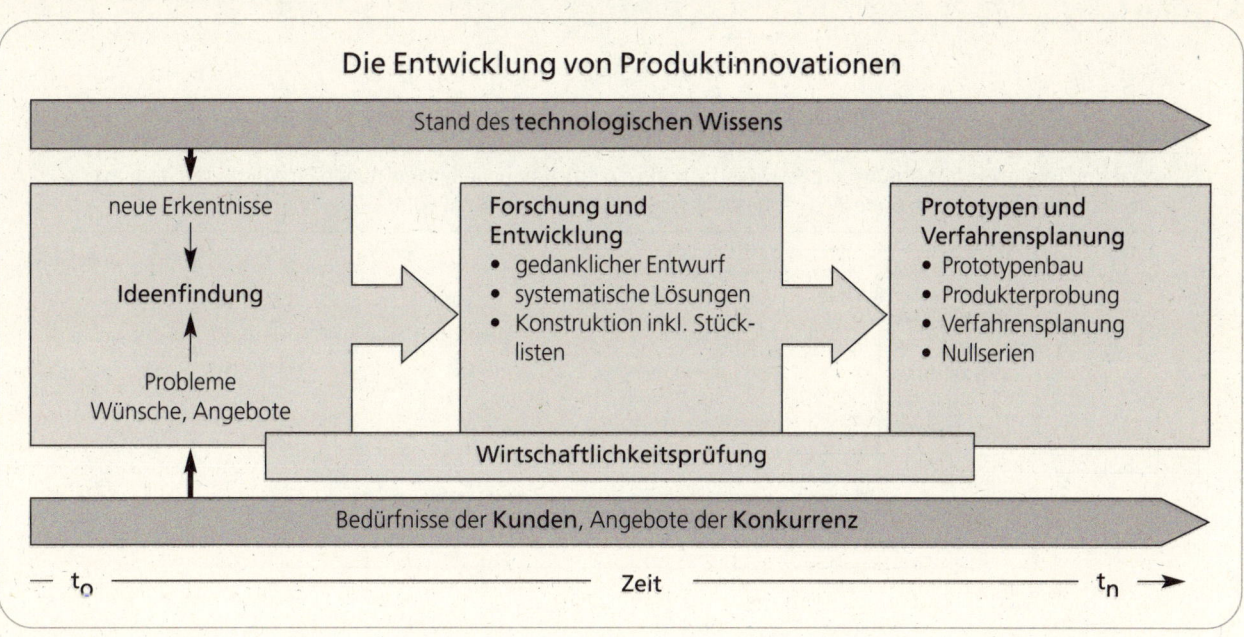

Kernprozesse und Teilprozesse im Rahmen der Fertigungswirtschaft

Leistung entwickeln → Leistung herstellen

- Produktentstehung → Produktplanung → Produktentwicklung → Machbarkeitsprüfung → Qualitätssicherung → Änderungsmanagement
- Produktionsplanung → Primärbedarfsplanung → Teilebedarfsplanung → Terminplanung → Kapazitätsplanung → Auftragsfreigabe
- Produktionssteuerung → Maschinenbelegung → Betriebsdatenerfassung → Kontrolle

Die Entwicklung von Produktinnovationen

Stand des **technologischen Wissens**

neue Erkenntnisse ↓

Ideenfindung ← Probleme, Wünsche, Angebote

→ **Forschung und Entwicklung**
- gedanklicher Entwurf
- systematische Lösungen
- Konstruktion inkl. Stücklisten

→ **Prototypen und Verfahrensplanung**
- Prototypenbau
- Produkterprobung
- Verfahrensplanung
- Nullserien

Wirtschaftlichkeitsprüfung

Bedürfnisse der **Kunden**, Angebote der **Konkurrenz**

t_0 — Zeit — t_n →

Leistung entwickeln

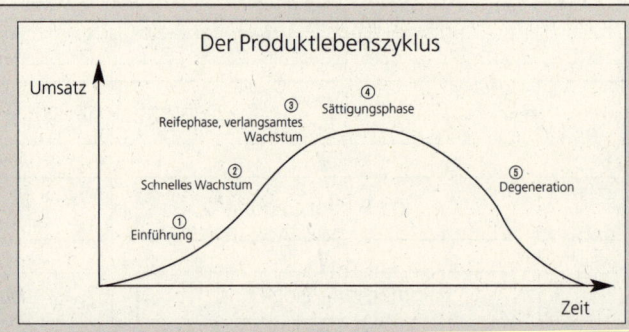

Der Produktlebenszyklus

1. **Einführungsphase.** Das Produkt wird am Markt eingeführt und hat mit *Kaufwiderständen* zu kämpfen. Werbung, PR, Verkaufsförderung und eine aggressive Preistaktik sind die wichtigsten Elemente einer Einführungsstrategie.
2. **Phase des schnellen Wachstums.** *Preis- und Konditionenpolitik* werden jetzt wichtiger, weil Konkurrenten versuchen, ähnliche oder gleiche Produkte als Konkurrenz auf den Markt zu bringen und damit von den Einführungsanstrengungen des Erstanbieters kostengünstig zu profitieren *(Free Rider-Problem)*.
3. **Reifephase.** Die Reifephase ist zu strecken, weil sie zumeist die profitabelste ist: *Erhaltungsmarketing* und Produktdiversifikation sind hier angesagt, um weitere Marktsegmente zu erschließen.
4. **Sättigungsphase.** Nachfrage nahezu befriedigt, vornehmlich *Ersatzkäufer*. *Weitere Diversifikation*, erste *Preissenkung*
5. **Degeneration.** Das Produkt sollte so lange am Markt gehalten werden, wie seine *Deckungsbeiträge positiv* sind und zumindest mittelfristig eine *über dem Break-Even-Punkt* liegende Menge verkauft werden kann.

Produktion als Wertschöpfungsprozess

Produktion ist ein Wertschöpfungsprozess. Wertschöpfung entsteht an jedem einzelnen Produktionssystem, wenn aus einfachen oder komplexen Teilen wertgesteigerte Teile erzeugt werden.

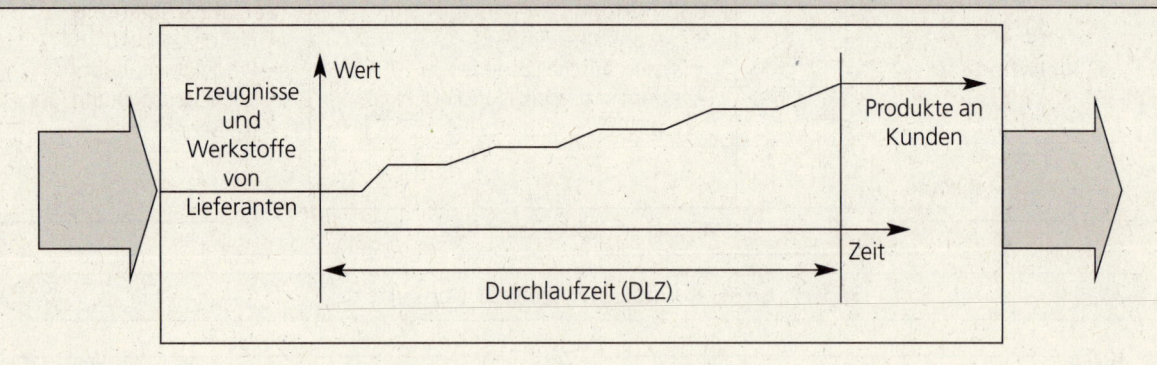

Leistung herstellen

Produktionsprogrammplanung

Vergangenheitsdaten	Angebote auf Kundenanfragen	Kundenbestellungen	neue Produktentwicklungen
prognostizierte Lageraufträge	prognostizierte Kundenaufträge	Kundenaufträge	interne Entwicklungsaufträge
PROGNOSTIZIERTE AUFTRÄGE		ERTEILTE AUFTRÄGE	

PRODUKTIONSPROGRAMM: Welche Erzeugnisse sollen in welchen Mengen im Planungszeitraum produziert und möglichst auch abgesetzt werden?

VI Materialien zur Vorbereitung auf die Prüfung

Leistung herstellen

Arten von Produktionsprozessen				
Merkmal	**Ausprägung**			
Anzahl der Produktarten	Einproduktartenfertigung		Mehrproduktartenfertigung	
Marktsicht	Auftragsproduktion		Marktproduktion	
Produktionsablauf a) maschineller Ablauf	manuell/ handwerklich	mechanisch	teil-automatisiert	voll-automatisiert
b) Zahl der Stufen	einstufig		mehrstufig	
Organisationstypen	Gruppen-fertigung	Werkstatt-fertigung	Fließfertigung	Baustellen-fertigung
Produktionstypen a) Menge	Massen-fertigung	Sorten-fertigung	Serien-fertigung	Einzel-fertigung
b) Verwandschaft	Variantenfertigung	Chargenfertigung		Sortenfertigung

Die Stückliste

Auf Grundlage der Konstruktionszeichnungen werden Stücklisten erstellt. Stücklisten sind damit ein **Bindeglied** zwischen
- **technisch orientierter** Produktkonstruktion
und
- **kaufmännisch orientierter** Materialverwaltung.

Grundformen der Stücklisten

Strukturstückliste
vollständiger Ausweis aller Teile und Baugruppen sowie der Struktur; dient als Grundlage der Mengen- und Terminplanung

Baukastenstückliste
zeigt nur den Aufbau einer Baugruppe, Gesamtaufbau des Produktes nicht erkennbar, beim Baukastenprinzip wichtig (vgl. unten)

Mengenstückliste
Aufzählung der nötigen Mengen aller Teile und Baugruppen für ein Produkt, Struktur nicht erkennbar, dient als Grundlage bei der Materialbeschaffung

Möglichkeiten der Rationalisierung

Entwicklung und Herstellung von Endprodukten sind mit **hohen Kosten** verbunden. Deshalb sucht man ständig nach Möglichkeiten, diese Kosten durch verschiedene **technische** wie **organisatorische** Maßnahmen zu senken.

Als **wichtige Rationalisierungsmaßnahmen** im Produktionsbereich haben sich herausgestellt:
- die **Normung**
- die **Typung**
- das **Baukastensystem**

Ein Höchstmaß an Kostensenkung erreicht das Unternehmen erst durch die **Kombination** der genannten Maßnahmen.
Achtung: Die Möglichkeit des Einsatzes dieser Maßnahmen ist stark produkt- und branchenabhängig.

Leistungserstellung

Die Normung

Die Normung ist die Vereinheitlichung von Einzelteilen durch das Festlegen von
- **Größe**
- **Form, Farbe, Geschmack**
- **Rezeptur** usw.

Arten
- **Werksnormen** gelten für einzelne Betriebe.
- **Verbandsnormen** gelten für eine Branche.
- **Nationale Normen** gelten in einem Land.
- **Internationale Normen** gelten weltweit.

Vorteile
- Erleichterung der **Konstruktion** durch einheitliche Teile
- Verbesserung der **Qualität** durch Setzen von einheitlichen Standards
- Vereinfachung der **Beschaffung** durch hohe Informationstransparenz
- Kostensenkung durch Mengenrabatte

Die Typung

Die Typung ist die **Vereinheitlichung** von **Endprodukten/Baugruppen**. Die Typung soll zu einem einfacheren, schnelleren und besser plan- sowie kalkulierbaren Produktionsablauf führen. Dies führt tendenziell zur **Senkung der Fixkosten**.

Eine Typung setzt eine **Normung** voraus.

Arten
- **betriebliche** Typung
- **überbetriebliche** Typung

Vorteile
- **Verkleinerung** des Erzeugnisprogramms; dadurch Senkung von Lager- und Produktionskosten
- leichte und kostengünstige **Entwicklung**
- bessere **Kapazitätsauslastung**
- Vermeidung von **Maschinenumstellungen**

Nachteile
- mangelnde Anpassung an **Kundenwünsche**
- geschmackliche „Verarmung"

Das Baukastensystem (Modularsystem)

Das Baukastensystem strebt einen **Ausgleich** an zwischen
- dem **Kundenwunsch** nach individuellen Produkten
und
- dem **Unternehmenswunsch** nach wenigen typisierten Produkten.

Der Kunde **kombiniert** aus einer beschränkten Anzahl von **Baukastengrundmodulen** sein „eigenes individuelles" Produkt.

Beispiel: Ein Autohersteller produziert
- 3 Motoren (1,2 l; 1,6 l; 1,9 l)
- 2 Karosserien (Limousine, Coupé)
- 3 Farben (blau, rot, gelb)

Die vollständige Modulkombination ergibt für den Kunden 18 verschiedene Variationen und damit Individualität.

Vorteile: Begrenzung der Fertigungsvielfalt (Vorteil für Unternehmen) bei gleichzeitiger Typenvielfalt (Vorteil für Kunden)

Voraussetzungen: Die Baukastenmodule müssen kombinierbar sein, das Produkt muss für die Kunden leicht verständlich sein.

Die Prozessgestaltung

Produktion von Gütern bedeutet einen **komplexen Prozess**, in dessen Ablauf eingesetzte Produktionsfaktoren in verkaufsfähige Erzeugnisse umgewandelt werden.

Dieser Prozess wird nach zwei verschiedenen Gesichtspunkten planerisch gestaltet:
- Planung bezogen auf die produzierte **Erzeugnismenge**
  ➤ **Fertigungstypen** der Produktion

- Planung bezogen auf die Organisation des **Fertigungsablaufes**
  ➤ **Organisationstypen** der Produktion

Die Entscheidung für bestimmte Typen hängt stark vom produzierten **Gut** und den **Kundenwünschen** ab.

Die Fertigungstypen

Nach der Anzahl von gleichartigen, hintereinander hergestellten Gütern unterscheidet man:

- die **Einzel**fertigung   Nur ein **einzelnes Produkt** wird gefertigt.
- die **Mehrfach**fertigung: **Mehrere gleichartige** Produkte werden gefertigt.
  - die **Serien**fertigung
  - die **Sorten**fertigung
  - die **Massen**fertigung

Die Einzelfertigung

Begriff	Von jedem Produkt wird **nur ein einziges** Stück hergestellt (Unikat).
Beispiele	Kreuzfahrtschiff, Hochofen, Staudamm, Rechtsberatung, Maßanzug/ Designerkleid usw.
Anwendung	Kunden wünschen sehr individuelle Leistungen und sind bereit, dafür höhere Preise zu zahlen.
Hinweise	+ hohe Individualität/Qualität + hohe Flexibilität + hochwertige Arbeit befriedigt/motiviert Mitarbeiter − hohe Herstellungskosten − wenig Rationalisierungsmöglichkeiten − hochqualifizierte/teure Mitarbeiter nötig

Leistungserstellung

Die Serienfertigung

Begriff	Es werden mehrere, **deutlich unterschiedliche** Produkte jeweils in **höherer Anzahl** gefertigt. Die Gesamtmenge, die man von jedem der Produkte in einer Periode (Jahr) produziert, nennt man **Serie**. Eine Serie wird meist in mehreren Teilmengen realisiert. Diese Teilmengen heißen **Lose**. Man produziert meist wechselnde Lose, was intensive **Umrüstung** der Maschinen bedeutet (Produktunterschiede).
Beispiele	Autoindustrie, Maschinenindustrie, Möbelindustrie
Anwendung	Produktion unterschiedlicher Produkte in größeren Mengen
Hinweise	+ gute Möglichkeit der Rationalisierung + bedingte Flexibilität bei hohen Stückzahlen − anlagenintensiv/ kapitalintensiv, planungsintensiv − Umrüstkosten

Die Sortenfertigung

Begriff	Es werden mehrere, **sehr ähnliche** Produkte (gleiche Rohstoffe) jeweils in **sehr hoher Anzahl** gefertigt. Die Gesamtmenge, die man von jedem der Produkte in einer Periode (Jahr) produziert, nennt man Sorte. Jede Sorte unterteilt sich in Lose (wie bei Serienfertigung). Die Produktionsmaschinen müssen dabei von Los zu Los **geringfügig umgerüstet** werden.
Beispiele	Limonaden-, Brot-, Schokoladen-, Blusen-, Bierproduktion
Anwendung	ähnlich der Serienfertigung, wobei sich die Produkte kaum unterscheiden; zur Bedienung eines großen Massenmarktes
Hinweise	+ sehr gute Möglichkeit der Rationalisierung + weniger Umrüstkosten (standardisierter Ablauf) − anlagenintensiv/kapitalintensiv, planungsintensiv − unflexibel

Die Massenfertigung

Begriff	Es wird **ein Produkt** in **sehr hohen Mengen** auf unbestimmte Zeit produziert.
Beispiele	Strom-, Wasserproduktion
Anwendung	Versorgung von inter(-nationalen) Massenmärkten mit vollkommen standardisierten Produkten. Der Übergang zur Sortenfertigung kann fließend sein.
Hinweise	+ vollständige Rationalisierung/Automatisierung + keine Umrüstkosten − sehr anlagenintensiv/kapitalintensiv − starr

Typische Massenproduktion findet sich in heutigen, stark konkurrenzorientierten Märkten immer weniger, da Unternehmen häufig mehr als ein Produkt anbieten müssen, um am Markt zu bleiben. Wesentlich häufiger ist Sorten- und Serienfertigung zu beobachten.

Die Organisationstypen

Bezogen auf die Organisation des Fertigungsablaufes und Materialflusses unterscheidet man:
- die **Werkstatt**fertigung ➤ Verrichtungsprinzip
- die **Fließ**fertigung: ➤ Prozessprinzip
- die **Gruppen**fertigung: ➤ Kombination aus Werkstatt- und Fließfertigung

Die Werkstattfertigung

Begriff	Bei der Werkstattfertigung werden **gleichartige Arbeitsgänge** in einer Werkstatt **räumlich zentralisiert**.
Beispiele	Schweißerei, Lackiererei, Polsterei
Anwendung	überwiegend im Rahmen der Einzelfertigung und teilweise auch der Serienfertigung
Hinweise	+ hohe Flexibilität gegenüber Kundenwünschen + niedrige Investitionskosten − Transportwege zwischen Werkstätten − hohe Lohnkosten für Facharbeiter − Problem der Maschinenbelegung und Auslastung der Werkstätten („Dilemma der Ablaufplanung")

Leistungserstellung

Die Fließfertigung

Begriff	Bei der Fließfertigung werden die Arbeitsplätze und die Maschinen so angeordnet, dass sie dem **Arbeitsablauf** der **Produkterstellung** genau entsprechen. Basis ist das tayloritische Denken (Zerlegung der Arbeit).
Beispiele	Fließbänder und Produktionsstraßen
Anwendung	überwiegend im Rahmen der Sortenfertigung, der Massenfertigung, teilw. auch der Serienfertigung
Hinweise	+ intensiver Einsatz von Automaten und Robotern + Einsatz angelernter, billiger Arbeitskräfte + keine Transportwege und keine Liegezeiten + hoher Produktionsausstoß möglich – wenig Flexibilität gegenüber Kundenwünschen – hohe Arbeitsmonotonie, höherer Krankenstand – höhere Störanfälligkeit des Produktionsablaufes – hohe Anlagen- und damit Kapitalbindung

Die Gruppenfertigung

Begriff	Dieser Organisationstyp ist eine **Kombination** aus Werkstatt- und Fließfertigung. Einzelne **Baugruppen** werden zunächst in Werkstätten produziert; diese Baugruppen montiert man danach am Fließband zum **Endprodukt** zusammen.
Beispiele	Gruppenfertigung in der Auto- und Elektroindustrie
Anwendung	überwiegend im Rahmen der Serienfertigung
Hinweise	Man versucht, die Vorteile von Werkstatt- und Fließfertigung zu kombinieren. Dies gelingt jedoch nur bedingt, da auch die Nachteile beider Organisationstypen mit übernommen werden. Zur Beurteilung vgl. deshalb Werkstattfertigung und Fließfertigung.

Die Auftragszeit

Die **Auftragszeit** ist die Zeitspanne, in der eine **bestimmte Anzahl von** Erzeugnissen (= Auftrag) von der Vorbereitung über die Arbeitsschritte bis hin zur Nachbereitung realisiert wird.
Der Versand des Auftrages an den Kunden zählt **nicht** zur Auftragszeit!

   Rüstzeit
+ Ausführungszeit   (Stückzeit × **Auftragsmenge**)
+ evtl. Liegezeit
+ evtl. Transportzeit
= Auftragszeit

Hinweise: Die **Ausführungszeit** ist **mengen**abhängig, alle **übrigen Zeiten** fallen **pro Auftrag nur einmal** an; manchmal wird die Auftragszeit auch Durchlaufzeit genannt.
Hauptproblem bei Durchlauf- und Auftragszeit ist das exakte **Festlegen/Messen** der einzelnen Zeitkomponenten.

VI Materialien zur Vorbereitung auf die Prüfung

Die Terminierung

Die Terminierung legt die einzelnen **Arbeitsvorgänge** einer Auftragsbearbeitung **kalender- und uhrzeitmäßig** fest. D.h. es werden für **jeden Arbeitsvorgang** in Abhängigkeit von den **Vorgangsdauer** und den vorhandenen **Kapazitäten** die genauen **Anfangstermine** und **Endtermine** festgelegt.
Die Terminierung erfolgt **für jeden Auftrag** individuell, sie ist damit **auftragsabhängig**.

Ziele der Terminierung:
- rascher Materialdurchlauf
- hohe und gleichmäßige Kapazitätsauslastung
- kurze Lieferfristen
- sichere Termineinhaltung (Termintreue)

Arten der Terminierung:
- **Vorwärts**terminierung (progressive Terminierung)
- **Rückwärts**terminierung (retrograde Terminierung)

Die Vorwärtsterminierung

Ausgangspunkt der Terminierung ist der Termin der **Auftragserteilung**.
Man beginnt also, in der **Gegenwart** zu planen, und terminiert die Arbeitsvorgänge (= AVO) in die Zukunft hinein.
Man ermittelt so den **frühestmöglichen Endtermin** eines Auftrages.

Auftragseingang				frühester Endtermin				Kundentermin
0	1	2	3	4	5	6	7	8 Tage

AVO 1 → AVO 2 → AVO 3 → Reserve

Gegenwart → Vorwärtsterminierung → Zukunft

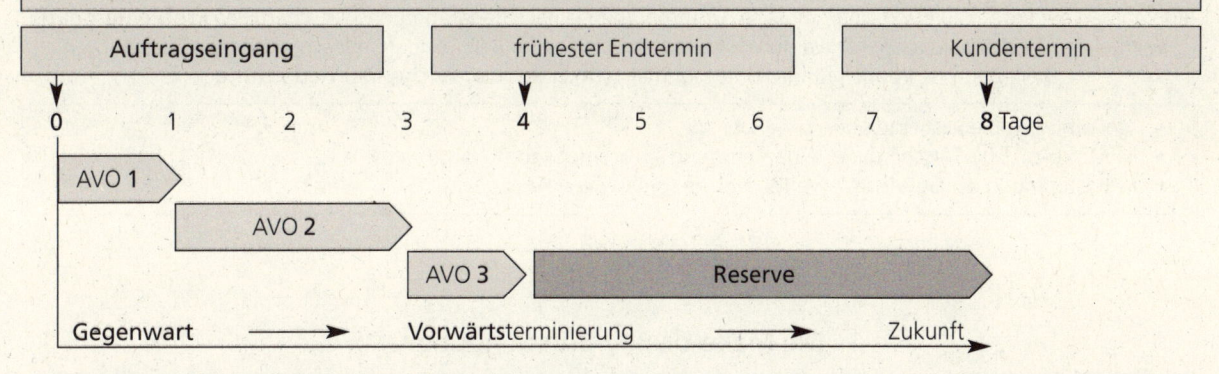

Vorteile: geringerer Zeitdruck, hohe Terminsicherheit
Nachteile: längere unwirtschaftliche Liegezeiten, höhere Kapitalbindung

Die Rückwärtsterminierung

Ausgangspunkt der Terminierung ist der **Kundentermin**.
Man beginnt also, in der **Zukunft** zu planen, und terminiert die Arbeitsvorgänge (= AVO) in die Gegenwart hinein.
Man ermittelt so den **spätestmöglichen Starttermin** eines Auftrages.

				spätester Starttermin				Kundentermin
0	1	2	3	4	5	6	7	8 Tage

← AVO 1 ← AVO 2 ← AVO 3

Gegenwart ← Rückwärtsterminierung ← Zukunft

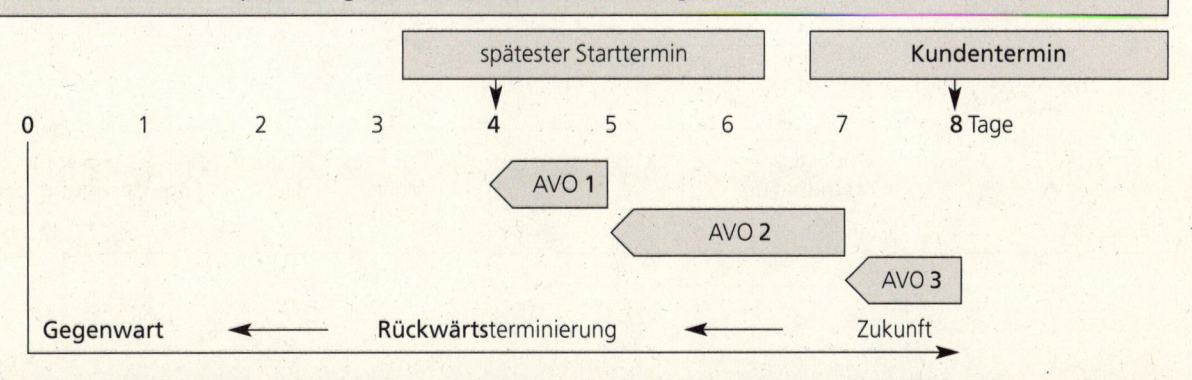

Vorteile: Vermeidung von Liegezeiten, geringe Kapitalbindung
Nachteile: hoher Termindruck, Störanfälligkeit, keine Reserven

Leistungserstellung

Die Qualitätskontrolle

Begriff:
Qualität ist die Gesamtheit von Merkmalen einer Einheit (Ware oder Dienstleistung) bezüglich ihrer Eignung, festgelegte oder erwartete Erfordernisse zu erfüllen.

Notwendigkeit:
- gesetzliche Auflagen
- steigende Kundenerwartungen
- verschärfter Wettbewerb
- Unternehmensimage

Arten:
- **100 %-Kontrolle**
  Jede produzierte Leistung wird in Hinblick auf ein oder mehrere Qualitätsmerkmale überprüft.
  ➤ bei **sicherheitsempfindlichen** Leistungen
- **Stichprobenkontrolle**
  Aus einer Grundgesamtheit wird eine **Stichprobe** ausgewählt, die man auf Fehler hin überprüft.
  ➤ bei **standardisierten** Massenprodukten

Produktionswirtschaftliche Problemaspekte

Im Rahmen der Produktionswirtschaft muss ein Unternehmen je nach Bedarf betriebswirtschaftliche **Problemaspekte** bearbeiten. Diese Problemaspekte werden dabei nicht täglich behandelt, sondern eher **in größeren Zeiträumen**. Die Ergebnisse können für das Unternehmen jedoch von **weitreichender Bedeutung** sein.

Ausgewählte Problemaspekte sind:
- die **Make-or-Buy**-Entscheidung (Eigenfertigung vs. Fremdbezug)
- die Bestimmung der **Gewinnschwellenmenge** (Break-Even-Analyse)

Die Make-or-Buy-Entscheidung I

Fragestellung:
Soll ein Bauteil **selbst** in Eigenfertigung („Make") hergestellt (K make) oder **von einem Lieferanten** zugekauft („Buy") werden (K buy)?

Quantitative Entscheidung
GRAFISCHE Form:

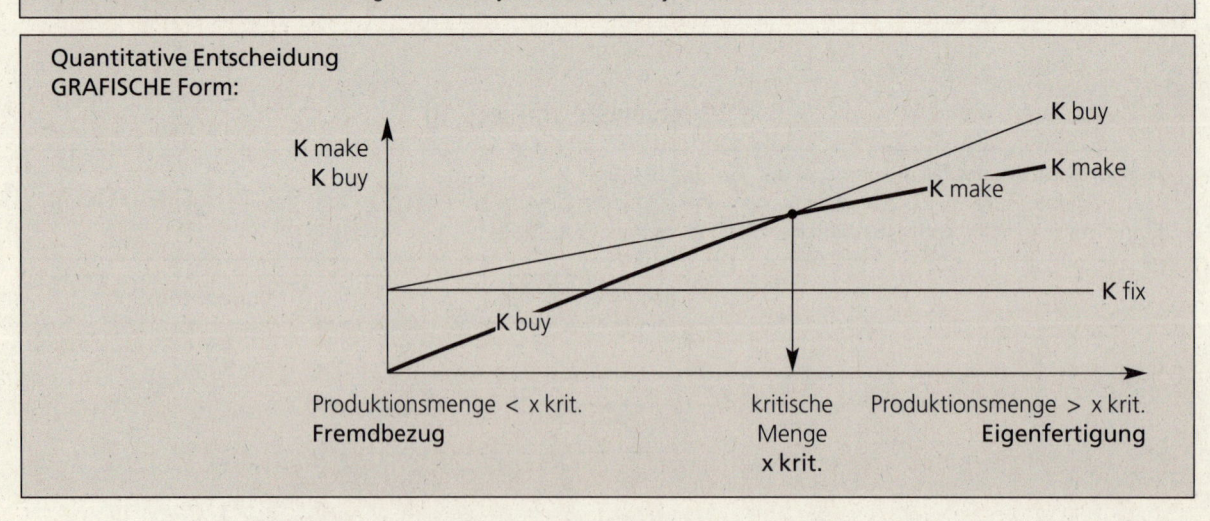

Produktionsmenge < x krit. → **Fremdbezug**
kritische Menge x krit.
Produktionsmenge > x krit. → **Eigenfertigung**

Die Make-or-Buy-Entscheidung II

**Quantitative Entscheidung
RECHNERISCHE Form:**

Kosten des Fremdbezuges	=	Kosten der Eigenfertigung
$x \times$ kvar fb	=	K fix $+$ $x \times$ kvar ef
$x \times$ (kvar fb $-$ kvar ef)	=	K fix
x	=	**K fix / (kvar fb $-$ kvar ef)**

Legende:
- kvar fb: variable Stückkosten Fremdbezug
- kvar ef: variable Stückkosten Eigenfertigung
- K fix: gesamte Fixkosten (Fixkostenblock)

Qualitative Entscheidung

Für Fremdbezug spricht
- geringe Fertigungstiefe
- weniger Kapitalbindung
- weniger Fixkosten (Kostenflexibilität)

Für Eigenfertigung spricht
- mehr Einfluss auf Qualität
- Setzen von techn. Standards (Technologieführer)
- weniger Abhängigkeit

Die Bestimmung der Gewinnschwelle I

Fragestellung:
Welche Menge muss verkauft werden, damit alle Kosten abgedeckt sind und somit die Schwelle zum Gewinn überschritten wird?

**Entscheidung
GRAFISCHE Form:**

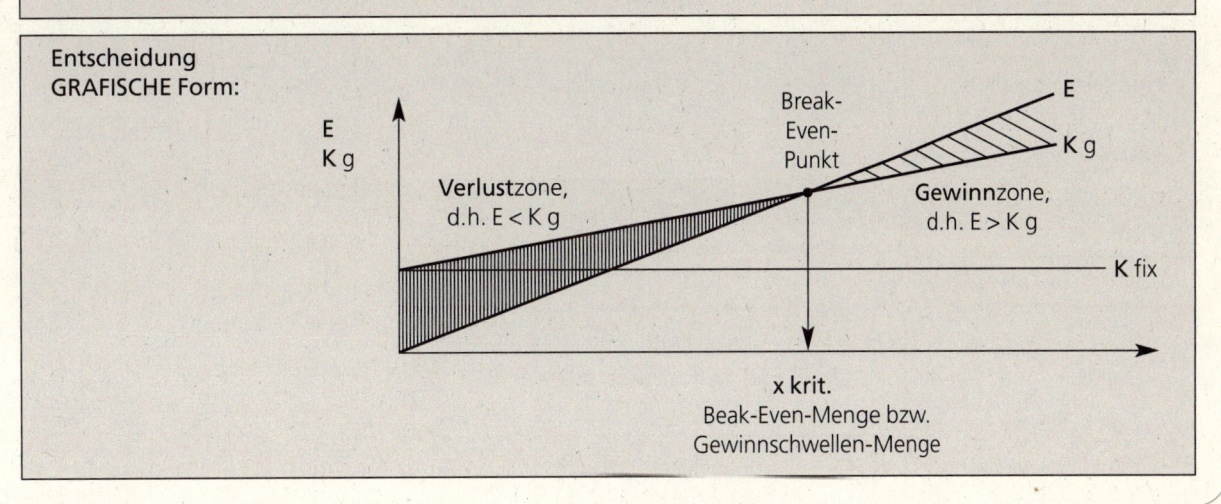

Achsen: E, K g

Verlustzone, d.h. E < K g
Break-Even-Punkt
Gewinnzone, d.h. E > K g
K fix

x krit.
Beak-Even-Menge bzw.
Gewinnschwellen-Menge

Leistungserstellung

Die Bestimmung der Gewinnschwelle II

Entscheidung
RECHNERISCHE Form:

Erlöse	=	Gesamtkosten
x × p	=	K fix + x × kvar
x × (p − kvar)	=	K fix
x	=	K fix / (p − kvar)

Legende: p: Preis pro Stück
kvar: variable Stückkosten
K fix: gesamte Fixkosten (Fixkostenblock)

Hinweise
Die ermittelte Break-Even-Menge ist nur ein **Anhaltspunkt**. Im Normalfall wird ein Unternehmen Mengen in der **Gewinnzone** anstreben. Neben der rechnerischen Mengenermittlung spielen das Verhalten der **Konkurrenz** und das Verhalten der **Kunden** entscheidende Rollen.

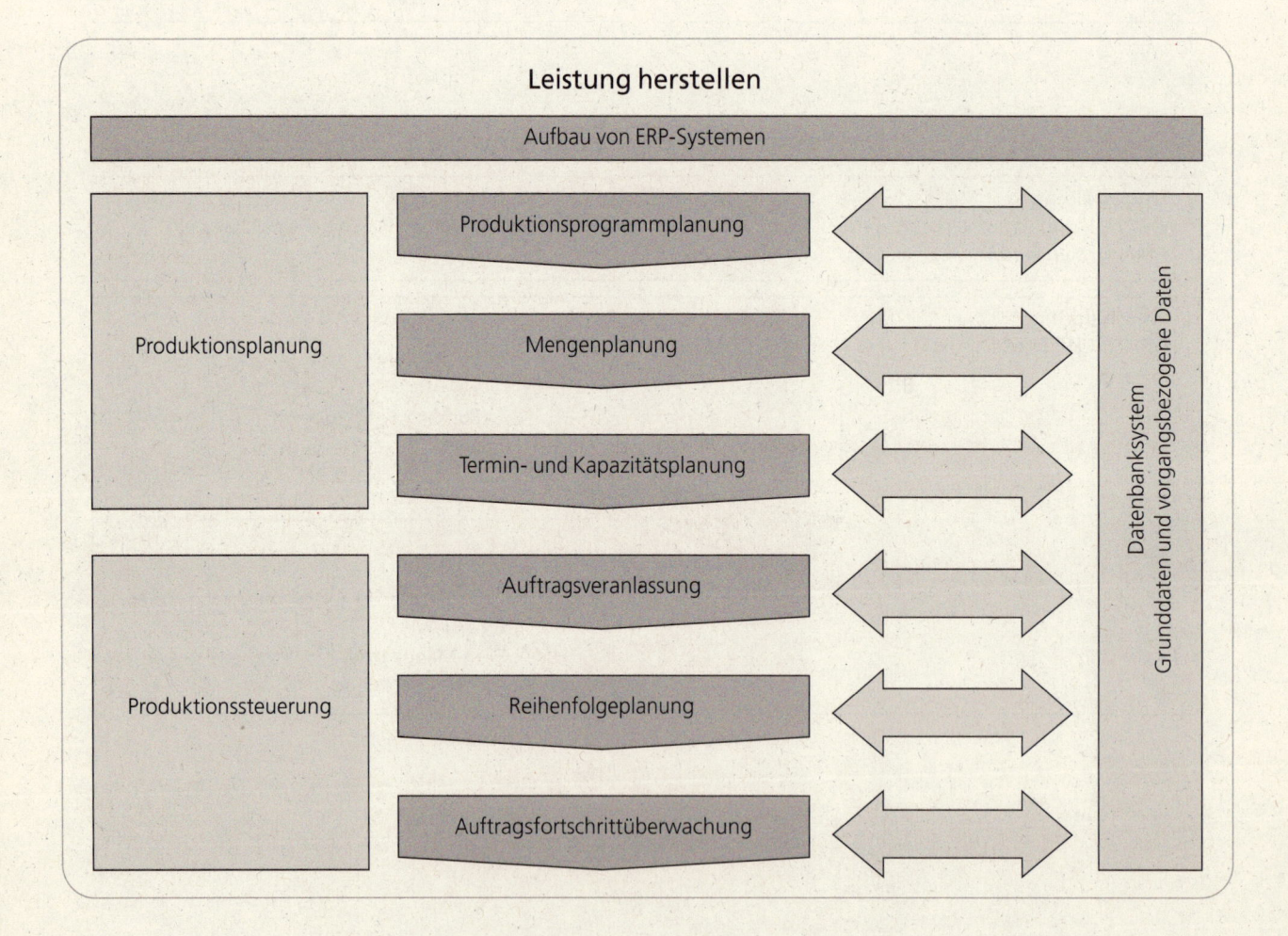

Leistung herstellen

Aufbau von ERP-Systemen

Produktionsplanung
- Produktionsprogrammplanung
- Mengenplanung
- Termin- und Kapazitätsplanung

Produktionssteuerung
- Auftragsveranlassung
- Reihenfolgeplanung
- Auftragsfortschrittüberwachung

Datenbanksystem — Grunddaten und vorgangsbezogene Daten

VI Materialien zur Vorbereitung auf die Prüfung

2.4 Personal

Teilprozesse des Personalbereichs

Teilprozesse des Personalmanagements

Personalplanung	Personal beschaffen	Personal führen, motivieren und fördern	Arbeitsleistung bewerten und entlohnen	Personal freisetzen
Personalbestand und Personalbedarf analysieren	Personal auswählen	Führungsverhalten analysieren	Arbeitsstudien durchführen	Kündigung
Personalbedarf planen	Personal einstellen	Mitarbeiter motivieren	Arbeitsleistung entlohnen	Rationalisierungsschutz und Sozialplan
		Personalentwicklung	Lohn und Gehalt berechnen und buchen	

Aufgaben der Personalplanung

Personalbedarfsplanung
Ermittlung des zur Erfüllung der Unternehmensaufgabe erforderlichen Personals in quantitativer, qualitativer, zeitlicher und räumlicher Hinsicht

Personalbeschaffungsplanung
Die Personalbeschaffungsplanung legt fest, wie viele Personen auf den internen und externen Arbeitsmärkten unter Verwendung bestimmter Beschaffungswege und -mittel bis zum Planungshorizont beschafft werden sollen.

Personaleinsatzplanung
Die Personaleinsatzplanung legt fest, welche Personen vakanten Stellen zugeordnet werden sollen. Dabei sollen Anforderungen und Fähigkeiten möglichst gut übereinstimmen.

Personalfreisetzungsplanung
Die Personalfreisetzungsplanung legt aufgrund des negativen Saldos aus Bedarf und Bestand fest, wie viele Personen ihre Stellen verlieren und was mit diesen Personen zu geschehen hat.

Personalentwicklungsplanung
Die Personalentwicklungsplanung legt fest, bei welchen Personen bis zum Planungshorizont ihre fachlichen, methodischen und sozialen Qualifikationen weiterentwickelt werden sollen, und wie dies zu geschehen hat.

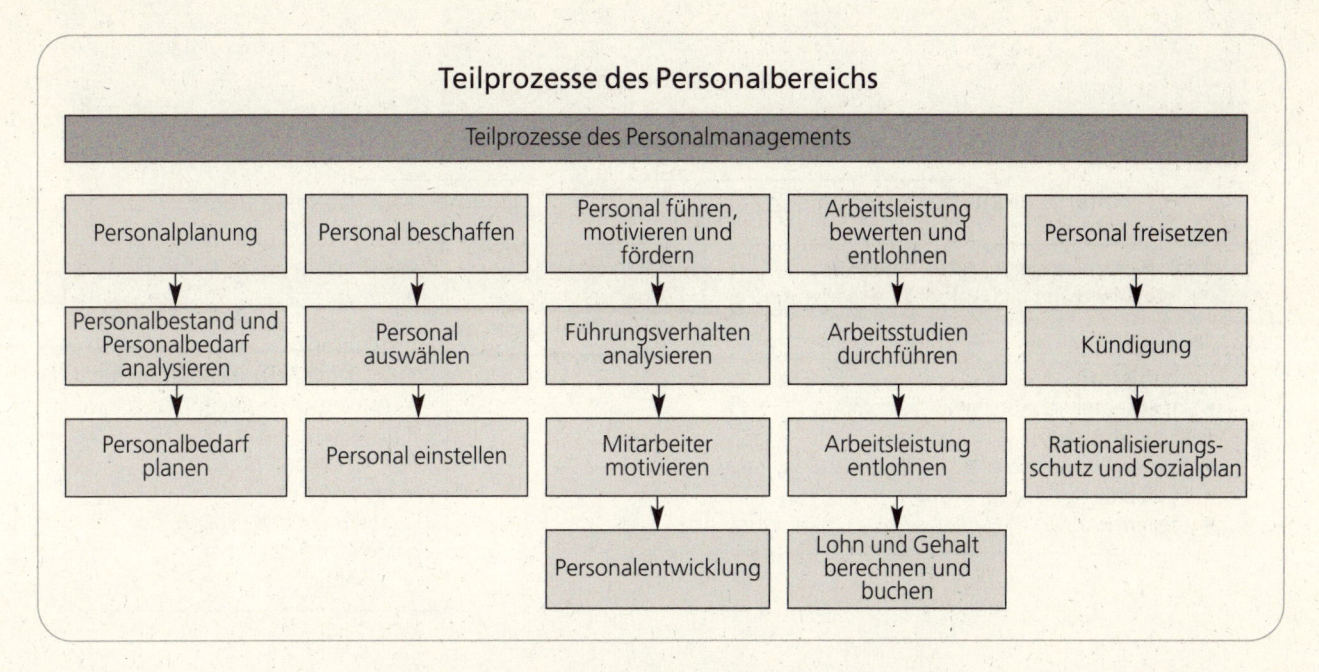

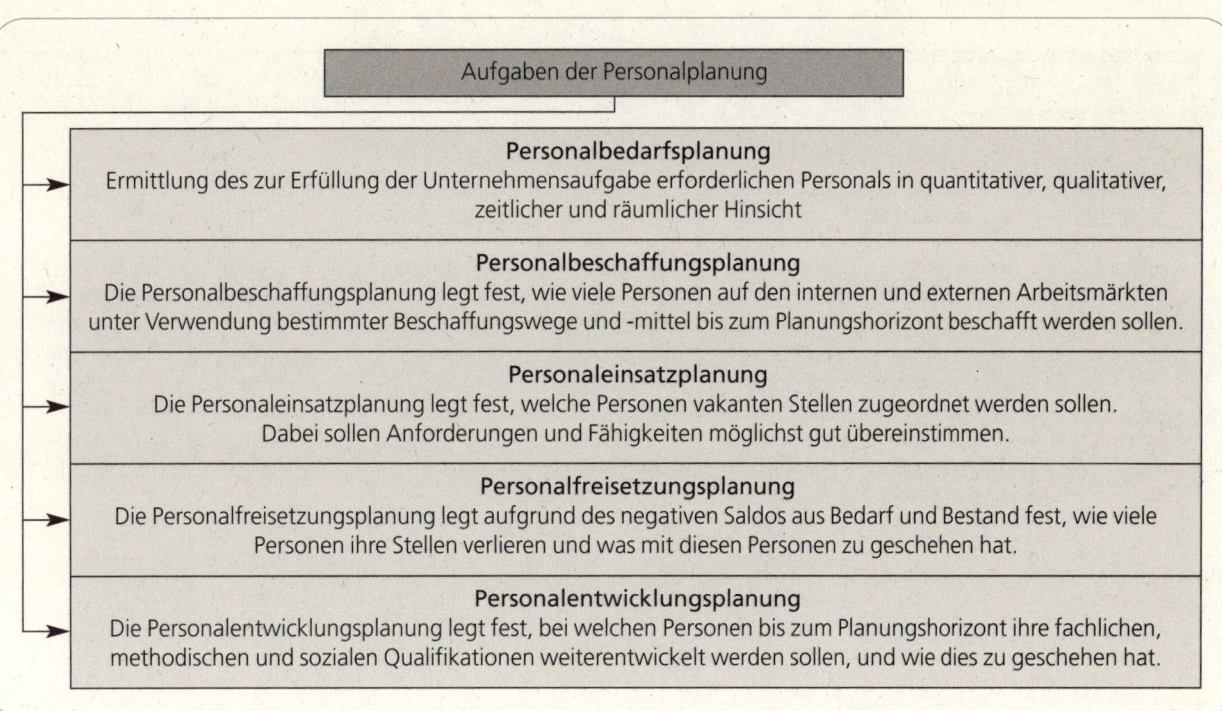

Personalplanung

Methoden der Personalbedarfsermittlung	
Kennzahlen-Methode	z. B. Personalbedarfsermittlung aufgrund der mutmaßlichen Umsatzentwicklung Personalbedarf = geplanter Umsatz/geplanter Umsatz pro Mitarbeiter
Kapazitätsbedarfsrechnung	Wenn für den betrachteten Zeitraum ein Fertigungsprogramm oder ein Auftragsbestand vorlegen, kann der Personalbedarf für die Fertigung mit Hilfe der Arbeitspläne deterministisch ermittelt werden.
Trendextrapolation	Fortschreibung von Trends des Personalbedarfs aus der Vergangenheit und der Gegenwart in die Zukunft. Dieses Verfahren setzt eine unveränderte Trendentwicklung in der Zukunft voraus.

Personal beschaffen

Personalbeschaffungswege

Interne Beschaffungsstrategie

Ändern bestehender Arbeitsverhältnisse mittels Versetzung und Aufgabenveränderung

Instrumente:
- innerbetriebliche Stellenausschreibung
- Direktansprache
- Karrieregespräche/-planung
- Personalentwicklung
- Stellenclearing

Externe Beschaffungsstrategie

Abschluss von Arbeitnehmerüberlassungsverträgen

Abschluss neuer Arbeitsverträge

Instrumente:
- Nutzung der Arbeitsvermittlung
- Anwerbung mittels Inserat
- Direktansprache
- Personalberatung
- Nutzung von Stellensuchanzeigen
- College Recruitment
- „Events"

Entscheidungsspielraum des Vorgesetzten → Entscheidungsspielraum der Gruppe

autoritär	partriachalisch	beratend	kooperativ	partizipativ	demokratisch	
Vorgesetzter entscheidet und ordnet an.	Vorgesetzter entscheidet; er ist aber bestrebt, die Untergebenen von seinen Entscheidungen zu überzeugen, bevor er sie anordnet.	Vorgesetzter entscheidet; er gestattet jedoch Fragen zu seinen Entscheidungen, um durch deren Beantwortung deren Akzeptanz zu erreichen.	Vorgesetzter informiert seine Untergebenen über seine beabsichtigten Entscheidungen; die Untergebenen haben die Möglichkeit, ihre Meinung zu äußern, bevor der Vorgesetzte die endgültige Entscheidung trifft.	Die Gruppe entwickelt Vorschläge; aus der Zahl der gemeinsam gefundenen und akzeptierten möglichen Problemlösungen entscheidet sich der Vorgesetzte für die von ihm favorisierte.	Die Gruppe entscheidet, nachdem der Vorgesetzte zuvor das Problem aufgezeigt und die Grenzen des Entscheidungsspielraums festgelegt hat.	Die Gruppe entscheidet; der Vorgesetzte fungiert als Koordinator nach innen und nach außen.

Quelle: Bea, Dichtl, Schweitzer: Allgemeine Betriebswirtschaftslehre, Bd. 2, UTB 1995, S. 10

Verfahren der Arbeitsbewertung

	Summarik	Analytik
Reihung	**Rangfolgeverfahren** Alle im Unternehmen vorkommenden Tätigkeiten werden aufgelistet, im Hinblick auf die Arbeitsschwierigkeit miteinander verglichen und in eine Rangfolge gebracht, die einer Wertungsskala entspricht. Die Gesamtschwierigkeit einer Arbeitsverrichtung kommt in der jeweils zugewiesenen Lohngruppe zum Ausdruck, der durch die Tarifvertragsparteien ein entsprechender Lohnsatz zugeordnet wird.	**Rangreihen** Die einzelnen Anforderungsarten werden gesondert miteinander verglichen und für jede dieser Anforderungsarten wird eine Rangreihe erstellt. Die Rangreihenordnung wird in einen addierbaren Zahlenausdruck umgewandelt, um einen Arbeitswert zu ermitteln (Verwendung von Brückenbeispielen).
Stufung	**Lohngruppen- (Katalog-) Verfahren** Es werden mehrere Lohngruppen gebildet, die unterschiedliche Schwierigkeitsgrade darstellen. Anschließend werden sämtliche Arbeitsverrichtungen den ihren Schwierigkeitsgraden entsprechenden Lohngruppen zugeordnet. Dieser Lohngruppenkatalog wird durch eine Vielzahl von Richtbeispielen ergänzt.	**Stufen- (wertzahl-) Verfahren** Für jede Anforderungsart oder -gruppe wird eine mehr oder weniger große Zahl von Anforderungsstufen festgelegt. Den einzelnen Anforderungsstufen, die die unterschiedliche Höhe der Beanspruchung ausdrücken sollen, werden Wertzahlen zugeordnet. Durch Addition der Wertzahlen erhält man einen Arbeitswert. Diesem Arbeitswert wird eine bestimmte Lohngruppe zugeordnet.

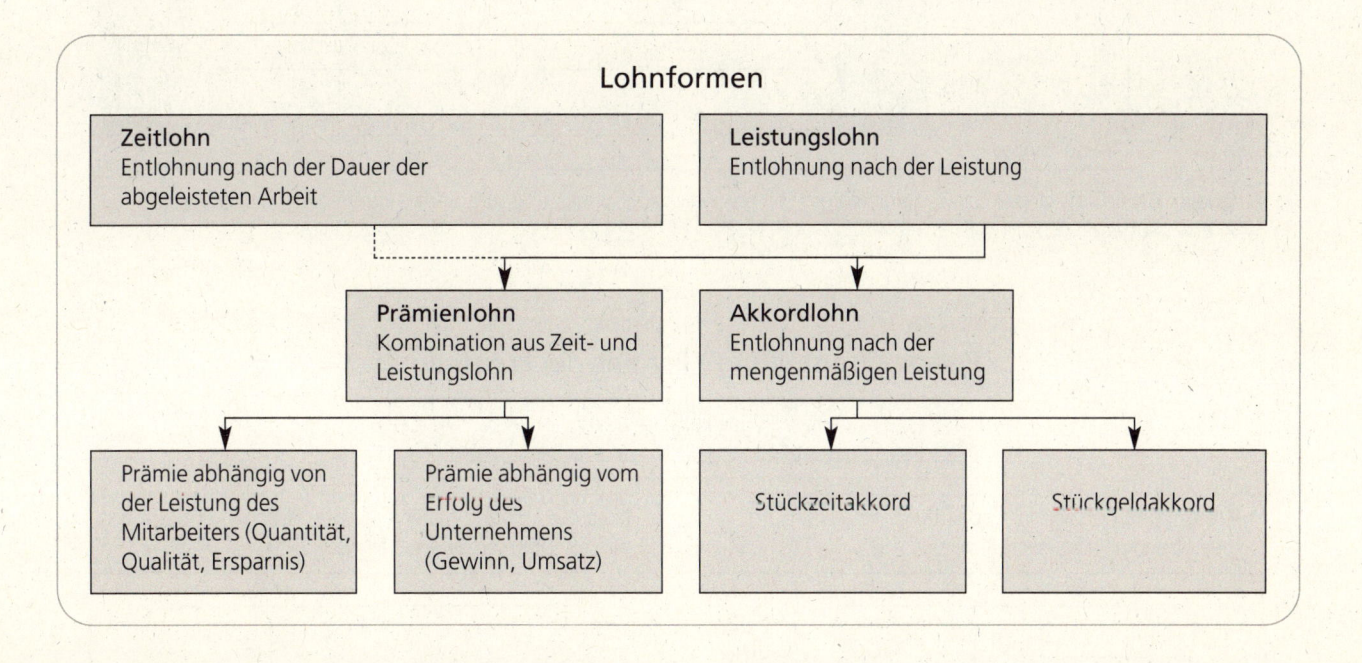

Lohnformen

Zeitlohn
Entlohnung nach der Dauer der abgeleisteten Arbeit

Leistungslohn
Entlohnung nach der Leistung

Prämienlohn
Kombination aus Zeit- und Leistungslohn

Akkordlohn
Entlohnung nach der mengenmäßigen Leistung

- Prämie abhängig von der Leistung des Mitarbeiters (Quantität, Qualität, Ersparnis)
- Prämie abhängig vom Erfolg des Unternehmens (Gewinn, Umsatz)
- Stückzeitakkord
- Stückgeldakkord

Akkordlohn

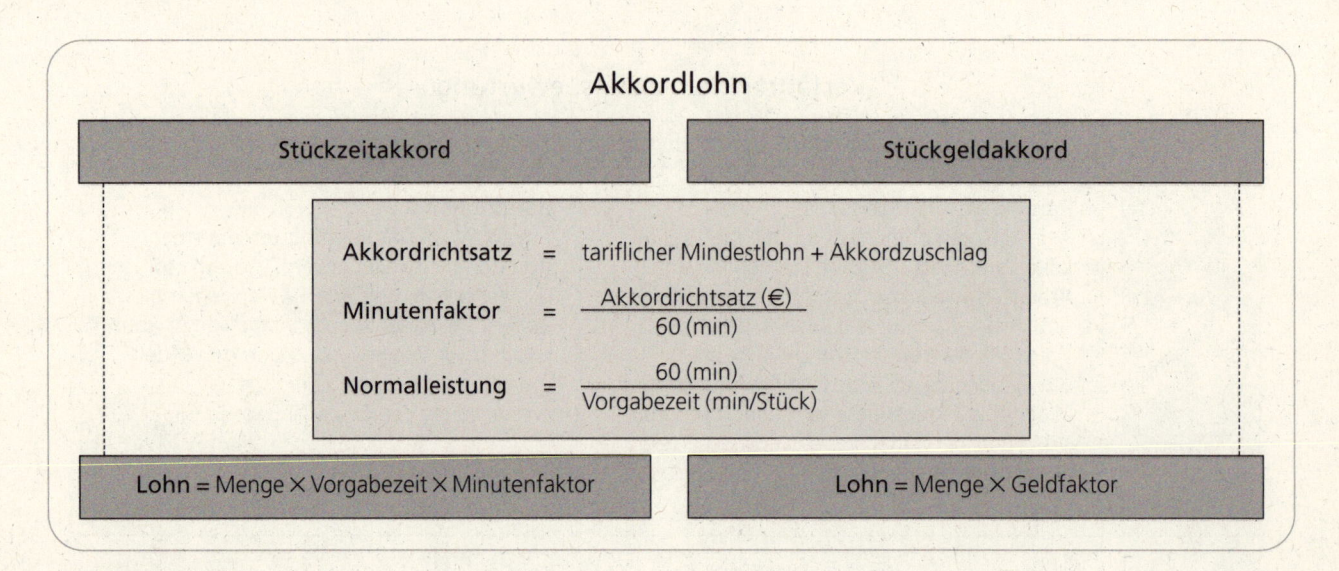

Stückzeitakkord	Stückgeldakkord

Akkordrichtsatz = tariflicher Mindestlohn + Akkordzuschlag

$$\text{Minutenfaktor} = \frac{\text{Akkordrichtsatz (€)}}{60 \text{ (min)}}$$

$$\text{Normalleistung} = \frac{60 \text{ (min)}}{\text{Vorgabezeit (min/Stück)}}$$

Lohn = Menge × Vorgabezeit × Minutenfaktor

Lohn = Menge × Geldfaktor

Zielvereinbarungsgespräche führen

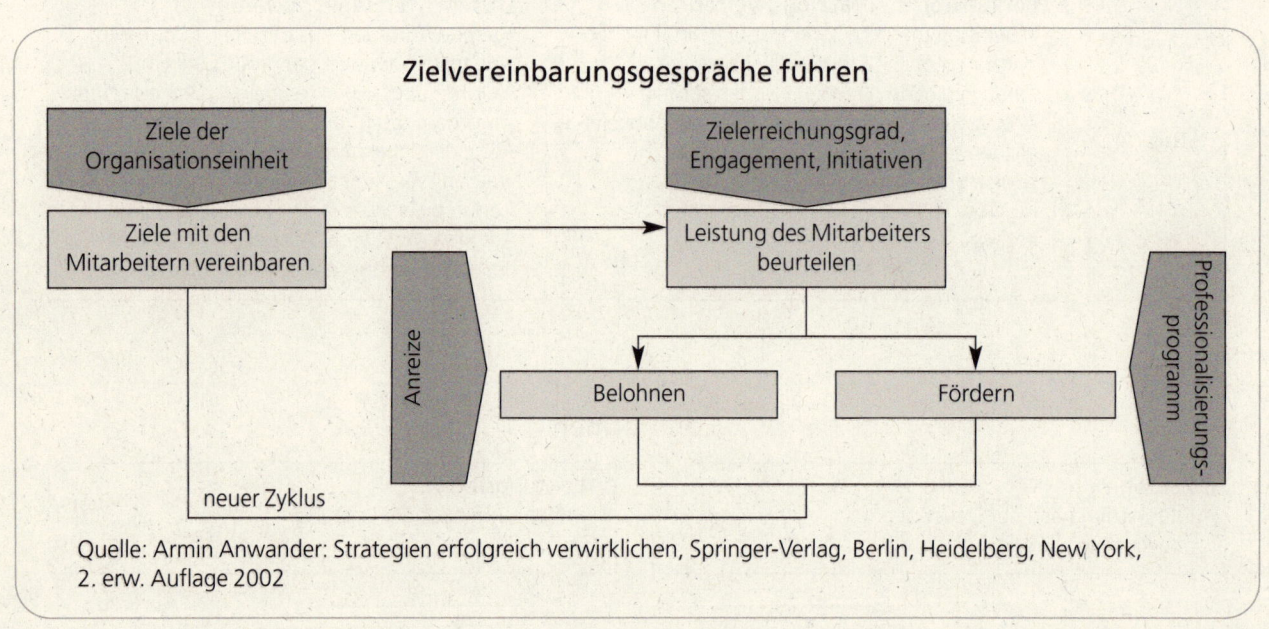

- Ziele der Organisationseinheit → Ziele mit den Mitarbeitern vereinbaren
- Zielerreichungsgrad, Engagement, Initiativen → Leistung des Mitarbeiters beurteilen
- Anreize
- Belohnen
- Fördern
- Professionalisierungsprogramm
- neuer Zyklus

Quelle: Armin Anwander: Strategien erfolgreich verwirklichen, Springer-Verlag, Berlin, Heidelberg, New York, 2. erw. Auflage 2002

Personalfreistellung – Formen der Freistellung

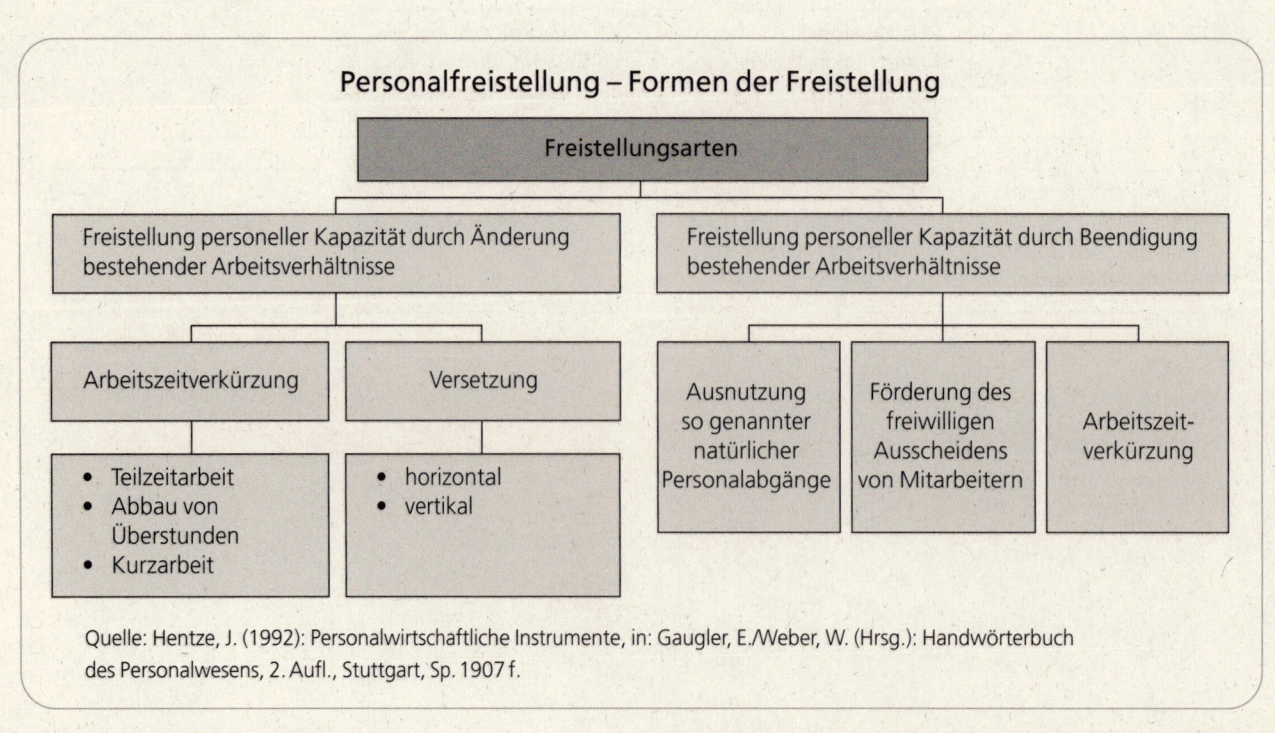

Freistellungsarten

Freistellung personeller Kapazität durch Änderung bestehender Arbeitsverhältnisse
- Arbeitszeitverkürzung
  - Teilzeitarbeit
  - Abbau von Überstunden
  - Kurzarbeit
- Versetzung
  - horizontal
  - vertikal

Freistellung personeller Kapazität durch Beendigung bestehender Arbeitsverhältnisse
- Ausnutzung so genannter natürlicher Personalabgänge
- Förderung des freiwilligen Ausscheidens von Mitarbeitern
- Arbeitszeitverkürzung

Quelle: Hentze, J. (1992): Personalwirtschaftliche Instrumente, in: Gaugler, E./Weber, W. (Hrsg.): Handwörterbuch des Personalwesens, 2. Aufl., Stuttgart, Sp. 1907 f.